Gütersloher Taschenbücher / Siebenstern 403

W0179016

Martin Luther

Auslegung des Vaterunsers

Sermon
von den guten Werken

Gütersloher Verlagshaus
Gerd Mohn

Band 3 der Calwer Luther-Ausgabe
Herausgegeben von Wolfgang Metzger

ISBN 3-579-04813-9
2. Auflage der Taschenbuchausgabe 1977 (16.–20. Tsd.)
Lizenzausgabe mit Genehmigung des Calwer Verlages, Stuttgart
© Calwer Verlag, Stuttgart
Gesamtherstellung: Clausen & Bosse, Leck
Umschlagentwurf: Dieter Rehder, Aachen unter Verwendung
einer Grafik von Jan Buchholz/Reni Hinsch, Hamburg
Printed in Germany

VORBEMERKUNG

Die beglückende Erkenntnis, aus welcher die Reformation erwuchs, war die wiedergewonnene Einsicht in das Heilswerk Gottes. »Was Gott an uns gewendet hat und seine süße Wundertat« – das ließ Martin Luther »mit Lust und Liebe singen« und das Christenvolk zur Freude rufen. Wie ein Aufatmen ging es durchs Land. Inmitten einer Christenheit, die teilweise in verzehrendem Eifer das Heil sich zu schaffen bemühte, teilweise freilich auch nur noch eine erschreckend veräußerlichte Frömmigkeit pflegte, kam das biblische Evangelium wieder zum Durchbruch, und zwar so, wie es gemeint war: als Botschaft für alle, allen vermeint, allen zugänglich.

Was die mittelalterliche Kirche dem Heilsverlangen des Menschen anbot, war einerseits zu hoch, andererseits zu billig. Da war das Mönchtum, aus dem Luther selbst hervorgegangen war; soweit es seiner eigentlichen Art treu geblieben war, mühte es sich mit ergreifendem Ernst, durch Askese die Vollkommenheit zu erringen, die den Heiligen gebührte. Da war die Mystik, die auf dem Wege der Innenschau in die unauslotbaren Tiefen der Gottheit einzudringen versuchte. Da war die scholastische Theologie; in einer großartigen Denkleistung suchte sie im Bunde mit der Philosophie dem Heilshandeln Gottes in Christus seinen Platz im Universum anzuweisen. Aber alle diese Hochbemühungen waren für die »Laien«, und nicht nur für sie, sondern auch für die unstudierten Priester unerreichbar. So hielt sich das »Volk«, soweit es von der Verheißung himmlischen Lohnes, mehr aber noch von der Furcht vor zeitlicher Fegfeuerstrafe und ewiger Höllenpein innerlich bewegt war, an das, was ihm die Kirche durch ihr geweihtes Priestertum, das im bischöflich-päpstlichen System wurzelte, als Heilsweg zeigte. Im sakramentalen Leben der Kirche waren die Möglichkeiten angeboten, die göttlichen Gnaden zu erlangen. Es gipfelte in der Meßfeier, die das Heilige ins irdische Leben hereinholte und in der Kommunion jedem daran teilgab, der im Stande der Gnade war. Taufe, Firmung und vor allem das Bußsakrament erschlossen immer neu den Zugang zu dieser Gnade. Es galt darum unablässig bemüht zu sein, sich vor dem Verlust des Heils zu bewahren, die Vergebung der begangenen Sünden zu erreichen und den verlorenen Stand der Gnade in sich wieder herzustellen. Dazu bedurfte es der Verdienste, die man sich durch fromme »Meinungen« und »Werke« erwarb. Eine reiche Fülle von Möglichkeiten bot sich, um die Perfektion zu erreichen: das innerlichste Herzensgebet ebenso wie die Erledigung eines Quantums von Gebetsformeln; die hingebende Beteiligung am sakramentalen Hochgottesdienst ebenso wie der leibliche Pflichtbesuch der Messe; die Reue des Herzens ebenso wie die stückweise Bußleistung bis hin zum Erwerb eines Ablaßbriefes; der aufrichtige Wille zum Halten der Gebote Gottes ebenso wie die verdienstbringenden Opfer in Gestalt von Stiftungen, Fastenübungen, Wallfahrten, Reliquiendienst.

Dem allen gegenüber gewann Martin Luther einen neuen, befreienden Ansatz. Er war sowohl der mönchischen Askese wie dem Schrifttum der Mystik wie der Spekulation der Theologie in seinen Werdejahren ausgiebig begegnet; und mit der Problematik der ernsten und der oberflächlichen Volksfrömmigkeit hatte ihn sein Seelsorgeauftrag in Wittenberg beim Beichthören bekannt gemacht. Zur Heilsgewißheit aber, das war seine bittere Erfahrung geworden, vermochte keiner dieser Wege zu führen. Dann war er auf die Rechtfertigungspredigt des Apostels Paulus gestoßen und hatte die befreiende Macht des Evangeliums an sich erfahren. Die frohe Botschaft von der Allgenugsamkeit der Gnade Gottes, die sich dem Menschen im Glauben erschließt, befreite ihn von dem schweren Druck, daß der Mensch sich das Heil selbst schaffen könne und müsse. Er kann es nicht; er kann seiner natürlichen Art nach nicht vor Gott bestehen, geschweige denn sich die Gunst Gottes verdienen. Das war Luthers ureigenste, zugleich allgemeingültige Erfahrung. Weder irgendwelche äußeren Leistungen und »Werke« der Frömmigkeit, noch auch irgendwelche inneren Eigenschaften und Haltungen können den Menschen in das richtige Verhältnis zu Gott bringen. Vor dem fordernden Worte Gottes, dem Gesetz, kann der Mensch nur sein eigenes Versagen einsehen; in Christus, dem fleischgewordenen und gekreuzigten Gotteswort, ist das Urteil über den natürlichen Menschen gesprochen; er ist von Natur aus »heillos«. Aber er braucht sich das Heil gar nicht selbst herzustellen; es ist schon bereit. Denn, so hat es Luther in seiner Erklärung zum zweiten Glaubensartikel formuliert, Jesus Christus ist erschienen als »mein Herr, der mich verlorenen und verdammten Menschen erlöst hat, erworben und gewonnen von allen Sünden, vom Tod und von der Gewalt des Teufels, auf daß ich sein eigen sei und in seinem Reich unter ihm lebe und ihm diene in ewiger Gerechtigkeit, Unschuld und Seligkeit«.

Das wurde zum Inhalt des reformatorischen Evangeliums, das zum Glauben ruft und den Glauben schafft. Nicht das Werk, sondern der Glaube ist des Menschen erstes und einziges Teil: er ist die leere Hand, die der Bettler sich von Gott füllen läßt. Indem er sich zerbrechen läßt, sein Unrecht zugesteht und Gott die Ehre gibt, gewinnt er als Glaubender die Möglichkeit, vor Gott zu bestehen und ihn im Gehorsam des Sünders zu ehren.

So zeigt Luther, wie alles Gabe und Gnade ist; bis zum Ende des Lebens, wenn der »alte Adam« im Tode vergeht, ruht alles auf der Vergebung. Zugleich damit ist aber der Mensch auch ganz und gar gefordert. Dem Worte Gottes soll von seiten des Menschen mit einer Antwort entsprochen werden. Das geschieht primär im Gebet; darin findet diese Haltung ihren sachgemäßen Ausdruck, daß der Mensch sich im Glauben auf Gottes Seite stellt und bejaht, was Gott an ihm selber tut. Ihren sichtbaren Ausdruck findet diese Haltung im täglichen Gehorsam des Lebens. Trotz seiner Sünde ist der Mensch zum Dienste Gottes gefordert; innerhalb der ihm gegebenen Welt hat er, im Glauben gerecht gesprochen, seines Glaubens nun auch zu leben.

Um das Gebet des Herzens und um den Gehorsam der Werke kreisen die Schriften Martin Luthers im vorliegenden Band. Sie sind klassische Formulierungen des reformatorischen Grundanliegens; das verbreitete Mißverständnis, daß der Glaube den Menschen zur Passivität verurteile, zerbricht an diesen Zeugnissen. Die Übersetzung der *Deutschen Auslegung des Vaterunsers für die einfältigen Laien* (1519) folgt der Weimarer Ausgabe Band 2, Seite 80 ff, die der *Einfältigen Weise zu beten, für einen guten Freund* (1535) der Weimarer Ausgabe Band 38, Seite 358 ff; die anhangsweise beigefügten Gebetsstücke aus dem Kleinen Katechismus finden sich in der Weimarer Ausgabe Band 30, 1. Abt. Seite 392 ff (Wittenberger Druck). Der Übertragung des *Sermons von den guten Werken* liegt die Weimarer Ausgabe Band 6, Seite 204 ff zugrunde.

5 Vorbemerkung

11 DEUTSCHE AUSLEGUNG DES VATERUNSERS
FÜR DIE EINFÄLTIGEN LAIEN (1519)

12 Vorrede Martin Luthers

12 Einleitung

16 Der Anfang

21 Einteilung des Vaterunsers

22 Die erste Bitte

33 Die zweite Bitte

39 Die dritte Bitte

47 Die vierte Bitte

63 Die fünfte Bitte

73 Die sechste Bitte

78 Die siebte und letzte Bitte

79 Von dem Wörtlein Amen

81 Kurze Übersicht

85 EINE EINFÄLTIGE WEISE ZU BETEN, FÜR
EINEN GUTEN FREUND (1535)

GEBETE AUS DEM KLEINEN KATECHISMUS (1529)

105 Wie ein Hausvater sein Gesinde lehren soll, sich morgens
und abends mit dem Kreuzeszeichen zu segnen

106 Wie ein Hausvater sein Gesinde lehren soll, das Benedicite
und das Gratias zu sprechen

107 Nachbemerkung

111 SERMON VON DEN GUTEN WERKEN (1520)
112 Einleitung
112 Vom ersten guten Werk
132 Vom zweiten guten Werk
150 Vom dritten Gebot
180 Vom vierten Gebot
203 Vom fünften Gebot
206 Vom sechsten Gebot
210 Das siebte Gebot
214 Das achte Gebot
218 Die letzten zwei Gebote

219 Nachbemerkung
223 Lesarten-Verzeichnis

Deutsche Auslegung des Vaterunsers für die einfältigen Laien

1519

Es wäre nicht nötig, meine Predigten und Worte im Lande hin und her zu vertreiben; es sind wohl andere Bücher vorhanden, die würdig und nützlich wären, um daraus dem Volk zu predigen. Ich weiß nicht, wie ich durch Gottes Schickung so ins Spiel gekommen bin, daß einige in freundlicher Gesinnung, einige auch aus Feindschaft nach meinen Worten greifen und sie verbreiten. Deshalb bin ich veranlaßt, diese Auslegung des Vaterunsers, die vordem durch meine guten Freunde hinausgegangen ist, aufs neue herauszugeben, um mich genauer zu erklären und, wo möglich, auch meinen Gegnern einen Dienst erzeigen zu können. Denn meine Absicht ist ja, jedermann nützlich, niemand schädlich zu sein.

Einleitung

Das rechte Beten nach der Anweisung Jesu an seine Jünger.

Als die Jünger Christi baten, er möchte sie beten lehren, sagte er (Matth 6, 7 ff): »Wenn ihr betet, sollt ihr nicht viel Worte machen, wie es die Heiden tun, die meinen, sie werden erhört, wenn sie viel Worte machen. Darum sollt ihr euch ihnen nicht gleichstellen. Denn euer Vater, der im Himmel ist, weiß wohl, was ihr bedürfet, ehe ihr ihn bittet. Darum sollt ihr also beten: Vater unser, der du bist im Himmel, geheiligt werde dein Name usw.«

Aus diesen Worten Christi lernen wir sowohl Worte als auch Art und Weise des Gebets, d. h. wie und was wir beten sollen; und diese zwei Dinge zu wissen ist nötig.

Erstens *die Weise: wie wir beten sollen.*

Rechtes Gebet ist ein Seufzen des Herzens, nicht äußeres Wortemachen.

Die rechte Weise ist: man soll wenig Worte machen, aber Vieles und Tiefes dabei denken oder im Sinne haben. Je weniger Worte, desto besser das Gebet; je mehr Worte, desto schlechter das Gebet:

wenig Worte und viel dabei denken ist christlich, viele Worte und wenig dabei denken ist heidnisch. Darum sagt Christus Matth 6, 7: »Ihr sollt nicht wie die Heiden viel reden, wenn ihr betet.« Ferner sprach er Joh 4, 24 zu dem heidnischen Weib: »Wer Gott anbeten will, der muß im Geist und in der Wahrheit anbeten. Denn solche Anbeter sucht der Vater.«

Nun, ›im Geist beten‹ oder ›geistlich beten‹ heißt so im Gegensatz zum ›leiblichen Gebet‹, und ›in der Wahrheit beten‹ heißt so im Gegensatz zum ›Gebet nur dem Scheine zulieb‹. Das Gebet, das nur dem Scheine zulieb und leiblich geschieht, ist nämlich das äußerliche Murmeln und Plappern mit dem Munde ohne alle Aufmerksamkeit; denn das erweckt einen guten Schein vor den Leuten und geschieht nur mit dem leiblichen Munde und nicht wahrhaftig. Das geistliche und wahrhaftige Gebet dagegen ist das innerliche Begehren, Seufzen und Verlangen aus Herzensgrund. Das erstere schafft Heuchler und falsche, selbstsichere Geister; das andere schafft Heilige und ehrfürchtige Gotteskinder.

Doch ist nicht alles äußerliche Beten als solches schon zu verwerfen.

Doch ist hiebei ein Unterschied zu beachten; geschieht doch das äußerliche Gebet in dreierlei Weise:

1 Als reine Gehorsamsleistung. So singen und lesen die Priester und Geistlichen, und so handeln auch die, welche auferlegte Bußgebete oder in einem Gelübde versprochene Gebete sprechen.[1] An solchen Gebeten ist der Gehorsam weitaus das Beste und beinahe einer andern, leiblichen Gehorsamsleistung gleich, vorausgesetzt, daß es wirklich aus schlichter Gehorsamsabsicht, nicht um des Geldes oder um der Ehre und des Lobes willen geschieht. Denn soviel unaussprechliche Gnade ist in dem Worte Gottes[2]: auch wenn es nur mit dem Munde, ohne ihm nachzudenken, gesprochen wird in der

1 *Das Beten als Gehorsamsleistung sieht Luther 1. bei Geistlichen, zu deren Dienst das Singen der Psalmen und das Lesen der Kirchengebete gehört; 2. bei Beichtenden, die nach Lossprechung vom Priester als genugtuendes Werk eine gewisse Zahl von Gebeten auferlegt bekommen; 3. bei Leuten, die freiwillig die Verrichtung einer gewissen Zahl von Gebeten gelobt haben. Bei diesem Beten spielt in der römischen Kirche neben dem Ave Maria gerade das Vaterunser die entscheidende Rolle.*
2 *Unter »Wort Gottes« versteht hier Luther eben das von Christus gelehrte Vaterunser.*

Absicht, Gehorsam zu leisten, ist's ein fruchtbringendes Gebet und tut dem Teufel wehe.

2 Ohne Gehorsam, entweder mit Unwillen und Unlust, oder um des Geldes, der Ehre oder des Lobes willen. Solches Gebet würde besser unterlassen. Jedoch wird diesen Betern hier ihr Lohn dafür gegeben in Gestalt von zeitlichem Gut oder zeitlicher Ehre; so lohnt ja Gott die Knechte ab, nicht die Kinder.

3 Mit Herzensandacht. Da wird das, was in Erscheinung tritt, in die Wahrheit einbezogen und das Äußerliche in das Innerliche; ja, die innerliche Wahrheit bricht heraus und leuchtet in dem äußerlichen Schein. Es ist aber nicht möglich, daß der viel Worte macht, der geistlich und gründlich betet; denn wenn die Seele dessen gewahr wird, was sie spricht, und in der Betrachtung dessen die Worte und den Sinn bedenkt, so muß sie die Worte fahren lassen und dem Sinne nachgehen, oder muß sie umgekehrt vom Sinn absehen und den Worten nachdenken. Darum sind solche mündlichen Gebete nicht höher zu werten denn als Anreiz und Antrieb für die Seele, dem Sinn und dem Begehren nachzudenken, das die Worte anzeigen. So lautet in vielen Psalmen die Überschrift und der Titel »Ad victoriam«, »Ad invitatorium«[3]; das will sagen, daß diese Gebete, obgleich sie nur wenige Worte haben, doch ein Anreiz und Antrieb für das Herz sind, etwas Gutes zu denken oder zu begehren. Auch sind einige Psalmen durch das Wörtlein »Sela« (d. h. »Ruhe«) abgeteilt; das wird weder gelesen noch gesungen, um daran zu mahnen, man solle, wo ein besonderes Anliegen im Gebet sich offenbart, still halten und ruhen, um das Gemeinte wohl zu betrachten und die Worte solange fahren zu lassen[4].

---

3 In 55 Psalmen (erstmals Ps 4) steht in der Überschrift das dunkle hebräische Wort »lamenazzeach«, das wir meist mit »dem Musikmacher« oder mit »vorzusingen« wiedergeben, während die alten lateinischen Übersetzer es mit »ad victoriam«, d. h. »zum Siege« verdolmetschten. Bei der Überschrift »ad invitatorium«, d. h. »zum Anreiz«, scheint Luther diejenigen Psalmen zu meinen, welche (wie Ps 16. 56–60) in ihrer Überschrift das ebenso dunkle hebräische Wort »miktam« enthalten, das Luther später mit »ein gülden Kleinod« wiedergab.

4 Der Sinn des 71mal in den Psalmen vorkommenden Wortes Sela ist nicht sicher auszumachen. Es könnte ein Pausenzeichen sein, oder auch ein Zeichen für den (musikalischen) Vortrag des Psalms; vielleicht hat es auch eine liturgische Bedeutung.

Zweitens *die Worte: was wir beten sollen.*

Das Vorbild für den Inhalt aller Gebete ist das Vaterunser.

Die Worte sind: »Vater unser, der du bist usw.« Weil denn dieses Gebet von unserem Herrn stammt, wird es ohne Zweifel das höchste, edelste und beste Gebet sein; denn hätte er ein besseres gewußt, der rechtschaffene, treue Lehrer, so würde er es uns auch gelehrt haben. Das soll man so verstehen: Nicht daß alle andern Gebete böse sind, die nicht diesen Wortlaut haben; denn vor Christi Geburt haben viele Heilige gebetet, die diese Worte nicht gehört haben. Sondern daß alle andern Gebete verdächtig sein sollen, die nicht im voraus dieses Gebetes Inhalt und Meinung haben oder in sich begreifen. Die Psalmen sind ja auch gute Gebete; sie drücken aber das, was diesem Gebete eigentümlich ist, nicht so klar aus, obwohl sie es ganz in sich schließen.

Kein andres Gebet kann mit dem Vaterunser verglichen werden.

Darum ist es ein Irrtum, wenn man einige andere Gebete mit diesem Gebet gleichstellen oder sie ihm sogar vorziehen will, besonders die mit roter Tinte überschriebenen, allzuschön verzierten, deren Absehen allein darauf gerichtet ist, daß Gott uns hier Gesundheit und langes Leben, Güter und Ehre verleihe; oder wollen sie auch Ablaß für die Bußstrafe erwerben[5] und dergleichen. In ihnen wird aber mehr unser eigner Wille und unsre eigne Ehre als Gottes Ehre und Wille gesucht. Solcherart haben S. Brigittas Fünfzehngebet[6], Rosenkränze[7], Coronen[8], Psalmgebete[9] und dergleichen überhandgenommen und

5 *Die einen begehren etwas für dieses irdische Leben, die andern suchen Ablaß für die Pein, d. h. Verringerung der Zeit, die sie zur Büßung ihrer Schuld im Fegfeuer zuzubringen haben. Luther hat damals (1519) die Lehre vom Fegfeuer noch stehen lassen; später hat er sie scharf angegriffen. Vgl. Die Schmalkaldischen Artikel in unserer Ausgabe Band 1 (Siebenstern-Taschenbuch 7).*

6 *Von Brigitta (oder Birgitta), einer schwedischen Mystikerin (1303–1373), stammen vielgebrauchte Gebete, u. a. das sog. Fünfzehngebet.*

7 *Der Rosenkranz ist eine Kette mit größeren und kleineren Perlen, mit deren Hilfe in der römischen Kirche bei der Andacht die immer wiederholten Gebete (das Vaterunser und das »Gegrüßet seist du, Maria«) gezählt werden.*

8 *»Coronen« hieß eine besondere Art von Rosenkränzen, die zum Gedächtnis der 33 Lebensjahre und der fünf Wunden Christi zu beten waren.*

9 *Unter den vom katholischen Volk gesprochenen Gebetspsalmen waren die »Bußpsalmen« (vor allem Ps 51) besonders häufig gebraucht.*

werden mehr geachtet als das Vaterunser für sich allein[10]. Nicht daß ich *sie* verwerfen wollte, sondern die Zuversicht auf diese mündlichen Gebete ist zu groß, infolge davon wird das rechte geistliche, innerliche, wahrhaftige Vaterunser verachtet. Denn aller Ablaß, aller Nutzen, alle Segnungen und alles, was der Mensch bedarf an Leib und Seele hier und dort, das ist darin im Überfluß inbegriffen, und es wäre besser, du betetest ein Vaterunser mit herzlichem Begehren und im Sinn dessen, was die Worte sagen, als daß du den Ablaß sämtlicher Gebete[11] erwürbest; daraus erwüchse eine Besserung deines Lebens. Nun wird dieses Gebet in zwei Stücke eingeteilt; das erste ist eine Vorrede als Anfang und Vorbereitung; das zweite sind sieben Bitten[12].

Der Anfang

Vater [unser], der du bist im Himmel

1 In der Anrede drückt sich die rechte Stellung des Herzens zu Gott aus. Gott will von uns gebeten sein wie ein Vater von seinen Kindern.

Der beste Anfang und Eingang des Redens ist, daß man wohl Bescheid darüber wisse, wie man den, welchen man bitten will, nennen, ehren und behandeln soll und wie man sich ihm gegenüber erzeigen soll, um ihn gnädig und zum Hören geneigt zu machen. Nun gibt es unter allen Namen keinen Namen, der uns Gott gegenüber mehr geschickt machen würde als »Vater«. Das ist eine gar freundliche, süße, tiefe und herzliche Anrede; es wäre nicht so liebevoll oder tröstlich, wenn wir »Herr« oder »Gott« oder »Richter« sagten. Denn der Name »Vater« ist uns von Natur eingepflanzt und von

10 *Auch bei den angeführten Gebeten wird das Vaterunser gesprochen, aber nicht »für sich allein«, sondern in vielfacher Wiederholung oder neben viel anderem Stoff.*
11 *Mit den verschiedenen Gebeten war und ist jeweils ein vom Papst oder Bischof festgesetzter »Ablaß« verbunden, d. h. ein Nachlaß der zeitlichen Sündenstrafen auf Erden oder im Fegfeuer. Vgl. die Schmalkaldischen Artikel in unserer Ausgabe Band 1 (Siebenstern-Taschenbuch 7).*
12 *Der in manchen griechischen Handschriften enthaltene Lobpreis (Doxologie), mit dem das Vaterunser bei Matthäus (6, 9–13) schließt, war und ist in der katholischen Kirche nicht im Gebrauch.*

Natur süß. Deshalb gefällt er auch *Gott* am allerbesten und bewegt ihn am allermeisten dazu, uns zu hören. Desgleichen bekennen *wir* uns in diesem Namen als Kinder Gottes, wodurch wir Gott abermals ganz innerlich bewegen; denn es gibt keine lieblichere Stimme, als wenn das Kind zum Vater spricht.

Gott will von uns gebeten sein als der im Himmel von denen auf Erden.

Dazu[13] hilft auch, daß wir sagen: »Der du bist im Himmel«. Das sind Worte, mit denen wir unsre beklagenswerte Not und unsre Lage in der Fremde kundtun und uns zum Bitten und Gott zum Erbarmen emsig antreiben. Denn wer anhebt zu bitten: »Vater unser, der du bist im Himmel«, und tut das aus Herzensgrund, der bekennt, daß er einen Vater hat und zwar im Himmel. Er bekennt von sich, daß er in der Fremde und verlassen ist auf Erden. Daraus muß dann ein herzliches Sehnen folgen wie bei einem Kinde, das getrennt vom Lande seines Vaters unter fremden Leuten im Ausland und im Jammer lebt. Es ist, als spräche der Beter: »Ach Vater, du bist im Himmel, ich, dein elendes Kind, bin auf Erden, in der Fremde, weit weg von dir, in aller Gefahr, in Jammer und Not, unter den Teufeln und größten Feinden und mancherlei Gefahren.«

Nur wer Christi Geist hat, kann Gott dieses volle Zutrauen schenken.

Wer so betet, der steht mit einem richtig eingestellten, zu Gott erhobenen Herzen da und ist in der rechten Verfassung, zu bitten und Gottes Gnade zu bewegen. Und diese Anrede ist ein so hohes Wort, daß es von der natürlichen Art des Menschen aus unmöglich gesagt werden kann, wenn nicht der Geist Christi im Herzen ist. Denn wenn man ihm innerlich nachgehen will, so ist kein Mensch so vollkommen, daß er in Wahrheit sagen könnte, er habe hier keinen Vater, er habe nichts, er sei ganz fremd und halte allein Gott für seinen Vater. Denn die Natur ist so böse, daß sie immer etwas auf Erden sucht und sich an Gott im Himmel nicht genügen läßt. Doch drückt das Wort ein Zutrauen Gott gegenüber aus, wie wir es allein zu ihm haben sollen. Denn es kann uns niemand zum Himmel helfen als allein der Vater; in diesem Sinne steht geschrieben (Joh 3, 13): »Niemand steigt auf in den Himmel als allein der, der her-

13 *Um uns vor Gott geschickt zu machen, d. h. in die rechte Stellung zu bringen.*

abgestiegen ist, des Menschen Sohn«; in seiner Haut und auf seinem Rücken müssen wir hinaufsteigen. So können denn alle geplagten Leute dieses Gebet beten, auch jene, die selbst nicht wissen, was die Worte bedeuten; und das halte ich für das beste Gebet, weil da das Herz mehr redet als der Mund.

2 Das vielfach übliche Beten widerspricht der von Jesus geforderten Art. Damit, daß viel Worte gemacht werden, ist noch nicht wirklich gebetet.

Indessen steht ein anderer in der Kirche und wendet die Blätter[14] um, zählt die Paternosterperlen und klappert eifrig damit und ist mit den Gedanken seines Herzens weit weg von dem, was er mit dem Mund bekennt; das heißt nicht gebetet. Denn zu denen spricht Gott durch den Propheten Jesaja (29, 13): »Dieses Volk betet mich mit dem Munde an, aber ihr Herz ist ferne von mir.« Ebenso findet man auch zum Teil Priester und Geistliche, die ihre Stundengebete[15] ohne alles innere Verlangen oben hin plappern; sie wagen nachher ohne alle Scham zu sagen: »Ei, nun bin ich fröhlich; ich habe unsern Herrn nun bezahlt«, in der Meinung, sie hätten Gott auf diese Weise Genüge getan.

Ich sage dir aber und gebe es zu, daß du damit vielleicht dem Gebot der *Kirche* Genüge tust; *Gott* aber wird zu dir sagen (Jes 29, 13): »Dieses Volk ehrt mich mit dem Munde, aber ihr Herz ist ferne von mir«. Und es ist zu befürchten, daß sie sich auf ein solches Beten verlassen und niemals ein Gebet zu *Gott* senden; und so beten die am allerwenigsten, die am allermeisten zu beten scheinen, und umgekehrt beten die am allermeisten, die am wenigsten zu beten scheinen.

Aber zur Zeit setzen wir unsern Trost und unsere Zuversicht in viel Plärren, Schreien, Gesinge, obwohl doch Christus das verboten hat, wie er sagt (Matth 6, 7): »Niemand wird wegen viel Wortemachens erhört.« Das kommt von den untauglichen Predigten, mit denen man die Leute nicht, wie vorzeiten die lieben Väter, mit Arbeit und Mühe auf den rechten Grund führt und zum innerlichen Be-

14 *Es scheint hier darauf anzukommen, möglichst viel Seiten im Gebetbuch zu lesen oder Perlen des Rosenkranzes (Paternoster) beim Beten durch die Finger gleiten zu lassen.*
15 *Die Ableitung des »Stundengebets«, d. h. der sieben täglichen Gebetszeiten im Chorgebet der Mönche bzw. im Brevier der Priester gehören in der katholischen Kirche zu den Verpflichtungen des geistlichen Standes.*

ten, sondern nur auf den äußerlichen Schein und allein zu einem Mundgebet, wobei allermeistens ihr eigener Nutzen gesucht wird.

Das »Beten ohne Unterlaß« ist ein Beten des Herzens, nicht des Mundes.

Nun könnte einer sagen: »Es steht doch Lukas 18, 1 geschrieben: ›Ihr sollt ohne Unterlaß beten‹«! Darauf antworte ich: Sieh die Worte recht an. Christus sagt nicht: »Ihr sollt ohne Unterlaß Blätter umwenden, Paternostersteine durch die Finger ziehen, viel Worte machen und dergleichen«, sondern »*Beten* sollt ihr ohne Unterlaß«. Was aber Beten ist, das ist oben zur Genüge gesagt.

So hat es Ketzer gegeben, die hießen Euchiten (d. h. Beter[16]); die wollten das Wort Christi halten und beteten (d. h. sie plapperten mit dem Munde) Tag und Nacht und taten sonst nichts. Dabei bedachten sie ihre Torheit nicht; denn wenn sie aßen, tranken oder schliefen, mußten sie das Gebet unterlassen. Darum ist das Wort Christi vom geistlichen Gebet gesagt; das kann ohne Unterlaß geschehen, auch bei leiblicher Arbeit. Freilich bringt das niemand ganz fertig. Denn wer vermag allezeit sein Herz zu Gott zu erheben? Darum ist mit diesem Wort ein Ziel gesetzt, nach dem wir uns richten sollen; und wenn wir sehen, daß wir es nicht tun, sollen wir uns als schwache, gebrechliche Menschen erkennen und uns demütigen lassen und um Gnade bitten für unsere Gebrechlichkeit.

Ohne Erhebung des Herzens zu Gott nützen alle Worte nichts.

So stellen alle Lehrer der Schrift fest, daß das Wesen und die Natur des Gebetes nichts anderes ist als eine Erhebung des Gemütes oder Herzens zu Gott. Ist aber die Natur und Art des Gebetes Erhebung des Herzens, so folgt daraus, daß alles andere, was nicht des Herzens Erhebung ist, nicht Gebet ist. Wenn darum dieses Aufsteigen des Herzens nicht da ist, ist das Singen, Reden und Musizieren in der gleichen Weise ein Gebet wie die Vogelscheuchen in den Gärten Menschen sind. Das Wesentliche ist nicht da, sondern allein der Schein und der Name. Das bestätigt auch S. Hieronymus,[17] wenn er von

---

16 Diese sog. Euchiten, im 4.–6. Jahrhundert im Osten verbreitet, pflegten das ständige Gebet, um durch die Überwindung des bösen Geistes in der Seele die Gemeinschaft mit Gott zu erlangen.

17 Hieronymus, ein gefeierter, durch seine Gelehrsamkeit berühmter Kirchenvater und Vorkämpfer des Mönchtums, lebte in Bethlehem († 420).

einem heiligen Vater, Agathon, schreibt, daß er in der Wüste dreißig Jahre lang einen Stein in seinem Munde trug, weil er schweigen lernen wollte. Womit hat er aber gebetet? Ohne Zweifel innerlich mit dem Herzen; daran liegt Gott am meisten und das allein sieht er auch an und sucht er.

> *3 Der Beter hat sich vor mancherlei Abwegen zu hüten.*
> *Er hüte sich, die Worte zu verachten; sie laden zum Herzensgebet ein.*

Dazu ist's aber eine gute Hilfe, wenn man die Worte hört und so Anlaß bekommt, sie zu betrachten und recht zu beten. Denn wie oben gesagt, sollen die mündlichen Worte nicht anders gelten als wie eine Trompete, Trommel oder Orgel oder sonst ein Getöne, damit das Herz zu Gott hin bewegt und erhoben werde. Ja, es soll niemand sich auf sein Herz verlassen, daß er ohne Worte beten wollte; außer er wäre wohl geübt im Geiste und hätte Erfahrung, um die fremden Gedanken aus dem Sinn zu schlagen; sonst würde ihn der Teufel ganz und gar verführen und sein Gebet im Herzen bald zunichte machen. Darum soll man sich an die Worte halten und an denselben nach oben steigen, solange bis die Federn wachsen, daß man ohne Worte zu fliegen vermag. Denn das mündliche Gebet oder die Worte verwerfe ich nicht, es soll sie auch niemand verwerfen; vielmehr soll man sie mit großem Dank annehmen als besondere, große Gottesgaben. Aber das ist zu verwerfen, wenn man die Worte nicht zu dem gebraucht, wozu sie dienen und fruchten sollen (nämlich dazu, das Herz zu bewegen), sondern wenn man sich in falscher Zuversicht darauf verläßt, daß man sie nur eben mit dem Munde gemurmelt oder geplappert hat ohne alle Frucht und Besserung, ja unter Verschlimmerung des Herzens.

> *Er hüte sich, seine eigene Andächtigkeit zu betrachten und zu loben.*

Auch hüte sich jeder, wenn er nun neben den Worten her oder sonstwie ein Fünklein empfängt und Andacht fühlt, daß er nicht dem Gift der alten Schlange (d. h. der todbringenden Hoffart) folge, welche sagt: »Ach, ich bete nun mit dem Herzen und mit dem Munde und habe solche Andacht, daß es, glaube ich, schwerlich einen andern geben wird, der das so recht macht wie ich.« Diese Gedanken hat dir nämlich der Teufel eingegeben, und du wirst damit ärger als alle, die nicht beten; ja, ein solcher Gedanke ist nicht weit entfernt von einer Lästerung und Verfluchung Gottes. Denn nicht dich, sondern Gott sollst du loben bei allem Guten, das du fühlst oder hast.

Er hüte sich, beim Gebet eigensüchtig nur an sich selbst zu denken.

Zuletzt ist zu beachten, wie Christus dieses Gebet ganz ordensmäßig aufgesetzt hat.[18] Er läßt nämlich nicht zu, daß jeder für sich allein bete, sondern er soll für die ganze Schar aller Menschen beten. Denn er lehrt uns nicht sagen ›Mein Vater‹, sondern ›Unser Vater‹. Das Gebet ist ein geistliches Gemeingut; darum soll man niemand dessen berauben, auch die Feinde nicht. Denn da er unser aller Vater ist, will er, wir sollen untereinander Brüder sein, einander freundlich liebhaben und für einander bitten wie für uns selbst.

Einteilung des Vaterunsers

Der Wortlaut des Vaterunsers weist auf unsere Bedürftigkeit hin.

In diesem Gebete findet man sieben Bitten:

Die erste: **Geheiligt werde dein Name.**

Die zweite: **Herzukomme dein Reich.**

Die dritte: **Dein Wille geschehe wie im Himmel, so auf Erden.**

Die vierte: **Unser täglich Brot gib uns heute.**

Die fünfte: **Und erlaß uns unsre Schulden, wie wir erlassen unsren Schuldigern.**

Die sechste: **Und führe uns nicht in Versuchung (Anfechtung).**

Die siebte: **Sondern erlöse uns von dem Übel. Amen.**

Die sieben Stücke können ebensogut sieben gute Lehren und Ermahnungen genannt werden; denn es sind, wie auch der heilige Bischof und Märtyrer S. Cyprian[1] anführt, sieben Hinweise auf unser

18 Luther sagt: »ganz ordentlich«. Dabei denkt er schwerlich an die »Ordnung« des Vaterunsers, sondern an die Tatsache, daß das Vaterunser die Menschen als Einheit, als Bruderschaft, als »Orden« behandelt.

Elend und unsre Bedürftigkeit. Aus ihnen kann der Mensch, wenn er sich zur Selbsterkenntnis hat führen lassen, ersehen, in was für einem ganz gefährlichen und jammervollen Leben er hier auf Erden lebt: es ist nämlich nichts anderes als eine Lästerung von Gottes Namen, ein Ungehorsam gegen Gottes Willen, ein Sich-sträuben gegen Gottes Reich, ein hungriges Land ohne Brot, ein sündiges Treiben, ein gefahrvolles Wandeln und voll von allem Übel. So nennt es ja Christus selbst in diesem Gebete, wie wir nachher hören werden.

Die erste Bitte

Geheiligt werde dein Name

Gegenstand der ersten Bitte: die Heiligung von Gottes Namen.

1 Gottes heiliger Name soll von uns als heilig anerkannt werden.

Oh, ein großes, überschwengliches, tiefes Gebet, wenn es mit dem Herzen gebetet wird, obwohl es dem Wortlaut nach kurz ist! Es ist unter den sieben Bitten keine größere als die, daß wir bitten: »Dein Name werde geheiligt.«

Beachte aber, daß Gottes Name in sich selbst heilig ist. Er wird nicht erst *von uns* geheiligt (heiligt er doch alle Dinge und auch uns), sondern er soll *in uns* geheiligt werden, wie S. Cyprian[1] sagt. Denn darin wird Gott alles und der Mensch ganz zu nichts; dazu dienen und darauf beziehen sich auch die andern sechs Bitten, daß Gottes Name geheiligt werde. Wenn das geschehen ist, so ist alles wohl geschehen, wie wir hören werden.

Damit wir aber sehen, wie Gottes Name in uns geheiligt werde, wollen wir vorher sehen, wie er in uns verunheiligt und verunehrt wird. Und um deutlich, aufs verständlichste davon zu reden, so wird er auf zweierlei Weise in uns verunehrt: erstens, wenn wir ihn mißbrauchen zu Sünden, zweitens, wenn wir ihn stehlen und rauben. Es ist geradeso wie ein heiliges Kirchengefäß auf zweierlei Weise verunheiligt wird: erstens, wenn man es nicht zu Gottes Dienst, sondern zu fleischlichem Willen gebraucht; zweitens, wenn man es stiehlt und raubt.

1 *Der Kirchenvater S. Cyprian genoß großes Ansehen. 248–258 Bischof von Karthago, starb er als Märtyrer in der valerianischen Verfolgung.*

Erstens also wird der Name Gottes in uns durch Mißbrauch verunheiligt, wenn wir ihn nämlich nicht zu Nutz, Besserung und Heil unsrer Seele anführen oder gebrauchen, sondern um etwas zu vollbringen, was Sünde ist und unsrer Seele schadet. So geschieht es durch mancherlei Dinge: durch Zauberei, Besprechen, Lügen, Schwören, Fluchen, Betrügen, wie es denn das zweite Gebot Gottes zum Ausdruck bringt: »Du sollst den Namen deines Gottes nicht unnütz in den Mund nehmen.« Es ist, kurz gesagt: wenn wir nicht als Gottes Kinder leben, *wie Gottes Kinder geartet sind.*

Rechtschaffen nennt man ein Kind, wenn es von rechtschaffenen, ehrbaren Eltern geboren, diesen in allen Stücken nachfolgt und gleichgeartet ist; ein solches Kind besitzt und erbt mit Recht die Güter und alle Namen seiner Eltern. So sind wir Christen durch die Taufe neu geboren und Gottes Kinder geworden; und wenn wir unsrem Vater und seiner Art nachfolgen, so sind alle seine Güter und Namen ewig auch unser Erbe. Nun ist und heißt unser Vater barmherzig und gütig; so sagt Christus Luk 6, 36: »Seid barmherzig, wie euer himmlischer Vater barmherzig ist«; ferner Matth 11, 29: »Lernet von mir, denn ich bin sanftmütig und von Herzen demütig.« Ebenso ist Gott auch gerecht, rein, wahrhaftig, stark, lauter, ohne Falsch, weise usw., und das alles sind Gottes Namen, die alle mit einbeschlossen sind in dem Wörtlein »Dein Name«; denn die Namen aller Tugenden sind Gottes Namen. Und weil wir denn auf diese Namen getauft sind und durch sie geweiht und geheiligt, und sie jetzt unsere Namen geworden sind, so folgt daraus, wie alle Gotteskinder heißen und sein sollen: gütig, barmherzig, keusch, gerecht, wahrhaftig, lauter, freundlich, friedlich, und von Herzen gegen jeden Menschen, auch gegen die Feinde, wohlgesinnt. Denn der Name Gottes, auf den sie getauft sind, wirkt solches alles in ihnen; oder sollen sie wenigstens bitten, daß der Name Gottes in solcher Weise in ihnen sei, wirke und geheiligt werde.

Gottes Namen verunheiligen heißt: die Art unsres Vaters verleugnen.

Wer aber zornig, unfriedlich, neidisch, bitter, ungütig, unbarmherzig, unkeusch ist, und wer flucht, lügt, schwört, trügt, verleumdet, – der verunehrt, lästert und verunheiligt den göttlichen Namen, in welchem er gesegnet und getauft oder berufen ist und mit welchem er unter die Christen gezählt und unter Gottes Volk versammelt ist. Ein solcher ehrt ja unter dem Titel des göttlichen Namens den Namen des Teufels; denn der ist ein Lügner, Unreiner, Verleumder, Gehässiger usw.; ihm folgen, sagt der Weise (Weish 2, 25), alle, die ihm verwandt und seine Genossen sind. Sieh nun, diese machen es nicht anders, als wenn ein Priester einer Sau aus dem heiligen Kelch zu trinken gäbe oder verfaulten Mist damit schöpfte; so nehmen sie ihre Seele und ihren Leib, in welchen doch der Name Gottes wohnt und welche er geheiligt hat, und dienen damit dem Teufel. Das gereicht alles zur Schmach für den heiligen göttlichen Namen, in dem sie geweiht sind. Sieh, nun verstehst du, was ›heiligen‹ heißt, was ›heilig‹ ist; es ist nämlich nichts anderes als eine Abkehr vom Mißbrauch zum Gebrauch für Gott. Wie eine Kirche geweiht und damit allein zu gottesdienstlichem Gebrauch bestimmt wird, so sollen wir in allem Leben geheiligt werden, daß bei uns nichts gebraucht werde als der göttliche Name d. h. Gütigkeit, Wahrheit, Gerechtigkeit usw. Somit wird der Name Gottes nicht allein mit dem Munde, sondern auch mit allen Gliedern des Leibes und der Seele geheiligt oder verunheiligt.

3 Verunheiligt wird Gottes Name andrerseits durch fromme Anmaßung. Wer hoffärtig ist, stiehlt Gott die Ehre und schreibt sie sich selber zu.

Zweitens wird Gottes Name durch Rauben und Stehlen verunheiligt. Für die scharf Denkenden ist das zwar unter dem ersten inbegriffen; aber für die einfachen Leute ist das zu subtil, als daß sie es merkten. Denn dies betrifft nun die *Hoffärtigen.* Sie dünken sich ja in sich selber rechtschaffen und heilig und denken nicht daran, daß sie Gottes Namen geradeso verlästern wie die ersten. Sie geben sich selbst den Namen, daß sie gerecht und heilig und wahrhaftig seien, und rauben und stehlen damit Gott seinen Namen, keck, ohne alle Furcht. Und solche finden sich jetzt am allermeisten, besonders wo fromme, geistliche Leute zu sein scheinen. Denn diese bilden sich etwas ein und geben sich ab mit ihrem eigenen Wort, Werk, Weisheit und gutem Können; sie wollen davon berühmt und geehrt werden. Wenn aber das nicht geschieht, werden sie wütend und toben vor Zorn. Diese heißen in der Schrift profundi corde d. h. Menschen mit einem bodenlosen Herzen. Darum muß Gott allein sie richten und erkennen und gar viel mit ihnen zu schaffen haben. Denn sie können alle Dinge so überaus schön hinstellen, daß sie selber es nicht anders wissen, als daß alles mit ihnen von Grund aus gut sei. Und doch ist eben dies ihr Selbstgefallen und innerliches Rühmen, Prahlen und Preisen ihr größter, gefährlichster Schade. Damit man sie erkennen könne und jeder sich vor solchem Unheil zu bewahren vermöge, wollen wir des weiteren davon reden, welches *die gefährlichsten und ärgsten Menschen in der Christenheit sind.*

Die Hoffärtigen erheben sich richtend über alle ihre Nächsten.

Erstens führen sie allezeit ein Wörtlein in ihrem Munde, mit dem sie sich rühmen; und zwar sprechen sie: »Ach, ich habe eine so gute Meinung, ich meine es so herzlich gut; bloß der und der will mir nicht folgen. Ich wollte das Herz im Leibe mit ihm teilen.« O hüte dich, hüte dich vor den Wölfen, die in solchen Schafskleidern wandeln. Es sind Rosendornsträucher; aber keine Feigen wachsen daran, sondern lauter Stacheln. Darum (wie Christus Matth 7, 16 sagt) »erkennet sie an ihren Früchten«. Was sind aber die Früchte? Stacheln, Spitzen; Kratzen, Reißen, Verletzen — und keine guten Worte oder Werke. Wie kommt das? Merk auf: Wenn sie einmal bei sich selbst ausgemacht haben, daß sie fromm seien und es gut meinen, und in ihrem Leben finden, daß sie mehr beten, fasten und andere gute Werke tun und mehr Erkenntnis und Gnade von Gott haben als andere Leute, — dann bringen sie nicht soviel fertig, daß sie sich mit solchen vergleichen, die höher und besser sind, sondern sie messen sich an solchen, die böser und geringer erscheinen als sie. Sie vergessen auch bald, daß alles, was sie haben, Gottes Güter sind; so muß alsbald auch das folgen, daß sie richten, urteilen, verdächtigen, verleumden, verachten und sich selbst über jedermann erheben. So fahren sie hoffärtig einher, und verhärten sich selbst ohne alle Gottesfurcht; sie tun nichts anderes mehr, als daß sie sich mit Herz und Mund mit fremden Sünden befassen und bescheißen.

Sieh, das sind die Früchte der Disteln und Dornen; das sind die Rachen der Wölfe unter den Schafskleidern.

Die Hoffärtigen greifen in Gottes Amt und mißbrauchen seine Gnade.

Sieh, das heißt Gottes Namen und Ehre gestohlen und sich selbst zugeschrieben. Denn Gott gebührt es allein zu richten, wie Christus sagt (Matth 7, 1): »Ihr sollt nicht richten, auf daß ihr nicht gerichtet werdet.« Auch ist es allein Gottes Name, daß er heilig, fromm und gut ist; wir aber sind alle gleicherweise Sünder vor Gott, einer wie der andere, ohne allen Unterschied, und wenn jemand etwas vor dem andern voraushat, so gehört es doch nicht ihm, sondern Gott allein; er soll von den Seinen auch allein den Namen, das Wohlgefallen, das Rühmen, das Richten usw. haben. Und wer darum das [was er voraushat] nicht zum Dienst an seinem Nächsten, sondern zu seiner Verachtung benützt, der ist ein Dieb an Gottes Ehre: er will das sein und heißen, was Gott ist und was Gott, und nicht ihm gehört.

Sieh, von solchen gefährlichen, frechen, frevelhaften, Gott nicht fürchtenden Geistern ist jetzt die Welt voll; sie verunheiligen Gottes Namen durch ihr gutes Leben lästerlicher als alle andern mit ihrem bösen Leben. Die heiße ich die ›hoffärtigen Heiligen‹ und ›des Teufels Märtyrer‹; die sind »nicht wie die andern Leute«, so wenig wie der Scheinheilige im Evangelium (Luk 18, 11). Sie wollen, gerade als wären sie nicht Sünder und Böse, die Bösen und Ungerechten nicht ertragen oder mit ihnen zu schaffen haben, damit man ja nicht sage: »Oh, geht der mit solchen um? Ich hätte ihn für viel frömmer gehalten!« Sie erkennen nicht, daß Gott ihnen deshalb vor andern mehr Gnade gegeben hat, daß sie mit diesen Gnadengaben dienen und sie gleich wieder austeilen und mit dieser Gnade wuchern sollen. D. h. sie sollten für jene andern bitten, ihnen raten, helfen und ihnen gerade so tun, wie Gott ihnen selbst getan hat, der ihnen die Gnade umsonst gegeben und sie nicht verachtet und gerichtet hat. So aber fahren sie zu und halten nicht allein die Gnade zurück, so daß sie keine Früchte bringt, sondern verfolgen sogar damit die, denen sie damit helfen sollten. Sie sind es, welche die Schrift ›perversos‹, ›die Verkehrten‹ heißt (Ps 18, 27: »Cum perverso perverteris«).[2]

Die Hoffärtigen suchen unter frommem Schein nur ihre eigne Ehre.

Zweitens. Wenn sie nun dies alles sagen hören, daß Gott allein der Name und die Ehre gebühre, so stellen sie sich abermals fein und betrügen sich selbst noch mehr mit ihrem Schein: sie sagen, sie wollen in allem, was sie tun, allein Gottes Ehre suchen; sie getrau-

2 »Mit dem Verkehrten bist du verkehrt.«

en sich wohl gar, dazu zu schwören, daß sie nicht ihre eigene Ehre suchen. So sehr geistlich, im Grund verwurzelt, tief ist ihre Bosheit.

Aber merke auf die Frucht und die Werke, so wirst du finden: wenn ihr Vorhaben nicht vonstatten geht, so erhebt sich ein Klagen und wunderliches Benehmen, daß niemand mit ihnen umgehen kann. Da fährt's ihnen heraus, daß die nicht wohl tun, die sie hindern, und sie können solches [ihnen angetane] Leid nicht vergessen; sie machen geltend, man habe Gottes Ehre verhindert und widerstrebe dem Guten, das sie gesucht und erstrebt hätten. So können sie ihr verfluchtes Richten und Verleumden nicht lassen, und so sieht man dann, wie sie es gemeint haben: sie zürnen nicht deshalb, weil das Gute und Gottes Ehre verhindert worden ist, sondern weil ihr Gutdünken, ihre Meinung sich nicht durchgesetzt hat; gerade als ob ihr Gutdünken nicht böse sein könnte und so gut sei, daß auch Gott es nicht zu verwerfen vermöchte. Wenn sie nämlich nicht sich selber ein solches Gutsein zuschrieben, so würden sie es wohl ertragen, daß man ihre Meinung verhindert. Aber die tiefe Hoffart will nicht für böse und närrisch gehalten sein; darum müssen ihr alle andern für Narren und Böse gelten. Sieh, wie tief die Lästerung Gottes in diesen Geistern verborgen ist, die immer das sein und haben wollen, was Gott allein gehört, d. h. Weisheit, Gerechtigkeit, Namen und Ehre.

Die Hoffärtigen wehren sich trotz gutem Schein gegen Gottes Wirken.

Drittens. Wenn sich's begibt, daß man sagt oder predigt, Gott gebühre darum die Ehre und der Name, weil er alle Dinge schafft und alle Dinge ihm gehören, so sind sie gelehrter als alle Prediger, ja auch als der Heilige Geist selber. Sie können sogar jedermann belehren und brauchen nicht mehr Schüler zu sein; sie sprechen: »Oh, wer weiß das nicht?« und halten dafür, sie verstünden es sehr gut. Wenn es aber ernst wird, daß man ihre Ehre mit Worten antastet, sie für gering ansieht oder verachtet, ihnen etwas nimmt oder daß ihnen sonst eine Widerwärtigkeit begegnet, sieh, dann ist alsbald das Wissen vergessen und der Dornbusch bringt seine Frucht, die Stacheln und Spitzen. Da guckt der Esel mit seinen Ohren durch die Löwenhaut. Dann fangen sie an: »Ach Gott vom Himmel, sieh herab; wie geschieht mir so großes Unrecht!«; sie geraten damit in große Torheit, daß sie zu sagen wagen, es geschehe ihnen auch vor

Gott Unrecht. Wo ist nun euer großes Verständnis dafür, daß, wie ihr sagt, alle Dinge Gottes und von Gott sind? O du armer Mensch, gehört es Gott allein, warum soll er es dann nicht ungehindert von dir nehmen, geben, hin- und herwerfen? Ist es sein, so solltest du stille halten und ihn darin schalten lassen, wie er wollte; denn wenn er das Seine nimmt, so geschieht dir nicht Unrecht. So sprach auch der heilige Hiob, als er alle Güter und Kinder verloren hatte (Hiob 1, 21): »Gott hat's gegeben, Gott hat's genommen; wie es Gott gefallen hat, so ist es geschehen. Gottes Name sei gepriesen.« Sieh, das war ein rechter Mann, dem niemand etwas nehmen konnte; denn er hatte nichts, was sein war. Gott spricht ja (Hiob 41, 2): »Ommia, quae sub caelo sunt, mea sunt« »Alles, was unter dem Himmel ist, das ist mein; ich habe es geschaffen.« Was rühmst du dich dann des Deinen und dessen, daß dir Unrecht geschehe? Greift man deine Ehre an, deinen guten Ruf, dein Gut und was du hast, so greift man nicht in dein, sondern in Christi Gut. Und um dich das zu lehren, fügt er es so, daß dir das genommen wird, wovon du meinst, es sei dein, damit du erkennst, daß es nicht dein, sondern sein ist. Sieh, so findet man allezeit, daß Gottes Ehre und Name nicht lauter gesucht wird; und besonders die hoffärtigen Heiligen wollen auch immer etwas sein und haben, was Gott allein zugehört.

Grund der ersten Bitte: die Nichtheiligung von Gottes Namen.

1 Die Forderung, Gottes Namen zu heiligen, ist uns unerfüllbar.

Nun wendest du ein: »Wenn das wahr ist, so folgt daraus, daß niemand auf Erden Gottes Namen genug heiligt. Auch wären alle die im Unrecht, welche vor Gericht miteinander um Gut oder Ehre und andere Sachen prozessieren.«

Darauf antworte ich erstens: Deswegen habe ich oben gesagt, diese erste Bitte sei überschwenglich und die allergrößte, welche die andern alle in sich begreife. Denn wenn es jemand gäbe, der Gottes Namen genug heiligte, der brauchte das Vaterunser nicht mehr zu beten, und wer so rein wäre, daß er sich kein Ding, keine Ehre als eigen anmaßte, der wäre ganz rein, und der Name Gottes wäre in ihm ganz vollkommen geheiligt; das aber gehört nicht in dieses Leben, sondern in den Himmel. Solange wir leben, müssen wir darum beten und ernstlich begehren, daß Gott seinen Namen in uns heilige. Denn es findet sich, daß jeder Mensch ein Lästerer des göttlichen Namens ist, einer mehr als der andere, auch wenn es die hoffärtigen Heiligen nicht glauben wollen.

Darum habe ich auch gesagt, dieses Gebet sei nicht bloß eine Bitte, sondern auch eine heilsame Lehre und Kennzeichnung unseres elenden, verdammten Lebens auf Erden; es wirft den Menschen nieder, damit er zur Selbsterkenntnis komme.

Denn wenn wir bitten, daß sein Name in uns geheiligt werden soll, so folgt daraus zugleich, daß er in uns noch nicht heilig ist; denn wäre er heilig, so brauchten wir nicht darum zu bitten. Daraus folgt dann weiter, daß wir, solange wir leben, Gottes Namen schänden, lästern, verunehren, verunheiligen, entweihen; mit unserem eignen Gebet und Mund bezeugen wir es, daß wir Gotteslästerer sind. Nun weiß ich in der ganzen Schrift keine Lehre, die unser Leben mächtiger und mehr schmäht und zunichte macht als dieses Gebet. Wer wollte doch nicht gerne bald sterben und diesem Leben feind sein (wenn anders er Gottes Namen lieb hat), sofern er von Herzen bedenkt, daß sein Leben in diesem Zustand ist, in dem Gottes Name und Ehre gelästert wird? Auch wenn einer weiter nichts recht verstünde als das Vaterunser, so hätte er doch darin Belehrung genug gegen alle Laster, besonders gegen die Hoffart. Denn wie kann der frohgemut oder hoffärtig sein, der im Vaterunser so große, schreckliche Gebrechen von sich selbst bekennt: daß er Gottes Namen verunehrt und täglich dem zweiten Gebote Gottes zuwiderhandelt, indem er seinen Namen mißbräuchlich anführt?

Zweitens antworte ich ihnen: daß es Gerichtshändel gibt, ist nicht das Beste; es wäre besser, es gäbe keine. Aber zur Vermeidung größerer Übel sind sie zugelassen um der Unvollkommenen willen, die noch nicht alle Dinge fahren lassen und Gott wieder zu eigen geben können.

2 Die Forderung, Gottes Namen zu heiligen, ist uns als Ziel gesetzt.

Nichtsdestoweniger ist uns ein Ziel gesteckt, auf das wir hinarbeiten sollen: daß wir nämlich von Tag zu Tag lernen und uns üben, daß Gottes Name, Ehre, Güter und alle Dinge unserem Besitzenwollen entzogen und wir so ganz geheiligt werden. Zur Übung darin ist uns dieses Gebet gegeben: wir sollen ohne Unterlaß im Herzen begehren, daß Gottes Name geheiligt werde. Und wenn schon einem Christenmenschen alles genommen würde, Gut, Ehre, Freunde, Gesundheit, Weisheit usw., so wäre das nicht zu verwundern. Vielmehr muß es doch schließlich dahin kommen, daß alles, was sein ist, zunichte werde und er von allen Dingen abgesondert wird, ehe er geheiligt ist und den Namen Gottes heiligt. Denn solange etwas da ist, solange ist auch ein Name da; darum darf nichts dableiben, damit allein Gott bleibe und alle Dinge und alle Namen Gott verbleiben. Dann wird das wahr, weshalb die Gerechten in der Schrift ›Arme und Waisen‹ genannt werden, die ihrer Eltern beraubt sind und keinen Trost haben.

Sagst du aber: »Wenn wir allesamt Gottes Namen nicht genug ehren, sind wir darum abermals in Todsünden[3] und verdammt?«, so antworte ich: Es wären allzumal Todsünden, die zur Verdammung führen, wenn Gott mit aller Strenge verfahren wollte. Denn Gott kann keine Sünde dulden, wie gering sie auch sei. Aber es gibt zweierlei Leute. Die einen erkennen und beklagen das selbst, daß sie den Namen Gottes nicht genug heiligen, und sie bitten ernstlich darum; es bedeutet ihnen viel, daß sie so nichtswürdig sind. Diesen gibt Gott, was sie bitten, und weil sie sich selbst verurteilen und richten, spricht er sie frei und erläßt ihnen, was sie nicht genug tun. Die andern, freche und leichtfertige Geister, achten diese ihre Gebrechen gering, schlagen sie in den Wind oder sehen sie überhaupt gar nicht und bitten auch nicht darum. Sie werden am Ende finden, was für eine große Sünde das ist, was sie für gar nichts geachtet haben, und werden um dessen willen verdammt, weshalb sie am allermeisten selig zu werden meinten. So sagt Christus zu den Heuchlern (Matth 23, 14), daß sie um ihrer langen Gebete willen desto größere Verdammnis haben würden.

3 Die Forderung, Gottes Namen zu heiligen, wirft uns auf Gottes Gnade.

Sieh, so lehrt dich das Vaterunser zuerst dein großes Elend und Verderben erkennen, daß du ein Gotteslästerer bist; so mußt du vor deinem eigenen Gebet erschrecken, wenn du bedenkst, was du betest. Denn es muß wahr sein, daß du Gottes Namen noch nicht geheiligt

3 Die katholischen Theologen unterschieden »läßliche Sünden« und »Todsünden«. Während die läßlichen Sünden nur eine zeitliche Strafe (auf Erden oder im Fegfeuer) nach sich ziehen, sollen die Todsünden die höllische Verdammnis, den ewigen Tod, zur Folge haben. Luther hat diese Unterscheidung mit Recht überwunden und abgetan.

hast, ebenso muß es auch wahr sein, daß, wer Gottes Namen nicht heiligt, ihn verunheiligt. Darnach muß auch wahr sein, daß Gottes Namen zu verunehren eine schwere Sünde und des ewigen Feuers schuldig ist, wenn Gottes Gerechtigkeit richten sollte.[4] Wo willst du denn nun hin? Dein eigenes Gebet schilt dich und ist wider dich, zeugt gegen dich und klagt dich an. Da liegst du; wer hilft dir?

Sieh, jetzt, wenn du in dieser Weise ernstlich in dich gegangen bist und in der Erkenntnis deines Elends dich hast demütigen lassen, dann kommt als zweites die tröstliche Lehre und richtet dich wieder auf, d. h. das Gebet lehrt dich, daß du nicht verzweifeln, sondern Gottes Gnade und Hilfe begehren sollst. Denn du darfst dessen gewiß sein und sollst das fest glauben, daß er dich darum so hat beten gelehrt, weil er dich erhören will. Und so schafft das Gebet, daß Gott dir die Sünde nicht zurechnet und nicht in voller Schärfe mit dir verfährt. Allein die hält Gott für gut, die ernstlich bekennen, daß sie Gottes Namen verunehren, und die beständig begehren, daß er geheiligt werden möchte. Solche aber, die sich auf ihr [gutes] Gewissen verlassen und nicht dafürhalten, daß sie Gottes Namen verunehren, können unmöglich errettet werden; denn sie sind noch zu keck, selbstsicher und hoffärtig und fürchten Gott nicht. Sie sind auch noch nicht unter der Schar, zu der Christus spricht (Matth 11, 28): »Kommet alle zu mir, die ihr geängstigt und beschwert seid, ich will euch erquicken«; denn sie verstehen das Vaterunser nicht und wissen nicht, was sie beten.

Kennzeichnung und Zusammenfassung der ersten Bitte.

1 In dieser Bitte sucht der Gott nicht ehrende Mensch Gottes Ehre.

So ist nun der Sinn und die kurze Zusammenfassung dieser Bitte: »Ach lieber Vater, dein Name werde in uns geheiligt. D. h. ich bekenne, daß ich leider deinen Namen oft verunehrt habe und auch jetzt noch durch Hoffart und um meiner eigenen Ehre und meines eigenen Namens willen deinen Namen lästere. Darum hilf mir durch deine Gnade, daß in mir mein Name zugrundegehe und ich zunichtewerde, damit du allein und dein Name und Ehr in mir sei.

Ich hoffe, daß du auch zur Genüge verstanden hast, daß das Wörtlein ›Dein Name‹ so viel heißt als ›Deine Ehre‹ oder ›Dein Lob‹;

4 *D. h. wenn Gott beim Gericht nicht nach seiner Gnade, sondern nach dem strengen Recht verfährt.*

denn unter einem ›guten Namen‹ versteht die Schrift Ehre und Lob, unter einem ›bösen Namen‹ Schande und bösen Ruf. So will also dieses Gebet nichts anderes, als daß Gottes Ehre vor allen und über allen und in allen Dingen gesucht werde, und daß all unser Leben ewiglich allein zu Gottes Ehre gereiche, nicht zu unsrem Nutzen, auch nicht zu unsrer Seligkeit oder zu sonst etwas Gutem, es sei zeitlich oder ewig, außer es wäre letzten Endes zu Gottes Ehre und Lob bestimmt. Darum ist dies die erste Bitte.

2 In dieser Bitte sucht der nicht gerechte Mensch Gottes Gerechtigkeit.

Denn Gottes Ehre ist das Erste, Letzte, Höchste, was wir ihm geben können; und nichts sucht und fordert er auch mehr. Wir können ihm auch sonst nichts geben; denn alle andern Güter gibt er uns, die Ehre aber behält er sich allein vor, damit wir erkennen, sagen, singen, leben, wirken und mit all unserem Tun und Leiden bezeugen, daß alle Dinge Gott gehören. So wird der Spruch Ps 111, 3 zu Recht bestehen: »Confessio et magnificentia opus eius«, »Lob und große Ehre sind sein Werk, und seine Gerechtigkeit bleibt ewiglich.« Damit ist so viel gesagt: Wenn Gott in einem Menschen wohnt und lebt, so tun dieses Menschen Werke nichts anderes, als daß sie *Gott* ›großes Lob und Ehre‹ geben und ihm alles zuschreiben. Ein solcher Mensch beachtet es darum nicht, wenn man *ihn* verunehrt und verachtet; denn er weiß, daß es so recht ist, und wenn ihn niemand verachten und verunehren will, so tut er es selber. Er kann es nicht leiden, wenn er selber gelobt und geehrt wird, und darum ist er gerecht: er gibt Gott, was Gottes ist, und sich selbst, was ihm gehört; Gott die Ehre und alle Dinge, sich selbst die Schande und nichts. Das ist die ›Gerechtigkeit, die ewiglich bleibt‹; denn sie gefällt nicht wie die Lampen der törichten Jungfrauen und die Frömmigkeit der Scheinheiligen (Matth 25, 1 ff) bloß den zeitlichen Menschen, sondern dem ewigen Gott, vor dem sie dann auch ewiglich bleibt.

3 In dieser Bitte schützt sich der Mensch gegen die Sünde der Hoffart.

Nun merkst du, daß dieses Gebet gegen die leidige Hoffart ficht, die ja doch das Haupt, das Leben und der Inbegriff aller Sünde ist. Denn in gleicher Weise, wie keine Tugend lebt oder taugt, solange die Hoffart dabei ist, ebenso lebt oder schadet umgekehrt keine Sünde, wenn die Hoffart tot ist. Und wie eine Schlange all ihr Leben im Haupt hat und niemand mehr etwas tut, wenn dieses tot ist, ebenso wären auch, wenn die Hoffart tot wäre, alle Sünden unschädlich, ja sogar sehr förderlich. Darum gilt: wie niemand ohne Hoffart und ohne Begehren nach eigenem Namen und eigener Ehre ist, so gibt es niemand, dem dieses Gebet nicht hochnötig und nützlich wäre.

Die zweite Bitte

Herzukomme dein Reich

Die Voraussetzung der Bitte: unser Elend fern von Gottes Reich.

Dieses zweite Gebet schafft wie die andern ein Zweifaches: es erniedrigt uns und erhebt uns. Es erniedrigt damit, daß es uns zwingt, mit eigenem Munde unser großes, klägliches Elend zu bekennen, erhebt aber damit, daß es uns zeigt, wie wir uns in solcher Erniedrigung verhalten sollen. Diese Art hat jedes Wort Gottes an sich, daß es erschreckt und tröstet, schlägt und heilt, zerbricht und baut, ausreißt und wieder pflanzt, demütigt und erhebt.

1 Demütigend ist das Bekenntnis, daß das Reich Gottes noch nicht da ist.

Erstens demütigt uns diese Bitte dadurch, daß wir öffentlich bekennen, Gottes Reich sei noch nicht zu uns gekommen. Wenn das mit Ernst bedacht und von Herzensgrund gebetet wird, so ist das zum Erschrecken und muß jedes rechtschaffene Herz mit Recht betrüben und sehr in Kummer versetzen. Denn daraus folgt, daß wir noch verstoßen, in der Fremde und unter grausamen Feinden sind, des allerliebsten Vaterlandes beraubt.

Darin sind dann zwei leidige, beklagenswerte Übelstände beschlossen. Der *erste* ist: *Gott* der Vater ist seines Reiches in uns beraubt, und er, der ein Herr in allen Dingen ist und sein soll, ist allein durch uns an der Geltendmachung dieser seiner Vollmacht und seines Rechtstitels verhindert. Das gereicht für ihn nicht wenig zur Unehre, als sei er ein Herr ohne Land; und sein Rechtstitel ›der Allmächtige‹ wird gleichsam zu Spott an uns. Das muß ohne Zweifel allen denen wehe tun, die Gott lieben und Gutes wünschen; obendrein ist es auch zum Erschrecken, daß wir diejenigen sind, die Gottes Reich verringern und hindern; die könnte er, wenn er sie strenge richten wollte, mit Fug und Recht als Feinde und Räuber seines Reiches verurteilen. Der *zweite* Übelstand ist auf *unsrer* Seite, daß wir fern der Heimat und in fremden Landen unter so großen Feinden gefangen liegen. Es wäre ja schon schrecklich und beklagenswert, wenn das Kind eines irdischen Fürsten oder ein ganzes Land in der Gefangenschaft der Türken[1] viel Schmach und Leiden, und zuletzt auch noch den schändlichsten Tod leiden müßte. Wie viel mehr ist es Anlaß zu erbärmlicher Klage, daß wir unter den bösen Geistern in dieser Fremde sind und allerlei Gefährdung des Leibes und der Seele und zuletzt auch noch den ewigen Tod alle Augenblicke erwarten müssen. Es könnte einem ja vor seinem eigenen Leben mit Recht mehr grauen als vor hundert Toden, wenn man's richtig betrachtet.

2 Tröstlich ist, daß wir um das Kommen von Gottes Reich bitten dürfen.

Zweitens. Wenn der Gedanke an das alles uns klein macht und uns unsern Jammer offenbar gemacht hat, so folgt dann die Tröstung. Da lehrt uns der freundliche Meister, unser Herr Christus, wir sollen bitten und begehren, aus der Fremde herauszukommen, und nicht verzweifeln. Denn denen, die das bekennen, daß sie Gottes Reich hindern, und die traurig bitten, daß es doch kommen möge, – denen wird Gott um dieses ihres Leides und Bittens willen das zugute halten, was er sonst mit Recht strafen würde. Die freien Geister aber, denen nicht viel daran gelegen ist, wo Gottes Reich bleibt, und die nicht von Herzen darum bitten, – die wird er fürwahr mit den Vergewaltigern und Zerstörern seines Reiches zusammen in aller Schärfe richten.

Der Gegenstand der zweiten Bitte: das Kommen des Gottesreiches.

Weil denn jeder dies Gebet beten muß, so folgt daraus, daß niemand Gottes Reich gegenüber ohne Verpflichtung ist. Um das zu verstehen, muß man wissen, daß es zwei Reiche gibt.

1 Sünder und Fromme leben in dieser Welt unter des Teufels Reich.

Das *erste* ist ein Reich des Teufels (ihn nennt der Herr im Evangelium [Joh 16, 11] einen Fürsten oder König dieser Welt); darunter ist ein Reich der Sünde und des Ungehorsams zu verstehen. Das

---

[1] *Die Türken bedrohten, nachdem sie auf europäischem Boden Fuß gefaßt hatten (1357), ständig die Völker der abendländischen Christenheit (1453 Eroberung von Konstantinopel).*

soll aber für die Frommen eine ganz große Fremde und Gefangenschaft sein, wie es denn vorzeiten durch die Kinder Israel in Ägypten versinnbildlicht ist; die mußten dieses Land in großer Mühsal und Not bebauen und hatten doch nichts davon, als daß man sie dadurch zu töten gedachte. Geradeso muß auch, wer dem Teufel im Sündendienste untertan ist, viel leiden, besonders im Gewissen, und verdient sich doch zuletzt den ewigen Tod damit. Nun sind wir alle so lange in diesem Reiche, bis das Reich Gottes kommt, doch mit Unterschieden.

Die *Frommen* sind nämlich so in des Teufels Reich, daß sie täglich mit den Sünden kämpfen und der Lust des Fleisches, dem Locken der Welt und den Einflüsterungen des Teufels steten und festen Widerstand leisten; denn wie fromm wir auch sein mögen, – immer will doch die böse Lust in uns mitherrschen, und sie wollte gern allein herrschen und die Oberhand haben. So kämpft Gottes Reich ohne Unterlaß mit des Teufels Reich. Und diese Frommen werden darum gerettet und selig, weil sie so in sich selbst gegen des Teufels Reich streiten, um Gottes Reich zu mehren; sie sind es, die diese Bitte mit Worten, Herzen und Werken beten. In diesem Sinne sagt der heilige Apostel Paulus (Röm 6, 12), wir sollen nicht gestatten, daß die Sünde in unserem Leibe regiere, indem wir seinen Begierden folgen. Das ist, als wollte er sagen: »Ihr werdet wohl böse Lust, Liebe und Neigung fühlen und haben zu Zorn, zu Geiz, zu Unkeuschheit und dergleichen; sie wollen euch in des Teufels Reich, d. h. zu Sünden fortreißen, denn dorther kommen sie, wie sie auch selbst Sünde sind. Aber ihr sollt ihnen nicht folgen, sondern kämpfen und diese zurückgebliebenen Spione des alten Teufelsreichs bezwingen und unterdrükken, wie die Kinder Israel es bei den Jebusitern und Amoritern machten;[2] so sollt ihr Gottes Reich in euch (welches das rechte ›gelobte Land‹ ist) mehren.«

Die *andern* aber sind so in des Teufels Reich, daß sie Lust daran haben und allen Begierden des Fleisches, der Welt und des Teufels folgen; sie wollten auch, wenn sie könnten, immer darin bleiben. Diese geben dem Teufel Raum und mindern, ja verwüsten Gottes

---

2 *Bei der Inbesitznahme des »gelobten Landes« Kanaan durch die Israeliten blieben zunächst einige feindliche Stämme und Städte unbezwungen zurück, die dann später unterworfen wurden; die Jebusiterstadt Jerusalem z. B. wurde erst unter David erobert.*

Reich. Darum sammeln sie Güter, bauen prächtig, trachten nach allem, was die Welt zu geben vermag, gerade als wollten sie ewig hier bleiben; sie denken nicht daran, daß wir hier keine Stätte zum Bleiben haben, wie S. Paulus sagt (Hebr 13, 14[3]). Sie beten dieses Gebet nur mit dem Munde, aber mit dem Herzen widersprechen sie ihm; sie gleichen den bleiernen Orgelpfeifen: die plärren und schreien laut in der Kirche und haben doch weder die Fähigkeit zu reden noch zu verstehen; und vielleicht sind die Orgeln Sinnbilder und Hinweise auf solche Sänger und Beter.

2 Anfangsweise leben wir in Gottes Reich, wenn wir Gott gehorchen.

Das *zweite* Reich ist Gottes Reich; das ist ein Reich der Gerechtigkeit und Wahrheit, von dem Christus sagt (Matth 6, 33): »Suchet vor allen Dingen das Reich Gottes und seine Gerechtigkeit.« Was ist Gottes oder seines Reiches Gerechtigkeit? Das ist sie: wenn keine Sünde mehr in uns ist, sondern alle unsre Glieder, unsre Kraft und Macht Gott untertan und in seinem Dienste sind, so daß wir mit Paulus sagen können (Gal 2, 20): »Ich lebe jetzt, aber nicht ich, sondern Christus in mir« und (1 Kor 6, 19 f): »Ihr seid nicht euch selbst eigen, ihr seid erkauft mit einem teuren Schatz; darum sollt ihr Gott in eurem Leibe ehren und tragen.«[4] Das ist, als wollte er sagen: »Christus hat euch durch sich selbst erkauft; darum sollt ihr sein eigen sein und ihn in euch leben und regieren lassen.« Das geschieht aber, wenn keine Sünde in uns regiert, sondern allein Christus mit seinen Gnaden. So ist Gottes Reich nichts anderes als Friede, Zucht, Demut, Keuschheit, Liebe und Tugenden aller Art und die Abwesenheit von Zorn, Haß, Bitterkeit, Unkeuschheit und alles desgleichen.

Nun prüfe sich jeder selbst, ob er sich zu dem oder zu jenem geneigt findet; dann wird er inne werden, in welchem Reich er ist. Nun gibt es niemand, der nicht noch etwas von des Teufels Reich in sich fände. Darum muß er bitten: »Herzukomme dein Reich.« Denn Gottes Reich wird hier wohl angefangen und nimmt zu; es wird aber erst in jenem Leben vollendet. Also heißt es, kurz gesagt: »Herzu-

---

3 Wie für die Kirche des Mittelalters galt für Luther der Apostel Paulus als Verfasser des Hebräerbriefes.
4 Im lateinischen Bibeltext las Luther bei 1 Kor 6, 20 das im griechischen Text nicht stehende »portate«, d. h. »traget«.

komme dein Reich! Lieber Vater, laß uns hier nicht lange leben, damit dein Reich in uns vollkommen werde und wir gänzlich von des Teufels Reich erlöst werden. Oder, wenn es dir so gefällt, uns noch länger in dieser Fremde zu lassen, so gib uns deine Gnade, daß wir vermögen, dein Reich in uns anzufangen und ohne Unterlaß zu mehren, dem Teufel sein Reich dagegen zu mindern und zu zerstören.«

3 Abwehr zweier Mißverständnisse beim Gebrauch dieser zweiten Bitte.

Nun merke: es gibt in dieser Materie zwei große Irrtümer.

Irrtum ist es, zu meinen, zum Reich Gottes komme man durch eignes Werk.

Der *erste* Irrtum liegt vor, wenn sie hin und her laufen, um fromm zu werden, zu Gottes Reich zu kommen und selig zu werden, einer nach Rom, der andere zu S. Jakob;[5] der baut eine Kapelle, der stiftet dies, der das. Aber an dem rechten Punkt wollen sie es nicht anpacken, daß sie nämlich sich selbst innerlich Gott zu eigen gäben und sein Reich würden; sie tun viel solcher äußerlicher Werke und glänzen sehr schön, bleiben aber doch innerlich voll böser Tücke, Zorn, Haß, Hoffart, ungeduldig, unkeusch usw.

Gegen sie spricht Christus, als er gefragt wurde, wann das Reich Gottes komme (Luk 17, 20 f): »Das Reich Gottes kommt nicht mit einer äußerlichen Gebärde oder Erscheinung; nehmt wahr: das Reich Gottes ist inwendig in euch.« Ebenso sagt er auch Matth 24, 23 ff: »Man wird nicht sagen: ›Sieh, da oder da ist es‹; und wenn man euch sagen wird: ›Sieh, hier oder da ist es‹, so sollt ihr's nicht glauben; denn es sind falsche Propheten.« Das ist, als spräche er: »Wollt ihr das Reich Gottes kennen lernen, so dürft ihr's nicht weit suchen noch über Land laufen. Es ist nahe bei dir, wenn du willst; ja es ist nicht allein *bei* dir, sondern *in* dir; denn Zucht, Demut, Wahrheit, Keuschheit und alle Tugend (d. h. das wahre Reich Gottes) kann niemand über Land oder über Meer holen, sondern es muß im Herzen aufgehen.«

Darum beten wir nicht so: »Lieber Vater, laß uns zu deinem Reich kommen«, als sollten *wir* darnach laufen; sondern »dein Reich komme zu uns«. Denn Gottes Gnade und sein Reich mit allen Tugenden muß *zu uns* kommen, wenn wir es bekommen sollen; wir vermögen

---

5 S. Jago di Compostela ist ein berühmter »Gnadenort« im Nordwesten Spaniens; wie Rom oder Jerusalem war er das Ziel unzähliger Wallfahrten.

nimmermehr zu ihm zu kommen. Es ist gerade so, wie Christus zu uns vom Himmel auf die Erde gekommen ist und nicht wir von der Erde zu ihm in den Himmel gestiegen sind.

Irrtum ist es, zu meinen, der Zweck von Gottes Reich sei unsre Seligkeit.

Der *andere* Irrtum zeigt sich darin, daß es viele gibt, die dieses Gebet sprechen und dabei nur die Sorge haben, daß *sie* nur *selig* werden. Sie verstehen unter dem Reich Gottes nichts anderes als Freude und Lust im Himmel, wie sie sich denn das aus ihrem fleischlichen Sinne heraus ausdenken mögen, und dadurch lassen sie sich drängen, die Hölle zu fürchten. So suchen sie nur das Ihre und ihren eigenen Nutzen im Himmel.

Diese wissen nicht, daß Gottes Reich nichts anderes ist, als fromm, züchtig, rein, freigebig, sanft, gütig und aller Tugend und Gnade voll sein, so daß Gott das Seine in uns habe[6] und er allein in uns sei, lebe und regiere. Dies soll man am dringendsten und als Erstes begehren. Denn das heißt selig sein, wenn Gott in uns regiert und wir sein Reich sind.

Die Freude aber und die Lust und alles andere, was man begehren mag, braucht man nicht zu suchen, zu erbitten und zu begehren, sondern das wird sich alles von selbst finden und dem Reich Gottes folgen. Denn es ist wie bei einem guten Wein: der kann nicht getrunken werden, ohne daß er von selbst ungesucht seine Lust und Freude mitbringt; und daran kann er nicht verhindert werden. Noch viel mehr muß so ohne unser Zutun, natürlich und unverhindert, Freude, Friede, Seligkeit und alle Lust folgen, wenn einmal die Gnaden und Tugenden (das Reich Gottes) zur Vollendung kommen. Um darum das falsche und eigennützige Auge abzuwenden, heißt uns Christus nicht die Folgen des Reiches, sondern das Reich Gottes selber erbitten und suchen. Jene dagegen suchen das Hinterste und Letzte zuerst und das Erste achten sie für nichts oder achten es allein um des Letzten willen. Darum werden sie nichts davon bekommen; sie wollen das, was vorangeht, nicht in der richtigen Weise, so wird ihnen auch nicht zuteil, was daraus folgt.

6 *Man könnte auch übersetzen: »daß Gott sein Dasein in uns habe.«*

Dein Wille geschehe wie im Himmel, so auf Erden

Der Anlaß der dritten Bitte: die Erkenntnis unsres Ungehorsams.
Einleitung: Die dritte Bitte richtet uns und hilft uns zur Gerechtigkeit.

Diese Bitte hat gleichfalls die doppelte Wirkung, von der in der vorhergehenden Bitte gesagt wurde: sie erniedrigt nämlich und erhebt, macht sündig und rechtschaffen. Denn das Wort Gottes wirkt allezeit die beiden Stücke, iudicium et iustitiam, Gericht und Gerechtigkeit, wie geschrieben steht (Ps 106, 3): »Beati, qui faciunt iustitiam et iudicium in omni tempore«, »Selig sind, die allezeit das Gericht und die Gerechtigkeit üben.« Das ›Gericht‹ besteht in nichts anderem als darin, daß ein Mensch sich selbst erkennt, richtet und verurteilt; und das ist wahre Demut und Selbsterniedrigung. Die ›Gerechtigkeit‹ besteht in nichts anderem als darin, daß ein Mensch, der sich selbst so erkennt, Gnade und Hilfe von Gott erbittet und sucht; und dadurch wird er dann vor Gott erhoben.

Diese zwei Stücke wollen wir bei diesem Gebet betrachten.

1 Wir richten uns durch das Bekenntnis, daß wir Gottes Willen nicht tun.

Erstens ›richten‹ wir uns selber und verklagen uns mit unsern eigenen Worten, daß wir Gott ungehorsam sind und seinen Willen nicht tun. Denn stünde es so um uns, daß wir Gottes Willen täten, so wäre dieses Gebet umsonst. Darum ist es erschreckend, zu hören, wenn wir sagen: »Dein Wille geschehe.« Denn was kann schrecklicher sein, als daß Gottes Wille nicht geschieht und daß man sein Gebot verachtet? Und das bekennen wir in diesem Gebet mit klaren Worten wider uns selbst; denn es muß wahr sein, daß wir Gottes Willen nicht tun oder getan haben, da wir ja allererst darum bitten. Vor Gottes Auge hilft ja Heucheln oder Spiegelfechten nichts, sondern so, wie man bittet, muß es auch von Grund aus wahr sein. Weil wir denn dieses Gebet bis an unser Ende beten müssen, so folgt daraus, daß wir auch bis an unser Ende als solche erfunden und beschuldigt werden, die Gottes Willen ungehorsam sind. Wer kann denn nun hoffärtig sein oder vor seinem eigenen Gebet bestehen? Findet er doch in ihm sich selbst, Gott könnte, wenn er nach dem Maßstab der Gerechtigkeit mit ihm verfahren wollte, ihn mit allem Recht jeden Augenblick verdammen und verwerfen als einen Ungehorsamen, der durch seinen eigenen Mund geständig und überführt ist. So wirkt dieses Gebet eine gründliche Demut und Furcht vor Gott und seinem Urteil, daß der Mensch froh wird, wenn er nur Gottes Gericht entflieht und aus lauter Gnade und Barmherzigkeit gerettet wird. Das heißt sich selbst gerichtet und das Gericht vor Gottes Augen geübt: sich gründlich erkennen und anklagen, wie es denn dieses Gebet ausweist.

2 Wir finden Gerechtigkeit, indem wir allein Gottes Gnade begehren.

Zweitens. Die ›Gerechtigkeit‹ besteht darin: Wenn wir uns selbst so gerichtet und erkannt haben, dann dürfen wir nicht verzagen vor dem Gericht Gottes, dessen wir uns, wie dieses Gebet zeigt, schuldig finden. Vielmehr müssen wir unsere Zuflucht zu Gottes Gnade nehmen und fest auf ihn vertrauen, daß er uns erlösen wolle von dem Ungehorsam und dem, daß wir seinen Willen nicht tun. Denn der ist gerecht vor Gott, der seinen Ungehorsam und Sünde, auch das Urteil, das er verdienen würde, demütig bekennt, darob von Herzen um Gnade bittet und nicht daran zweifelt, daß sie ihm gegeben werde. So lehrt der Apostel (Röm 1, 17; Gal 3, 11), ein gerechter Mensch könne nirgends durch etwas anderes bestehen als durch seinen Glauben und sein Vertrauen auf Gott; somit sind nicht seine Werke, sondern die bloße Barmherzigkeit Gottes sein Trost und seine Zuversicht. Sieh nun, was für einen herzhaften Schlag gibt dieses Gebet diesem vergänglichen, elenden Leben: es sei nichts anderes als ein Ungehorsam gegen Gottes Willen, und damit ein der ewigen Verdammnis gewisser Zustand; es werde nur dadurch erhalten, daß wir dies erkennen, beklagen und von Herzen dafür bitten! Und wer in solcher Weise diese und die anderen Bitten recht bedächte, der würde fürwahr nur noch eine geringe Lust zu diesem Leben haben; wer aber Lust dazu hat, gibt damit zu verstehen, daß er in das Vaterunser und in die Gefährdung seines Lebens überhaupt keine Einsicht hat.

Der Gegenstand der dritten Bitte: das Geschehen von Gottes Willen.

Was das ›Geschehen und Nichtgeschehen von Gottes Willen‹ bedeutet:

1 Gottes Wille geschieht, wo der alte Adam in uns getötet wird.

Ohne Zweifel ist das ›Geschehen von Gottes Willen‹ nichts anderes als das Halten seiner Gebote. Denn durch seine Gebote hat er uns seinen Willen offenbar gemacht. Hier muß man nun wissen, was Gottes Gebote sind, und muß sie verstehen; das zu sagen ist eine weitläufige Sache.

Aufs kürzeste gesagt, handelt es sich um nichts anderes, als daß wir den alten Adam in uns töten, wie uns der heilige Apostel an vielen Stellen lehrt.[1] Der alte Adam ist nichts anderes als was wir in uns finden: böse Neigung zu Zorn, Haß, Unkeuschheit, Geiz, Ehrsucht, Hoffart und dergleichen. Denn solche bösen Stücke und Unarten sind uns von Adam her vererbt und von Mutterleibe angeboren. Aus ihnen folgen böse Werke aller Art: Töten, Ehebrechen, Rauben und dergleichen Übertretungen von Gottes Gebot und so geschieht durch Ungehorsam Gottes Wille nicht.

2 Getötet wird der alte Adam, wenn wir unsern bösen Willen bezwingen.

Der alte Adam wird auf zweierlei Weise getötet und somit Gottes Wille verwirklicht:

Erstens durch uns selber: wenn wir unsere böse Neigung unterdrücken und hemmen, mit Fasten, Wachen, Beten, Arbeiten die Unkeuschheit niederzwingen, mit Almosen und freundlichen Diensten unsern Feinden gegenüber den Haß und Unwillen zähmen und kurz, in allen Stücken unsern Eigenwillen brechen. Denn wenn ein Mensch keinen Meister und Lehrer hat, so muß er sich das als Lehre einprägen und einüben, daß er sich selbst prüft, worauf sein Wille gerichtet ist, das tue er jedenfalls nicht, und wozu er keine Lust hat, das tue er; nur handle er allezeit seinem eignen Willen entgegen. Denn davon muß er ohne Einschränkung überzeugt sein, daß sein eigner Wille niemals gut ist, mag er so schön aussehen als er will, außer er wäre zu etwas gezwungen und gedrungen, was er lieber unterließe. Denn wie gesagt, wenn ein guter Wille in uns wäre, so hätten wir diese Bitte nicht nötig.

Und so soll ein Mensch sich selbst üben, seinem eignen Willen gegenüber einen höheren Willen zu haben; er soll dabei niemals unsicher sein, außer wenn er findet, daß nur *ein* Wille in ihm ist[2] und

---

1 Vom Töten des »alten Adam«, des »alten Menschen«, spricht Paulus z. B. Röm 6, 6; Eph 4, 22; Kol 3, 9.
2 Das wäre ein verdächtiges Zeichen, das sofort zu kritischer Besinnung nötigen müßte.

nicht zwei Willen, die einander entgegengesetzt sind, und so soll er sich gewöhnen, entgegen seinem eignen Willen dem höheren Willen zu folgen.

Denn wer seinen eignen Willen hat und tut, der ist gewiß im Gegensatz zu Gottes Willen. Nun gibt es nichts, was dem Menschen so überaus lieb und so schwer zu lassen ist als sein eigner Wille. Viele tun große ›gute Werke‹ – aber ihrem Willen und aller Neigung leisten sie ganz Folge; und dennoch meinen sie, sie seien recht daran und tun nichts Übles! Sie sind nämlich überzeugt, ihr eigner Wille sei gut und richtig, und sie hätten diese Bitte überhaupt nicht nötig; sie sind auch ohne alle Furcht vor Gott.

3 Auch andere müssen als Gottes Werkzeuge unsern Willen brechen.

Zweitens wird der alte Adam in uns getötet durch andere Menschen, die uns entgegen sind, uns anfechten, Unruhe machen und uns in allem, was wir wollen, widerstreben, auch wenn es sich um gute geistliche Werke und nicht allein um zeitliche Güter handelt. So machen es zum Beispiel die, die unser Beten, unser Fasten, unsre guten Werke verdächtigen, für Narrheit halten und kurz, uns in keiner Sache im Frieden lassen. O, das ist ein unschätzbares, köstliches Ding; solche Anfechter sollte man mit allem Gut kaufen. Denn sie sind es, die diese Bitte in uns ins Werk setzen: durch sie bricht Gott unsern Willen, damit *sein* Wille geschehe. Darum sagt Christus Matth 5, 25: »Du sollst mit deinem Widersacher auf dem Wege einig werden«, d. h. wir sollen unsern eignen Willen fahren lassen und des Widersachers Willen rechthaben lassen. So wird unser Wille gebrochen; im Brechen unsres Willens aber geschieht Gottes Wille. Denn ihm gefällt es wohl, wenn unser Wille verhindert und zunichte wird. Wenn dich also jemand verdächtigt und dich zum Narren machen will, sollst du nicht widerstreben, sondern Ja dazu sagen und sollst dich das recht dünken lassen, wie es denn auch fürwahr vor Gott recht ist. Will er dir etwas nehmen und Schaden zufügen, so sollst du es fahren lassen, als geschehe dir recht daran; denn ohne Zweifel ist es recht vor Gott. Auch wenn der Betreffende Unrecht täte, so geschähe dir doch kein Unrecht. Denn es gehört alles Gott; der kann dir's durch einen Bösen oder durch einen Guten nehmen. Da soll dein Wille nicht widerstreben, sondern sagen: »Dein Wille geschehe.« Ebenso gilt das bei allen andern Dingen, leiblichen und geistlichen; »wer dir den Rock nimmt, dem gib den Mantel dazu«, sagt Christus (Matth 5, 40).

4 Da wir unsern Willen nicht töten können, brauchen wir Gottes Hilfe.

Nun wendest du aber ein: »Heißt das ›Geschehen von Gottes Willen‹, wer kann dann selig werden? wer kann dieses hohe Gebot halten, daß er alle Dinge fahren läßt und nirgends seinen eignen Willen hat?« Darauf antworte ich: darum lerne, wie groß und nötig diese Bitte ist, und mit welchem Ernst und was für einem Herzen sie gebetet sein will, und was für ein groß Ding es ist, daß unser Wille getötet werde und allein Gottes Wille geschehe. Und so mußt du dich als einen Sünder bekennen, der einen solchen Willen Gott nicht darzubringen vermag, und mußt um Hilfe und Gnade bitten, daß dir's Gott vergebe, was du zu wenig tust, und helfe, damit du es tun kannst. Denn es will notwendig so sein: soll Gottes Wille geschehen, so muß der unsere untergehen, denn sie sind gegeneinander. Das erkenne an Christus, unsrem Herrn: er bat im Garten seinen himmlischen Vater, er möchte den Kelch von ihm nehmen; und dennoch sagte er (Luk 22, 42): »Nicht mein, sondern dein Wille geschehe.« Mußte, damit der Wille Gottes geschehen möge, Christi Wille aufhören, der doch ohne Zweifel gut, ja allezeit der allerbeste gewesen ist –, was wollen dann wir armen Würmlein mit unserem Willen prangen, der doch nie frei von Bösem ist und es allezeit verdient, verhindert zu werden?

Das Ziel der dritten Bitte: die Brechung unsres Willens.

1 Unser Wille muß gebrochen werden, weil er offen oder heimlich böse ist.

Um das zu verstehen, beachte, daß unser Wille auf zweierlei Weise böse ist.

Erstens offenkundig, ohne allen andern Schein. So, wenn wir willens und geneigt sind, etwas zu tun, was von jedermann als böse angesehen wird, wie zürnen, lügen, trügen, dem Nächsten schaden, unkeusch sein und dergleichen. Wille und Neigung dieser Art zeiɔich in jedem, besonders wenn er dazu gereizt wird. Gegen diesen Willen muß man bitten, daß Gottes Wille geschehe; der will Frieden, Wahrheit, Reinheit, Gütigkeit haben.

Zweitens heimlich und unter einem guten Schein, wie bei S. Johannes und Jakobus (Luk 9, 54 ff). Sie sprachen gegen die Samariter, die Christus nicht einlassen wollten: »Herr, willst du, so wollen wir gebieten, daß das Feuer vom Himmel falle und sie verbrenne.« Und er antwortete: »Wisset ihr nicht, welches Geistes Kinder ihr seid? Des Menschen Sohn ist nicht gekommen, die Seelen zu verderben, sondern zu erlösen.«

Dieser Art sind alle die, die angesichts einer Ungerechtigkeit oder Torheit, die ihnen selbst oder andern widerfährt, mit dem Kopfe durch die Wand wollen; was sie sich vornehmen, soll geradeso durchgehen. Sie heben an und klagen: »Ach, ich meinte es so herzlich gut; ach, ich wollte einer ganzen Stadt geholfen haben, aber der Teufel will's nicht leiden.« Sie meinen, sie seien verpflichtet und täten recht daran, wenn sie zürnen und voll übler Laune werden, sich und andere Leute dadurch in Unfrieden bringen und sogleich Alarm schlagen, weil ihr guter Wille verhindert worden ist. Würden sie es bei Licht betrachten, so würden sie finden, daß das bloßer Schein gewesen ist, und daß sie in dem ›guten Willen‹ nichts anderes als ihren eignen Nutzen oder Ehre oder wenigstens ihren eignen Willen und Gutdünken gesucht haben. Denn wenn anders ein ›guter Wille‹ wahrhaft gut ist, kann er unmöglich zornig oder unverträglich werden, wenn man ihn verhindert. Achte darauf: es ist ein sicheres Zeichen für einen bösen Willen, wenn er es nicht ertragen kann, daß man ihn verhindert. Gerade die Unfähigkeit, sich etwas gefallen zu lassen, ist die Frucht, an der du den nur scheinbaren, falschen, tückischen ›guten Willen‹ erkennen sollst. Denn wenn ein Wille, der von Grund aus gut ist, verhindert wird, spricht er so: »Ach Gott, ich meinte, so sollte es gut sein. Soll es aber nicht sein, so bin ich's zufrieden; es geschehe dein Wille.« Denn wo man keinen Frieden hält und sich nichts gefallen lassen kann, da ist nichts Gutes, es scheine so gut als es will oder mag.

2 Unser Wille muß gebrochen werden, auch wenn er recht und gut ist.

Außer diesen zwei bösen Willen gibt es einen rechtschaffenen guten Willen, der gleichfalls nicht geschehen darf. Dieser Art war der Wille Davids, als er Gott einen Tempel bauen wollte. Gott lobte ihn zwar darum, wollte aber doch nicht, daß es geschehe (2 Sam 7, 2 ff). Gleicher Art war ferner der Wille Christi im Garten, als er den Kelch von sich wies (Luk 22, 42), und doch mußte dieser gute Wille unterbleiben.

Wenn du also die ganze Welt bekehren, Tote auferwecken, dich und jedermann in den Himmel führen und alle Wunder verrichten könntest, so dürftest du nichts von alledem wollen, ohne daß du nicht dem Willen Gottes den Vorzug gegeben hättest. Du müßtest zuvor diesen deinen Willen unterworfen und zunichte gemacht und gesagt haben: »Mein lieber Gott, das und das dünkt mich gut; gefällt es dir, so geschehe es; gefällt es dir nicht, so möge es unterbleiben.«

Und diesen guten Willen bricht Gott gar oft in seinen Heiligen, damit nicht unter dem Schein des Guten der falsche, tückische und böse ›gute Wille‹ einreiße; auch dazu daß man lerne, daß unser Wille, mag er auch noch so gut sein, unermeßlich geringer ist als Gottes Wille. Darum soll ein geringer ›guter Wille‹ verdientermaßen nachgeben oder wenigstens sich unterwerfend zunichte werden gegenüber dem unermeßlichen guten Willen Gottes. Drittens soll der ›gute Wille‹ auch darum in uns verhindert werden, damit er gebessert werde; denn gewiß hindert Gott einen guten Willen allein dazu, daß er besser werde. Er wird aber dann besser, wenn er dem göttlichen Willen, durch den er verhindert wird, untertänig und gleichartig wird. Das muß so lange gehen, bis der Mensch ganz gelassen, frei und willenlos wird und von nichts mehr weiß als auf Gottes Willen zu warten.

Sieh, das heißt wahrer Gehorsam, wie er leider zu unseren Zeiten ganz unbekannt geworden ist.

Die falsche Erläuterung der dritten Bitte durch verkehrte Lehrer.

1 Gute Vorsätze fassen lehren heißt die Leute eigenwillig machen.

Nun kommen die unnützen Schwätzer daher, die die ganze Christenheit mit ihrem Gerede erfüllt und mit ihren Lehren die armen Leute verführt haben, und schreien laut von der Kanzel herunter, wie man einen guten Willen, gute Absicht, guten Vorsatz haben und fassen solle; wenn dann dieser gefaßt sei, dann sei man sicher und alles, was man tue, sei dann recht. Mit dieser Lehre schaffen sie nichts weiter als eigenwillige, eigensinnige Menschen, freche und selbstsichere Geister, die allezeit gegen Gottes Willen kämpfen und ihren eignen Willen nicht brechen und unterwerfen. Glauben sie doch, ihre Absicht sei gut und müsse sich durchsetzen, und was ihnen widerstrebe, das sei vom Teufel und nicht von Gott. Sieh, so entstehen die Wölfe unter den Schafskleidern (Matth 7, 15) und daher kommen sie, die hoffärtigen Heiligen, die allergefährlichsten Menschen auf Erden. Daher kommt es, daß ein Bischof gegen den andern, daß eine Kirche gegen die andere, daß Geistliche, Mönche, Nonnen gegeneinander kämpfen, hadern, streiten und daß an allen Orten Unfriede ist; und dabei sagt doch jede Partei, sie habe einen guten Willen, rechte Absicht, göttlichen Vorsatz. So treiben sie zum Lob und zur Ehre Gottes lauter teuflische Werke.

2 Es gilt die Leute zu lehren, den eignen Willen preiszugeben.

Man müßte sie aber recht lehren, sie sollen einen Willen haben, der Gott fürchtet, und auf ihren eigenen Willen und Absicht gar kein Vertrauen setzen; ja, sie sollen die verfluchte Vermessenheit weit von sich werfen, in der sie meinen, sie könnten einen guten Willen oder Absicht haben oder fassen. Denn man soll ohne Vorbehalt die Hoffnung fahren lassen, daß jemand einen guten Willen, eine gute Absicht, einen guten Vorsatz haben oder fassen könne. Denn wie oben gesagt: es ist überhaupt erst dort ein guter Wille, wo kein Wille mehr ist; denn wo kein Wille mehr ist, da ist allein Gottes Wille, der der allerbeste ist. Darum wissen solche Kläffer viel darüber zu sagen, was ein böser oder ein guter Wille ist; sie kommen frech daher und bringen's dahin, daß wir mit dem Mund sprechen: »Dein Wille geschehe«, mit dem Herzen aber: »Mein Wille geschehe«, womit wir Gott und uns selbst verspotten.

3 Der uns von Gott gegebene freie Wille muß auch frei bleiben für Gott.

Nun wendet man ein : »Ei, Gott hat uns doch einen freien Willen gegeben.« Antwort: Ja, freilich hat er dir einen freien Willen gegeben. Warum willst du ihn dann zu einem Eigenwillen machen und lässest ihn nicht frei bleiben? Wenn du mit ihm tust, was *du* willst, so ist er nicht frei, sondern dein eigen. Gott aber hat weder dir noch sonst jemand einen Eigenwillen gegeben. Denn der Eigenwille kommt vom Teufel und von Adam; die haben ihren freien Willen, den sie von Gott empfingen, sich selbst zu eigen gemacht. Denn ein freier Wille ist einer, der nichts Eigenes will, sondern allein auf Gottes Willen schaut; denn dadurch bleibt er dann auch frei, ohne irgendwo an etwas zu hängen oder festzuhaften.

Zusammenfassung der dritten Bitte: wir beten gegen uns selbst.

Zum Beschluß: Nun merkst du, daß Gott uns in diesem Gebet gegen uns selbst bitten heißt. Damit lehrt er uns, daß wir keinen größeren Feind haben als uns selber. Denn unser Wille ist das Größte in uns, und gegen ihn müssen wir bitten: »O Vater, laß mich nicht dahin geraten, daß es nach meinem Willen gehe. Brich meinen Willen, wehre meinem Willen; es gehe mir, wie es wolle –, nur daß es mir nicht nach meinem, sondern allein nach deinem Willen gehe. So ist es ja im Himmel: da gibt es keinen Eigenwillen; das soll auch auf der Erde so sein.« Solches Beten oder auch Geschehen tut der Natur sehr weh. Denn der Eigenwille ist das allertiefste und größte Übel in uns, und dabei ist uns doch nichts lieber als der eigene Wille.

Somit wird in dieser Bitte nichts anderes gesucht als das Kreuz: Marter, Widerwärtigkeit und Leiden aller Art, wie es zur Zerstörung unseres Willens dienlich ist. Wenn es darum die eigenwilligen Menschen recht bedächten, wie sie damit gegen all ihren eignen Willen bitten, so würden sie dieser Bitte feind werden oder wenigstens davor erschrecken.

Nun laßt uns diese drei ersten Bitten zusammenfassen! Das Erste ist, daß Gottes Name geehrt werde und seine Ehre und sein Lob in uns sei. Dazu aber vermag niemand zu kommen, wenn er nicht rechtschaffen und im Reich Gottes ist; denn die Toten und Sünder können Gott nicht loben, wie David sagt (Ps 6, 6). Nun kann niemand rechtschaffen sein, wenn er nicht von den Sünden los ist; von den Sünden wird man los, wenn unser Wille entwurzelt wird und allein Gottes Wille in uns ist. Denn wenn der Wille, der Haupt und Oberstes aller Glieder ist, nicht mehr unser eigen und damit nicht mehr böse ist, so sind auch alle Glieder nimmer unser eigen und böse. Darum packt dieses Gebet das Böse beim Kopf d. h. nicht bei der Hand oder beim Fuß, sondern bei unsrem Willen, der das Haupt des Bösen, der rechte Hauptbösewicht ist.

Die vierte Bitte

Unſer täglich Brot gib uns heute

Der Anlaß der Bitte um das tägliche Brot: unsre Bedrängnis.

1 Unsre Bedrängnis rührt von Gott her, der unsern Eigenwillen angreift.

Bisher haben wir das Wörtlein ›dein‹, ›dein‹ gebraucht. Von jetzt an sagen wir ›unser‹, ›unser‹, ›uns‹ usw. Dafür wollen wir einen Grund finden.

Wenn uns Gott in den ersten drei Bitten erhört und seinen Namen in uns heiligt, so versetzt er uns in sein Reich und gießt seine Gnade in uns, die uns fromm zu machen anhebt. Diese Gnade hebt alsbald an, Gottes Willen zu tun; dabei findet sie einen Adam vor, der widerspenstig ist; in diesem Sinne klagt S. Paulus Röm 7, 19, er tue nicht, was er gerne wollte. Denn der Eigenwille, der uns von Adam her angeboren ist, leistet mit allen Gliedern zusammen der guten Neigung Widerstand; da schreit dann die Gnade zu Gott gegen diesen Adam, und spricht: »Dein Wille geschehe.« Denn der Mensch findet sich mit sich selbst schwer belastet. Wenn dann Gott das Geschrei hört, so will er seiner lieben Gnade zu Hilfe kommen und sein angefangenes Reich mehren; und so tritt er dem Hauptbösewicht, dem alten Adam, mit Ernst und Gewalt entgegen, fügt ihm alles Unglück zu, zerbricht ihm all sein Vorhaben und blendet und schändet ihn ringsum. Das geschieht, indem er uns Leiden und Widerwärtigkeit aller Art zusendet, und dazu müssen böse Zungen und böse, untreue Menschen dienen, und wenn die Menschen nicht genügen, auch noch die Teufel. Das geschieht, damit ja unser Wille samt allen seinen bösen Neigungen erwürgt werde und der Wille Gottes so geschehe, daß die Gnade das Reich besitzt und nichts zurückbleibt als Gottes Lob und Ehre.

Wenn nun dies in solcher Weise geschieht, so ist der Mensch in großem Gedränge und Ängsten. Er denkt an nichts so wenig wie daran, daß dieser Zustand ein ›Geschehen von Gottes Willen‹ heiße; er meint vielmehr, er sei verlassen und den Teufeln und bösen Menschen zu eigen gegeben, als wäre kein Gott mehr im Himmel, der ihn kennen und hören will. Da ist dann der rechte Hunger und Durst der Seele vorhanden, da sehnt sie sich nach Trost und Hilfe; und zwar ist dieser Hunger sehr viel schwerer als der leibliche. Und da setzt nun das ›Unser‹ ein, daß wir nach dem begehren, was *uns* not tut und sprechen: »Unser täglich Brot gib uns heute.«

2 Unsere Bedrängnis durch Gott stellt Anforderungen an Böse und Gute.

Wie geschieht aber das? – Gott hat uns auf Erden viel Unglück zuteil werden lassen und dabei keinen andern Trost als sein heiliges Wort. So hat es uns ja Christus in Aussicht gestellt (Joh 16, 33): »In der Welt werdet ihr Drangsal haben, in mir aber den Frieden.« Wer sich deshalb darein ergeben will, daß Gottes Reich in ihn komme und Gottes Wille geschehe, der mache nur nicht viel Vorbehalte und suche nur keine Ausflüchte; es wird doch nichts andres draus als daß Gottes Wille dann geschieht, wenn dein Wille nicht geschieht. D. h. je mehr du Widerwärtigkeiten erfährst, desto mehr geschieht Gottes Wille, vor allem im Sterben. Es ist schon beschlossene Sache und niemand wird es ändern, daß in der Welt Unfriede, in Christus unser Friede ist.

In dieser Drangsal scheiden sich nun die Bösen und die Guten.

Die *Bösen*, die alsbald von der Gnade und dem angefangenen Reiche Gottes abfallen, verstehen Gottes Willen nicht; sie wissen auch nicht, wozu solche Drangsal gut ist, und wissen auch nicht, wie sie sich darin verhalten sollen. Darum kehren sie wieder zu ihrem Eigenwillen zurück und werfen die Gnade wieder aus, wie die schlechten Mägen, welche die Speise nicht vertragen können. Die einen verfallen in Ungeduld, Schelten, Fluchen, Lästern und werden ganz wütend, die andern laufen hin und her und suchen bei den Menschen Trost und Rat, um nur ihr Unglück los zu werden und ihre Widersacher zu überwinden und zu unterdrücken; kurzum, sie wollen ihre eignen Helfer und Erlöser sein und nicht warten, bis Gott sie vom Kreuz erlöst. Diese alle fügen sich selbst unsagbaren Schaden zu: Gott hatte sie angepackt, um ihren Willen zu töten und das Reich seiner Gnade in ihnen zu bauen, um seines Namens Ruhm und Ehre in ihnen zur Geltung zu bringen und seinen Willen da zu haben; sie aber wollen seine göttliche heilschaffende Hand nicht ertragen, fallen zurück, und halten ihren eignen Willen, den alten Bösewicht, fest, ja, den Juden gleich lassen sie den Übeltäter Barrabas los und töten die Gnade Gottes, den unschuldigen Sohn Gottes, der in ihnen zu wachsen angefang\i hatte.[1] In diesem Sinne sagt Ps 106, 13 von ihnen: »Non sustinuerunt consilium dei«, »Sie wollten nicht leiden, was Gott mit ihnen zu tun gedachte«.

Die *Frommen* dagegen sind weise; sie verstehen wohl, wozu der göttliche Wille d. h. das Unglück aller Art gut ist, und wissen auch wohl, wie sie ihm begegnen und sich darin verhalten sollen. Wissen sie doch: noch nie ist ein Feind von einem Flüchtigen ver-

---

1 *Eine allegorische Deutung der Leidensgeschichte Jesu Christi: die geschichtlichen Vorgänge werden auf ein innerliches, geistliches Geschehen übertragen.*

jagt worden; darum kann auch kein Leiden oder Drangsal oder Tod dadurch überwunden werden, daß man es nicht ertragen will, davor flieht und Trost sucht, sondern allein dadurch, daß man fest stillsteht und ausharrt, ja dem Unglück und Tod frisch entgegengeht. Denn das Sprichwort ist wahr: »Wer sich vor der Hölle fürchtet, der fährt hinein«; ebenso gilt: Wer sich vor dem Tode fürchtet, den verschlingt der Tod ewiglich. Wer sich vor dem Leiden fürchtet, der wird davon überwunden. Furcht schafft nichts Gutes; darum muß man in diesen Sachen allesamt kühn und keck sein und fest hinstehen.

Wer kann aber das? – Das lehrt dich dies Gebet, wo du Trost suchen sollst, um bei solchem Unfrieden Frieden zu schaffen. Du sollst sprechen: »O Vater, gib uns unser tägliches Brot!« d. h.: »O Vater, tröste und stärke mich leidenden armen Menschen mit deinem göttlichen Wort. Ich vermag deine Hand nicht zu ertragen, und doch gereicht es mir zur Verdammnis, wenn ich sie nicht ertrage. Darum stärke mich, mein Vater, daß ich nicht verzage.« So will es Gott: wir sollen unter seinem Willen d. h. in unserem Leiden nirgends anders hinlaufen oder hinsehen als zu ihm. Dabei sollen wir nicht begehren, daß wir davon los werden (denn das wäre ein Schaden und ein Hindernis für den Willen Gottes und unsern eignen Nutzen), sondern daß wir dazu gestärkt werden, diesen Willen bis zum Ende zu ertragen. Denn es ist wahr: niemand bringt es fertig, ohne Furcht zu leiden oder (je nachdem Gott es haben will) zu sterben, wenn er nicht dazu gestärkt wird; dazu zu stärken vermag aber nichts Geschaffenes, vielmehr macht alles Geschaffene und vor allem der Mensch eher matt, haltlos und weich, wenn man dort Trost und Stärkung sucht. Darum muß allein das Wort Gottes, ›unser täglich Brot‹, uns stärken. In diesem Sinne heißt es bei Jesaja (50, 4): »Gott hat mir eine weise Zunge gegeben, daß ich alle stärken kann, die müde sind«, und bei Matthäus (11, 28): »Kommet her zu mir alle, die ihr geängstet und beschwert seid; ich will euch erquicken«; und bei David Ps 119, 28: »Herr, stärke mich mit deinem Wort« und Ps 130, 5: »Meine Seele hat sich an seine Worte gehalten.« Und von dieser Lehre ist die ganze Schrift voll, voll, voll.

Die Erfüllung der Bitte ums tägliche Brot durch das Wort Gottes.

1 Die erste Frage:

Wann und durch wen kommt nun das Wort zu uns?

Gott läßt uns sein äußerlich und innerlich stärkendes Wort hören.

Es kommt auf zweierlei Weise:

Erstens durch einen Menschen, wenn Gott durch einen Prediger in der Kirche oder sonst in einem Zwiegespräch einen ein tröstliches Wort hören läßt, das ihn stärkt, so daß er im Herzen fühlt: »Confortare et esto robustus«, »Ermanne dich und sei keck« (2 Tim 2, 1). Denn wenn das Wort Gottes recht kommt, so erschallt es im Herzen gewiß in solcher Weise. Deshalb sollte man die Weiber und das weibische Geschwätz von den kranken und sterbenden Menschen weit wegtreiben, wenn sie sagen: »Liebe Gevatterin und lieber Hans, es hat noch keine Not; ihr werdet wohl wieder gesund, glücklich und reich.« Mit solchen Worten macht man die Herzen furchtsam, weich und haltlos, während doch von dem Wort Gottes geschrieben steht (Ps 104, 15): »Panis cor hominis confirmet – Das Brot stärke des Menschen Herz.« Darum würde ich erwidern: »Liebe Gevatterin, freßt euren faulen Brei selbst. Ich warte auf das tägliche Brot, daß es mich stärke.« In diesem Sinne sollte man die Kranken nur frisch zum Tode stärken und die Leidenden nur zum Mehr-Leiden ermuntern; und würden sie sagen, sie könnten's nicht, so halte man ihnen dieses Gebet vor, damit sie Gott darum bitten; denn er will darum gebeten sein.

Zweitens kommt das Wort durch sich selbst; z. B. wenn Gott einem leidenden Menschen sein Wort eingießt, damit er stark wird, alles zu tragen; denn Gottes Wort ist allmächtig.

2 Die zweite Frage:

Was ist nun aber dieses Wort, wenn es doch viele Worte Gottes gibt?

Gottes Wort ist mannigfaltig; als Kraft erkennen es nur die Trostlosen.

Antwort: Das vermag niemand bestimmt festzulegen; denn so mannigfaltig die Gebrechen und Leiden sind, so mannigfaltig sind auch die Worte Gottes. Denn ein anderes Wort muß man den Furchtsamen sagen, ein anderes den Hartmütigen; diese muß man schrekken, jene muß man stärken. Weil wir aber jetzt von denen reden, in welchen Gottes Willen geschieht d. h. von denen, die in Leiden und Nöten sind, so muß man die Worte nehmen, die stärken, wie Paulus[2] es Hebr 12 tut. Aber weil es nicht in der Menschen Macht steht, das Wort Gottes fruchtbringend zu reden oder zu treffen, sondern weil das allein in Gottes Hand steht, darum ist es nötig, daß wir darum bitten, er möchte uns das heilige Wort selbst geben durch sich oder durch einen Menschen.

Nun ist es wahr: wer noch nie im Leiden versucht worden ist und die Kraft des Wortes Gottes (wie mächtig es zu stärken vermag) nicht erfahren hat, der versteht auch gar nichts von dem, was diese Bitte begehrt. Es kann ihm auch nicht schmecken; denn er hat nur den Trost und die Hilfe kennen gelernt und verschmeckt, die von Geschöpfen oder von ihm selbst kommen, und hat noch nie etwas durchgelitten noch ist er je trostlos geworden.

Einzelauslegung der Bitte ums tägliche Brot.

Nun wollen wir ein Wort nach dem andern vornehmen und so den wahren Sinn dieser Bitte suchen; denn es ist eine tiefe Bitte.

1 »Unser« erbetenes Brot ist nicht das leibliche, sondern das geistliche.

Das erste Wörtlein heißt »unser«.

Das bringt zum Ausdruck, daß wir nicht in erster Linie um das gewöhnliche Brot bitten, das auch die Heiden essen und das Gott ungebeten allen Menschen gibt, sondern um ›unser‹ Brot. Denn wir sind Kinder des himmlischen Vaters und bitten darum nicht wie von einem irdischen, sondern wie von einem himmlischen, geistlichen Vater, nicht um ein irdisches, sondern um ein himmlisches, geistliches Brot, das ›unser‹ ist und uns als Himmelskindern zugehört und vonnöten ist. Andernfalls wäre es unnötig gewesen, »unser täglich Brot« zu sagen; denn das leibliche Brot wäre genug bezeichnet mit dem Wort: »Das tägliche Brot gib uns heute.« Aber Gott will seine Kinder lehren, mehr für die Speise der Seele Sorge zu tragen; ja verbietet ihnen (Matth 6, 25), um das zu sorgen, was sie leiblich essen oder trinken.

2 Das erbetene Brot ist ein für alle Anfechtung bereites, »tägliches«.

Das zweite Wörtlein heißt »täglich«.

2 *Vgl. Seite 36, Anmerkung 3.*

*Als »tägliches« Brot ist es »übernatürlich«, »auserwählt« und
»morgendlich«.*

Das Wörtlein »täglich« heißt in griechischer Sprache epiusion.
Das hat man auf mancherlei Weise ausgelegt. Einige sagen, es bedeute ein ›übernatürliches‹ Brot, einige ein ›auserwähltes‹ und ›besonderes‹ Brot, einige (der hebräischen Sprache nach) ein ›Morgen‹-
brot (nicht in dem Sinn, wie wir Deutschen von einem Morgen- und
Abendbrot reden, sondern ein ›Morgenbrot‹, das für den andern Tag
bereit ist, auf lateinisch crastinum).

Diese Mannigfaltigkeit soll niemand irre machen, denn es hat alles
ein und dieselbe Bedeutung, wenn man nur die Art und Natur dieses
Brotes damit recht ausdrückt.

Erstens bedeutet es ein ›übernatürliches‹ Brot. Denn das Wort Gottes speist den Menschen nicht in Beziehung auf seinen Leib und seine
Natur in seinem sterblichen Dasein, sondern es speist ihn zu einem
Unsterblichen, Übernatürlichen, und weit über dieses Dasein hinaus
in ein ewiges Dasein hinein, wie Christus sagt (Joh 6, 51. 58): »Wer
dieses Brot ißt, der wird ewig leben.« Darum heißt es soviel als:
»Vater, gib uns das übernatürliche, unsterbliche, ewige Brot.«

Zweitens bedeutet es ein ›auserwähltes‹, feines, leckeres Brot, da es
voller Wonne und lieblichen Geschmackes ist, wie denn vom Himmelsbrot geschrieben steht (Weish 16, 20), daß es jedem so schmeck-
te, wie er wollte. Somit ist unser himmlisches Brot sehr viel edler
und feiner, leckerer, kraftvoller und gnadenvoller gegenüber dem natürlichen Brot. Man könnte unter ›auserwähltem‹ Brot auch das verstehen, daß es besonders, eigens und allein uns Gotteskindern ange-
messen und gegeben ist; das ist nämlich auch die Bedeutung von
egregius, peculiaris, proprius.[3] In diesem Sinne sagt der Apostel
Hebr 13, 10, daß wir einen besonderen Altar haben, von dem niemand essen kann als wir allein, und daß wir somit ein besonderes,
eigenes Brot haben.

Drittens (auf Hebräisch) das ›Morgenbrot‹. Nun hat die hebräische
Sprache die Eigenart, daß man eben das, was wir Deutschen ›täglich‹
heißen, ›morgig‹ heißt. Im Deutschen bedeutet ja ›täglich‹ das, was
man täglich zur Hand und in Bereitschaft hat, wenn man es auch

3 egregius = auserlesen; peculiaris = eigentümlich; proprius = zu eigen
gehörend.

nicht ohne Unterlaß braucht; so sagt man: »Das oder das muß ich heut oder morgen und täglich haben; ich weiß nicht, in welcher Stunde ich es brauche; dann muß es vorhanden sein.« Eben diesen Sinn drückt die hebräische Sprache durch das Wörtlein cras oder crastinum (›morgen‹ [bzw. ›morgig‹]) aus; so sagt Jakob zu Laban (1 Mose 30, 33): »Cras respondebit mihi iustitia mea« d. h. »Heute oder morgen oder wann es dazu kommt, wird meine Gerechtigkeit für mich Antwort und Genugtuung geben.«

So ist nun das gemeint, daß wir bitten. Gott wolle uns das übernatürliche, unser besonderes, eigenes, tägliches Brot geben; ›täglich‹ in dem Sinn, daß wir es zur Hand und im Vorrat haben und uns damit stärken können, wenn die Nöte und Leiden hereinbrechen (worauf wir täglich gefaßt sein müssen). Sonst werden wir überrascht und, weil es uns fehlt, verzagen wir, verderben und sterben ewig.

Als »tägliches« Brot muß Gottes Wort durch rechte Lehrer gegeben werden.

Dabei beachte: Wir Christen sollten reich sein und einen großen Vorrat von diesem Brot haben; wir sollten so geübt und gelehrt sein, daß wir das Wort Gottes täglich in allen Anfechtungen zur Hand und bereit hätten, um uns selbst und andere Leute damit zu stärken, wie wir es denn in den Episteln und bei den lieben heiligen Vätern[4] sehen, was sie getan haben. Abermals ist es unsre eigene Schuld: wir bitten Gott nicht darum, und deshalb haben wir auch nichts. Darum müssen wir auch unkundige Bischöfe, Priester und Mönche haben, die uns nichts geben können; dann fahren wir zu und machen das Übel noch ärger und hassen, verdächtigen und verachten sie. Sieh, dahin führt uns Gottes Zorn. Darum sollte man diese Bitte recht bedenken; denn darin lehrt uns Gott, für alle geistlichen Vorgesetzten bitten, besonders für die, die das Wort Gottes uns geben sollen. Wird es ihnen doch nicht gegeben, wenn wir dessen nicht würdig sind und Gott darum bitten. Wenn du darum unkundige und untaugliche Bischöfe, Priester oder Mönche siehst, so sollst du nicht fluchen, richten oder verdächtigen, sondern sollst in ihnen nichts anderes sehen als eine grauenhafte Plage Gottes, womit er dich und uns alle straft, weil wir das Vaterunser nicht gebetet und bei Gott nicht um unser

---

4 *Die Briefe des Neuen Testaments (»Episteln«) und die Berichte von den Vätern der alten Kirche zeigen diese Bedeutung des Wortes Gottes.*

tägliches Brot nachgesucht haben. Denn wenn wir das Vaterunser und die Bitte um unser täglich Brot recht beteten, so würde uns Gott wohl erhören und uns fein taugliche, kundige geistliche Vorgesetzte geben. Die Schuld ist viel mehr auf unserer, als auf ihrer Seite. Aber nun findet man Menschen, die Gott so sehr plagt und verstockt, daß sie in der unkundigen Priesterschaft nicht bloß nicht eine Plage Gottes erkennen, sondern auch noch ein Vergnügen daran haben, sie zu verachten; sie treiben mit dieser gewaltigen Gottesplage ihren Spott, während sie doch blutige Tränen darüber weinen sollten (wenn sie's könnten), daß Gott uns eine solche ernste, schwere Plage zufügt. Denn das sollst du wissen, daß Gott die Welt noch nie schwerer gestraft hat als mit blinden, unkundigen Leitern; durch sie muß das Wort Gottes, und damit unser Brot, ausbleiben und müssen wir verderben. Laß Türken Türken sein; diese Plage ist größer! Weh uns, daß wir sie nicht erkennen und um Abwendung bitten! Umgekehrt ist Gott der Welt nie gnädiger gewesen, als wenn er kundige und einsichtige geistliche Vorgesetzte gegeben hat, durch die sein Wort in großem Vorrat und in täglichen Gebrauch gebracht worden ist. Denn die Christenheit und jede einzelne Christenseele ist in und durch das Wort Gottes geboren; darum muß sie auch ebendadurch ernährt, erhalten und beschützt werden. Sonst muß sie viel kläglicher verderben, als der Leib verdirbt, wenn er sein Brot nicht gebraucht.

3 Das erbetene »Brot« ist das lebendige Gotteswort, Jesus Christus.

Das dritte Wörtlein heißt ›Brot‹.

Das »Brot« meint das Wort als köstliche Speise der Seele.

Das heilige Wort Gottes hat in der Heiligen Schrift viele Namen um seiner unzähligen Eigenschaften und Wirkungen willen. Denn es ist fürwahr allumfassend und allmächtig. Es heißt ein geistliches Schwert (Hebr 4, 12), weil man mit ihm wider den Teufel und alle geistlichen Feinde kämpft. Es heißt ein Licht (Ps 119, 105), ein Frühregen und ein Spätregen (Jak 5, 7), ein himmlischer Tau (Hos 14, 6), Gold und Silber (Ps 119, 72), Arznei (Sir 38, 2), Kleider (Jes 61, 10), Schmuck (Hes 16, 14) und viel dergleichen. Ebenso heißt es auch ein Brot, weil die Seele davon gespeist, gestärkt, groß und wohlgenährt wird. Und zwar soll man hierunter nicht allein das bloße Brot verstehen; denn in gleicher Weise, wie die Schrift mit dem leiblichen

›Brot‹ alle möglichen Speisen des Leibes bezeichnet, wie köstlich sie auch sein mögen, so bezeichnet sie auch mit dem geistlichen ›Brot‹ alle die Speisen der Seele. Die sind ja gar nicht zu zählen. Denn es gibt mancherlei Seelen auf Erden, und jede einzelne hat nicht immer ein und dasselbe Bedürfnis und ein und dieselbe Fähigkeit; und doch macht das Wort Gottes alle und jede einzelne nach ihrem Bedürfnis überschwenglich satt. Denn wären die Speisen aller Könige, die je gewesen sind und sein mögen, auf einem Haufen beisammen, so könnten sie doch dem geringsten Worte Gottes nicht von ferne gleichgestellt werden. Darum nennt es der Herr Christus im Evangelium (Matth 22, 2 ff) eine königliche Bewirtung usw. und bei Jesaja (25, 6) ein köstliches, erlesenes und prächtiges Mahl.

Was ist nun das Brot oder Wort Gottes?

Das Brot, das Wort und die Speise ist niemand anderes als unser Herr Jesus Christus selbst. So sagt er Joh 6, 51: »Ich bin das lebendige Brot, das vom Himmel herabgestiegen ist, daß es die Welt lebendig mache.« Darum lasse sich niemand durch Worte oder durch einen Schein irre machen: Alle Predigten und Lehren, die uns nicht Jesus Christus bringen und vorbilden, die sind nicht das ›tägliche Brot‹ und die Nahrung für unsere Seele; sie vermögen auch bei keinem einzigen Bedürfnis oder Anfechtung zu helfen.

4 Das erbetene Brot ist die nur von Gott zu »gebende« Erkenntnis Christi.

Das vierte Wörtlein heißt »gib«.

»Gegeben« wird uns die Erkenntnis Christi durch die Offenbarung.

Das Brot Jesus Christus vermag niemand sich selber zu verschaffen, weder durch Studieren noch durch Hören noch durch Fragen noch durch Suchen. Denn gilt es, Christus zu erkennen, so sind alle Bücher zu wenig, alle Lehrer zu gering, alle Vernunft zu stumpf; allein der Vater selbst muß ihn offenbaren und uns geben. So sagt er Joh 6, 44: »Niemand kommt zu mir, wenn ihn nicht der Vater zieht, der mich gesandt hat.« Ferner Joh 6, 65: » Es kann mich niemand aufnehmen oder verstehen, wenn es ihm nicht vom Vater gegeben wird. Ferner Joh 6, 45: »Jeder, der vom Vater über mich hört, der kommt zu mir.« Darum lehrt er uns, daß wir um dieses heilvolle Brot *bitten* sollen: »*Gib* uns heute.«

»Gegeben« wird Erkenntnis Christi durch Vermittlung von Menschen.

Nun wird Christus, unser Brot, uns auf zweierlei Weise gegeben. *Erstens* äußerlich, durch Menschen, z. B. durch die Priester und Lehrer. Und auch das geschieht wieder auf zweierlei Weise, einerseits durch Worte, andrerseits im Altarsakrament.[5] Davon wäre viel zu sagen; sagen wir es kurz: Es ist eine große Gnade, wo Gott es gibt, daß man Christus predigt und lehrt. So sollte es freilich an allen Orten sein: nichts anderes als Predigt von Christus und Austeilung nur dieses ›täglichen Brotes‹. Im Sakrament empfängt man Christus; aber das wäre ganz umsonst, wenn man ihn nicht daneben mit dem Worte ›austeilte‹ und ›anrichtete‹. Denn das Wort bringt Christus ins Volk und macht ihn in ihrem Herzen bekannt; aus dem Sakrament würden sie das niemals verstehen. Darum ist es ein schweres Unwesen zu unsern Zeiten, daß man viele Messen hält und es nur mit dem Messestiften eilig hat, während leider das Wichtigste unterbleibt, nämlich die Predigt; und doch sind um dessentwillen die Messen eingesetzt, wie Christus sagt und gebietet (1 Kor 11, 25): »So oft ihr das tut, sollt ihr es tun, um meiner zu gedenken.« Und wenn man schon predigt, so handelt zwar die Messe von Christus, die Predigt aber von Dietrich von Bern oder sonst einer Fabel.[6] So plagt uns Gott, weil wir nicht um das tägliche Brot bitten, und so kommt es zuletzt mit dem hochwürdigen Sakrament dahin, daß es nicht allein vergeblich und fruchtlos gebraucht wird, sondern auch in Verachtung gerät. Denn was hilft es, daß Christus da ist und uns ein Brot bereitet ist, wenn es uns doch nicht gegeben wird und wir es nicht genießen können? Das geht geradeso, wie wenn ein köstliches Mahl zubereitet wäre und niemand wäre da, der das Brot austeilte, die Speise auftrüge oder den Trunk einschenkte; dann können sie vom Geruch oder vom Ansehen satt werden! Darum sollte man allein von Christus predigen, alle Dinge auf ihn beziehen und in allen Schriften auf ihn hinweisen: wozu er gekommen ist, was er uns gebracht hat, wie wir an ihn glauben und uns gegen ihn verhalten sollen. Auf solche

5 *»Sakrament« oder »Altarsakrament« oder »Messe« sind Namen für das heilige Abendmahl, die Luther aus dem Sprachgebrauch seiner Zeit übernahm.*
6 *»Dietrich von Bern« ist eine Gestalt der alten deutschen Heldensage; der Ostgotenkönig Theoderich wird unter diesem Namen im Hildebrands- und Nibelungenlied besungen.*

Weise könnte dann das Volk Christus durch das Wort erfassen und erkennen und käme nicht so leer aus der Messe heim, daß sie weder Christus noch sich selber erkennen.

»Gegeben« wird Erkenntnis Christi zugleich unvermittelt im Geist.

Zweitens wird uns Christus als unser Brot innerlich durch Gottes eigenes Lehren gegeben. Und zwar muß das beim Äußerlichen dabei sein, andernfalls ist auch das Äußerliche umsonst. Wenn aber das Äußerliche recht vor sich geht, so bleibt auch das Innerliche nicht aus. Denn Gott läßt sein Wort niemals ausgehen, ohne daß es Frucht schafft; er ist dabei und lehrt selber innerlich, was er äußerlich durch den Priester gibt. So spricht er durch Jesaja (55, 10 f): »Mein Wort, das von meinem Munde ausgeht, wird nicht leer zurückkommen, sondern wie der Regen die Erde durchfeuchtet und fruchtbar macht, so wird mein Wort seinen Gang gehen und alles ausrichten, wozu ich es aussende.« Daraus entstehen rechte Christen, die Christus erkennen und mit den Sinnen schmecken.

»Gegeben« wird die Erkenntnis Christi zur Errettung der Ungerechten.

Nun sprichst du: Was ist denn das: ›Christus erkennen‹, oder was bringt es mit sich? Antwort: Christus erfassen und erkennen besteht darin, daß du verstehst, was der Apostel 1 Kor 1, 30 sagt: »Christus ist uns von Gott gegeben, daß er für uns Weisheit, Gerechtigkeit, Heiligkeit und Erlösung sein soll.« Das verstehst du dann, wenn du erkennst, daß all deine Weisheit eine verdammenswerte Torheit, deine Gerechtigkeit eine verdammenswerte Ungerechtigkeit, deine Heiligkeit eine verdammenswerte Unreinheit, deine Erlösung eine elende Verdammung ist. So findest du, daß du vor Gott und allen Geschöpfen mit Recht als ein Narr, ein Sünder, ein unreiner, verdammter Mensch dastehst. Und das mußt du nicht bloß mit Worten, sondern von ganzem Herzen, auch mit Werken, zeigen, daß dir kein Trost und kein Heil bleibt als daß Christus dir von Gott gegeben ist. An ihn sollst du glauben und ihn so genießen; allein seine Gerechtigkeit soll dich erretten, weil du sie anrufst und dich darauf verlässest. Dieser Glaube ist nichts andres als das Essen dieses Brotes; in diesem Sinne sagt er Joh 6, 32: »Mein Vater gibt euch das wahre Brot vom Himmel.«

Nun sagst du: »Wer weiß das nicht, daß wir Sünder und nichts sind und allein durch Christus gerettet werden?« Antwort: Es ist eine große Gnade, wenn man das weiß und es so mit äußerlichen Worten sagen und hören kann. Aber es sind nur wenige, die es verstehen und mit dem Herzen sagen. Das beweist die Erfahrung. Denn wenn man sie als solche Narren oder Sünder verachtet, so können sie es nicht ertragen und finden schnell eine Weisheit und Rechtschaffenheit außerhalb von Christus, die ihnen eigen ist. Besonders aber, wenn das Gewissen sie tadelt, solange sie leben oder beim Sterben, so wissen sie nicht mehr, daß Christus ihre Gerechtigkeit ist. Dann suchen sie hin und her, wie sie ihr Gewissen mit ihren guten Werken trösten oder stärken könnten; wenn aber das dann nicht hilft (und es kann nicht helfen!), so verzweifeln sie. Sieh, davon wäre viel zu sagen, und alle Predigten sollten von diesen Dingen handeln. Denn wenn man Christus so predigt und das liebe Brot so austeilt, dann fassen es die Seelen auf und erproben sich damit in ihren Leiden, wenn Gottes Wille ihnen solche auflegt. Darum werden sie dadurch stark und voll Glaubens, so daß sie von da an nichts mehr fürchten: weder ihre Sünde und ihr Gewissen, noch Teufel und Tod. Nun siehst du, wie es sich mit diesem ›täglichen Brot‹ verhält: daß Christus wahrhaftig dieses Brot ist. Aber er ist dir nichts nütze, du kannst ihn auch nicht genießen, wenn Gott ihn nicht zu Worten macht, daß du ihn hören und so erkennen kannst. Denn daß er im Himmel sitzt oder unter der Gestalt des Brotes da ist, was hilft dir das? Er muß durch das innerliche und äußerliche Wort ›ausgeteilt‹, ›angerichtet‹ und zu Worten werden; sieh, das ist dann wahrhaftig Gottes Wort. Christus ist das Brot, Gottes Wort ist das Brot, und es ist doch ein und dasselbe Ding, ein und dasselbe Brot. Denn er ist in dem Wort und das Wort ist in ihm; und an dieses Wort glauben, das heißt das Brot essen. Wem Gott das gibt, der lebt ewiglich.

5 Das erbetene Brot ist Brot für »uns«, nicht bloß für mich und dich.

Das fünfte Wörtlein heißt »uns«.

Die Predigt des Wortes betrifft »uns«, die Christenheit.

Hier wird jeder Mensch ermahnt, das Denken seines Herzens auf die ganze Christenheit auszudehnen und für sich und die Gesamtheit aller Menschen zu beten, besonders für die Priesterschaft, die das Wort Gottes in Gang halten soll. Denn wie wir in den ersten drei Bitten den Dingen nachgehen, die Gott gehören, daß er das Seine in uns bekomme, so bitten wir nun hier für die Christenheit. Unter allen Dingen aber ist für die Christenheit nichts nötiger und nützlicher als das ›tägliche Brot‹, d. h. daß Gott eine kundige Priesterschaft schaffen und so sein Wort in aller Welt predigen und hören lassen wolle. Denn wenn es beim priesterlichen Stand und beim Wort Gottes so steht, wie es sein soll, so grünt und blüht die Christenheit. Darum zu bitten, hat er uns auch befohlen, als er sprach (Matth 9, 38): »Bittet den Hausvater, daß er Arbeiter in seine Ernte sende usw.«

Indem wir für die Christenheit bitten, bitten wir für »uns«.

Nach der rechten Ordnung der Liebe sollen wir darum am allermeisten für die Christenheit bitten. Damit tun wir mehr, als wenn wir für uns selbst bitten; denn, wie Chrysostomus[7] sagt, wer für die ganze Christenheit betet, für den betet auch wieder die Christenheit, ja in eben demselben Gebet bittet er mit der Christenheit zusammen für sich selbst. Und es ist kein gutes Beten, wenn einer für sich allein bittet; und (gebe Gott, daß ich mich nicht irre!) ich kann kein rechtes Gefallen finden an den mancherlei Bruderschaften,[8] besonders nicht an denjenigen, die sich so völlig sich selber zuwenden, als wollten sie allein gen Himmel fahren und uns dahinten lassen. Du aber bedenke und beachte: Christus hat nicht umsonst gelehrt, man solle nicht beten ›Mein Vater‹, sondern ›Unser Vater‹, nicht ›Mein täglich Brot gib mir heute‹, sondern ›Unser täglich Brot gib uns heute‹, und ebenso weiter ›Unsere Schuld‹, ›uns‹, ›uns‹ usw. Er will den Haufen hören, nicht mich oder dich oder einen abseits gehenden, sich absondernden Pharisäer. Darum singe mit den anderen Leuten zusammen, dann singst du recht. Und wenn du schon übel singst, so geht es doch im großen Haufen hin; singst du allein, so wirst du nicht ungerichtet bleiben.

---

7 *Johannes Chrysostomus, Bischof von Konstantinopel und hervorragender Prediger der griechischen Kirche, lebte von etwa 344 bis 407.*
8 *»Bruderschaften« heißen kirchliche Vereinigungen von Laien zur Übung von besonderen Werken der Frömmigkeit.*

Das sechste Wörtlein heißt ›heute‹.

Das Wort Gottes ist nichts, worüber wir immer verfügen.

Das Wörtlein lehrt, wie oben gesagt, daß Gottes Wort nicht in unserer Gewalt ist. Darum muß alles falsche Vertrauen auf Verstand, Vernunft, Können und Weisheit dahinfallen. Denn in der Zeit der Anfechtung muß Gott selbst zu uns sprechen und mit seinem Wort uns trösten und aufrechterhalten. Es ist ja zwar ein großer Vorrat davon in der Heiligen Schrift vorhanden, so daß einer sogar die ganze Welt damit lehren könnte, – solange er im Frieden ist; wenn aber nicht Gott selber kommt, wann die Stürme gehen, und uns das Wort von sich aus innerlich allein oder durch einen Menschen sagt, so ist schnell alles vergessen. Dann geht das Schifflein doch unter, wie in Ps 107, 27 geschrieben steht: »Turbati sunt et moti sunt sicut ebrius«, »Sie sind erschrocken und wanken wie die Trunkenen«, sie wissen nicht, wohin; alle ihre Weisheit ist gleichsam verschlungen, so ganz und gar wissen sie nichts mehr.

Wir bedürfen des Gottesworts heute, jetzt und täglich.

So leben wir denn hier in Gefahr und müssen allezeit gefaßt sein auf Leiden aller Art, auch auf des Todes Not und der Hölle Pein. Darum müssen wir in der Furcht verharren und bitten, Gott möchte sein Wort nicht lange zurückhalten, sondern heute, jetzt und täglich dabei und da sein, um uns unser ›Brot‹ zu geben und (wie Paulus Eph 3, 16 f sagt) zu machen, daß Christus in uns erscheine und in unsrem inwendigen Menschen wohne. Darum heißt es nicht ›morgen‹ oder ›übermorgen‹, gerade als wollten wir heute gesichert sein und ohne Furcht dastehen, sondern ›heute‹. Auch lernt sich's um so besser, daß man ›heute‹ und nicht ›morgen‹ sagt, wenn das anfängt, daß Gottes Wille in uns geschehen will und unser Wille mit Ängsten untergeht; ja dann wollte er wohl, daß das Brot nicht bloß ›heute‹, sondern ›in dieser Stunde‹ gegeben würde.

Das Wörtlein ›heute‹ bedeutet in der Heiligen Schrift auch dieses ganze Leben auf Erden; das lasse ich jetzt auf sich beruhen.

Abschließende Zusammenfassung dieser Bitte

1 In der vierten Bitte beten wir also um das geistliche Brot.

So ist nun der Sinn dieser Bitte: »O himmlischer Vater, weil deinen Willen niemand ertragen kann und wir zu schwach sind, um das Töten unsres Willens und unsres alten Adams zu dulden, so bitten wir, du wollest uns mit deinem heiligen Wort speisen, stärken und trösten, und deine Gnade geben, daß wir Jesus Christus als das himmlische Brot durch die ganze Welt hin predigen hören und ihn von Herzen erkennen mögen, damit doch die gefährlichen, ketzerischen, irreführenden und überhaupt alle menschlichen Lehren aufhören und so allein dein Wort, das wahrhaft unser lebendiges Brot ist, ausgeteilt werde.«

2 Das Gebet um das leibliche Brot tritt für den Christen zurück.

Bitten wir denn nicht auch um das leibliche Brot? Antwort: Ja, es kann sehr wohl auch das leibliche Brot darunter verstanden werden; in erster Linie ist aber Christus, das geistliche Brot der Seele, gemeint. Damit wir nicht um Speise und Kleider für den Leib uns Sorgen machen sollen, lehrt er uns darum allein auf das heute Nötige bedacht zu sein; so sagt er denn Matth 6,34: »Laßt die Sorge eines Tages genug sein und sorget nicht heute auch schon für das Morgen: denn das Morgen wird seine eigene Sorge mitbringen.« Und es wäre wohl eine gute Übung im Glauben, wenn man lernte, Gott nur um Brot für heute zu bitten; dann könnte man Gott auch in einer größeren Sache vertrauen. Nicht daß man um zeitliches Gut oder Nahrung nicht arbeiten solle; sondern daß man sich der Sorge entschlage, als könnten wir nicht gespeist werden, ohne daß wir uns sorgten und ängsteten. Die Arbeit soll also mehr dazu geschehen, Gott darin zu dienen und Müßiggang zu meiden und seinem Gebote zu genügen, das er zu Adam sagt (1 Mose 3,19): »Im Schweiß deines Angesichtes sollst du dein Brot essen«, – mehr als dazu, daß man sich absorge und ängste, wie wir ernährt werden. Denn das wird Gott wohl zuwegebringen, wenn wir schlicht unsre Arbeit nach seinem Gebot tun.

Und erlaß uns unsere Schuld, wie wir sie unseren Schuldigern erlassen

Die Erfüllung der fünften Bitte in der Vergebung der Sünden.

1 Vergebung ist immer nötig, auch nach Empfang der Absolution.

Wer möchte es glauben, daß diese Bitte so viele Leute trifft und anklagt? Vor allem, was wollen die großen Heiligen zu unsern Zeiten damit erbitten, die sich doch für ganz rechtschaffen halten, besonders wann sie gebeichtet haben, absolviert sind und Genugtuung geleistet haben?[1] Nunmehr leben sie so, daß sie nicht für ihre Sünde bitten, wie die alten, rechten Heiligen, von denen David sagt (Ps 32, 6): »Pro hac orabit etc«, »Ein jeder Heilige wird um Gnade bitten für seine Sünde«; vielmehr sammeln sie nur große Verdienste und bauen sich mit viel guten Werken einen köstlichen Palast im Himmel, ganz nahe bei S. Petrus. Doch helf uns Gott, wir wollen's versuchen, ob wir's nicht fertig bringen, sie zu Sündern zu machen und sie unter unsre arme, sündige Sippschaft zu zählen! Sie sollen mit uns lernen, diese Bitte nicht allein *vor* der Beichte und Buße, sondern auch *nach* der großen Absolution von Strafe und Schuld zu beten und *nach* der Vergebung aller Schuld mit uns zu sagen: »Herr, erlaß uns unsere Schuld.« Denn weil man vor Gott nicht lügen und nicht scherzen kann, so muß wahrlich, wahrlich noch eine ernste, ja sogar viel ernste Schulden da sein, die keine Absolution beseitigt hat oder beseitigen kann. Deshalb wird Absolution und dieses Gebet sich nicht wohl vereinen: Ist alle Schuld durch die Absolution dahin, so tilget das Gebet aus und bitte du vor Gottes Augen nicht für eine Schuld, die keine ist, damit du seiner nicht spottest und dir so alles Unglück zuziehst. Ist aber das Gebet wahr, so helfe Gott der armen

---

1 *Der Fromme, der das kirchliche Bußsakrament zur Reinigung von seinen Sünden benützen wollte, beichtete erst, empfing dann die Lossprechung (Absolution; Luther gebraucht dafür auch das Wort »Ablaß«) und hatte dann die auferlegten Bußwerke zur Genugtuung als kirchliche Strafe für seine Sünden auf sich zu nehmen. Hatte er sich so von »Todsünden« reinigen lassen, so war er nach der Lehre der Kirche imstande, von jetzt an — bis zu einer etwaigen neuen »Todsünde« — sich Verdienste durch gute Werke anzusammeln.*

Absolution, wenn sie noch solch große Schuld daläßt, daß Gott den Menschen mit Recht darum verdammt, wenn er nicht um Gnade gebeten wird. Doch will ich nicht zu viel sagen; denn ich kenne die spitzfindigen Auslegungen gut, mit deren Hilfe man der Heiligen Schrift eine wächserne Nase zu drehen pflegt.

2 Vergebung wird uns von Gott heimlich oder offenkundig gegeben.

Diese Bitte kann auf zweierlei Weise verstanden werden:

Erstens, daß uns Gott die Schuld im geheimen vergibt und wir es nicht empfinden, geradeso, wie er vielen Menschen Schuld zurechnet und behält, die sie gar nicht empfinden oder beachten. *Zweitens* offenkundig und so, daß wir es empfinden, geradeso wie er einigen Schuld so zurechnet, daß sie es empfinden, z. B. durch Vorwurf und Schrecken des Gewissens. Die erste Vergebung ist allezeit nötig; die andere ist zuweilen nötig, damit der Mensch nicht verzage.

Was heißt das? Ich meine das so: Gott ist vielen Menschen freundlich gesinnt und vergibt ihnen von Herzen alle Schuld, und doch sagt er ihnen nichts davon, sondern handelt äußerlich und innerlich mit ihnen so, daß es ihnen vorkommt, sie hätten einen ganz ungnädigen Gott, der sie zeitlich und ewig verdammen wolle; äußerlich plagt er sie, innerlich erschreckt er sie. Einer von denen war David, als er Ps 6, 2 sprach: »Domine, ne in furore tuo arguas me etc.«, »Herr, schilt mich nicht in deinem Zorn«. Ebenso umgekehrt: einigen behält Gott im geheimen ihre Schuld und ist ihnen feindlich gesinnt; er sagt ihnen aber nichts davon, sondern behandelt sie so, daß sie meinen, sie seien die lieben Kinder; äußerlich geht es ihnen wohl, innerlich sind sie fröhlich und des Himmels gewiß. Die sind beschrieben in Ps 10, 6: »Non movebor a generatione etc.«, »Ich weiß, daß mich niemand umstürzen wird in Ewigkeit, ich werde ohne alles Unglück sein.«

Ebenso läßt Gott zuweilen dem Gewissen einen Trost widerfahren und läßt es eine fröhliche Zuversicht zu seiner Gnade fühlen, damit der Mensch dadurch gestärkt werde, auch in der Zeit seiner Gewissensangst auf Gott zu hoffen. Umgekehrt läßt er zuweilen ein Gewissen erschrecken und betrüben, damit der Mensch auch in der fröhlichen Zeit die Furcht Gottes nicht vergesse.

Die erste Art von Vergebung ist uns bitter und schwer, aber sie ist die edelste und allerliebste. Die andere ist leichter, aber um so geringer. Alle beide zeigt der Herr Christus an Maria Magdalena (Luk

7, 47 ff). Die erste, als er ihr den Rücken kehrte und doch zu Simon sprach: »Ihr sind viele Sünden vergeben«; da hatte sie noch keinen Frieden. Die andere, als er sich zu ihr wandte und sprach: »Dir sind deine Sünden erlassen, gehe hin im Frieden«; da ward ihr der Friede zuteil. Die erste Art macht also rein, die andere schafft Frieden. Die erste wirkt und bringt hervor, die andere ruht und empfängt. Und zwar ist ein ganz unermeßlicher Unterschied zwischen den beiden: Die erste ist bloß im Glauben da und erwirbt sich einen großen Anspruch, die andere ist im Fühlen da und nimmt den Lohn ein. Die erste wird bei den hochgemuten Menschen gebraucht, die andere bei den Schwachen und Anfängern.

Die Bedingung der fünften Bitte: unsre Vergebungsbereitschaft.

1 Nur, wer nach Christi Gebot selber vergibt, erlangt Christi Vergebung.

Nun wollen wir den allerkräftigsten Ablaßbrief[2] betrachten, der jemals auf Erden kam und der dazu nicht um Geld verkauft, sondern jedermann umsonst gegeben wird. Andere Lehrer geben der Genugtuung ihren Platz im Beutel und Kasten; Christus dagegen setzt sie ins Herz, daß sie uns nicht nähergebracht werden kann. Du brauchst also weder nach Rom noch nach Jerusalem, noch nach S. Jakob,[3] weder hierhin noch dahin um Ablaß zu laufen; auch kann ihn sich der Arme ebensogut lösen wie der Reiche, der Kranke wie der Gesunde, der Laie wie der Priester, der Knecht wie der Herr. Und zwar lautet dieser Ablaßbrief auf deutsch so (Matth 6, 14 f): »Wenn ihr euren Schuldnern vergebet, so wird euch mein Vater auch vergeben. Werdet ihr aber nicht vergeben, so wird euch mein Vater auch nicht vergeben.« Dieser Brief, der mit Christi eigenen Wunden versiegelt und durch seinen Tod bestätigt wurde, ist beinahe verblichen und vermodert infolge der großen Platzregen des römischen Ablasses.

2 Zur schnelleren Herbeiführung der »Genugtuung« für die Sündenschuld diente der Erwerb eines Ablaßbriefs. Besonders geschätzt war der »vollkommene« Ablaß. Ein solcher Ablaßbrief, durch »gute Werke« erworben, sicherte seinem Besitzer zu, daß er einmal im Leben und dann wieder in der Todesstunde einen völligen Erlaß aller zeitlichen Sündenstrafen (also auch der Fegfeuerpein) durch einen Priester beanspruchen dürfe. Daß das »gute Werk«, mit dem Ablässe erworben wurden, oft genug nur in Zahlung von Geld an die Kirche bestand, machte das verderbliche Verfahren auch noch unsozial. 3 Vgl. Seite 37, Anmerkung 5.

Nunmehr kann sich niemand entschuldigen, wenn ihm seine Sünden nicht vergeben werden oder wenn er ein böses Gewissen behält. Denn Christus spricht nicht: »Du sollst für deine Sünden soundso viel fasten, soundso viel beten, soundso viel geben, dies oder das tun«, sondern: »Willst du genugtun und deine Schuld bezahlen, deine Sünde auslöschen, so höre meinen Rat, ja mein Gebot: Tu nichts weiter als laß das alles nach und wandle dein Herz (woran dich niemand hindern kann) und sei dem freundlich gesinnt, der dich beleidigt hat. Vergib nur du, so ist es alles in Ordnung.« Warum predigt man nicht auch diesen Ablaß? Gilt Christi Wort, Rat und Verheißung nicht so viel als das eines Traumpredigers?[4] Ja, ein solcher Ablaß würde nicht S. Peters Kirche[5] (die der Teufel gut leiden kann!), sondern Christi Kirche (die der Teufel gar nicht leiden kann!) aufbauen. (Holz und Stein ficht ihn ja nicht sehr an; aber rechtschaffene, einträchtige Herzen, die machen ihm Herzeleid.) Will man darum nichts von diesem Ablaß, den man umsonst bekommt, so wird man von jenem nicht satt, auch wenn man sich's alles kosten läßt. Nicht daß ich den römischen Ablaß verwerfen wollte. Sondern ich wollte, daß jedes Ding seinem Wert nach eingeschätzt würde, und daß man nicht, wo man gutes Gold umsonst haben kann, das Kupfer für kostbarer hält als das Gold wert ist. Hüte dich nur vor der Farbe und dem äußeren Glänzen!

2 Die Vergebung erlangt nicht, wer andern zu vergeben sich weigert.

Zwei Arten von Menschen gibt es, die dieses Gebet nicht zu beten und diesen großen Ablaß sich nicht zu erwerben vermögen. *Die einen* treiben's ganz grob: Ihre eigene Schuld vergessen sie und machen dafür ihres Nächsten Schuld so groß, daß sie in ihrer Unverschämtheit sogar zu sagen wagen: »Ich will und kann ihm das niemals vergeben; ich kann ihm niemals mehr freundlich gesinnt werden.« Diese tragen einen Balken, ja viele Balken in ihren Augen und sehen sie nicht, aber den kleinen Stecken oder Zweig in ihres Nächsten Auge können sie nicht vergessen (Matth 7, 3). D. h. ihre eigene Sünde, die sie wider Gott getan haben, beachten sie nicht; aber die Schuld

---

4 »Traumprediger« heißt Luther einen, der nicht die gottgesetzte Ordnung, sondern die selbsterdachten Meinungen seines Herzens verkündigt.
5 Der Bau der Peterskirche in Rom wurde z. T. auch aus dem Verkauf von Ablaßbriefen finanziert.

ihres Nächsten schlagen sie so hoch an. Und doch wollen sie, daß ihnen Gott die große Schuld erlasse, wo sie selber nicht einmal die geringen ungerächt lassen wollen. Und wenn sie auch sonst keine Sünde oder Schuld hätten, so wäre doch der Balken in ihren Augen groß genug; denn sie werden gegen Gottes Gebot eben darin ungehorsam, daß sie nicht vergeben wollen und sich selbst rächen (was doch allein Gott zusteht).

Fürwahr, Gott ist wunderbar in seinem Recht und Gericht, daß der größere Schuld hat, der nicht vergibt, als der, der den Schaden und das Leid angerichtet hat! Darum wird für solche Leute dieses Gebet zu einer Sünde, wie Ps 109,7 sagt: »Sein Gebet wird vor Gott eine Sünde sein«; denn dadurch verflucht sich der Mensch selber und verkehrt das Gebet in sein Gegenteil: womit er Gnade erlangen sollte, erwirbt er sich Ungnade. »Ich will nicht vergeben«, und doch stehst du vor Gott mit deinem kostbaren Vaterunser und plapperst mit deinem Munde: »Vergib uns unsere Schuld, wie wir unsern Schuldigern vergeben.« Was heißt denn das anders als soviel: »O Gott, ich bin dein Schuldner; ebenso habe auch ich einen Schuldner. Nun will ich ihm nicht vergeben, so vergib du mir auch nicht. Ich will dir nicht gehorsam sein, obschon du mich vergeben heißest; ich will lieber dich, deinen Himmel und alles fahren lassen und ewig zum Teufel fahren«? Sieh zu, du armer Mensch, ob du einen solchen Feind hast oder dulden könntest, der dich vor den Menschen so verflucht, wie du dich selbst vor Gott und allen Heiligen verfluchst mit deinem eigenen Gebet? Und was hat dein Schuldner dir angetan? Einen zeitlichen Schaden! Ei, warum willst du dich denn um des kleinen zeitlichen Schadens willen selbst in einen ewigen Schaden bringen? Sieh dich vor, o Mensch: nicht der, der dich betrübt, sondern du selbst, der du nicht vergibst, tust dir den eigentlichen Schaden an, wie die ganze Welt dir keinen antun könnte.

3 Auch die Verleumder gehören zu denen, die nicht vergeben können.

Die andern sind subtiler. Sie fühlen sich geistlich beleidigt von ihren Nächsten. D. h. man tut ihnen nichts, als daß man ihr herzliches Mißfallen erregt bei der großen Liebe zur Gerechtigkeit und Weisheit, die sie zu haben träumen; denn Sünde und Torheit können die zartfühlenden und feinen Heiligen nicht leiden. Und das sind die, die in der Heiligen Schrift (Matth 23, 33) Schlangen und giftiges Gewürm genannt werden. Sie sind ganz tief verblendet: sie merken niemals (und man kann sie auch nicht davon überzeugen, wie es bei den Ersterwähnten, den Groben, möglich ist), daß sie es sind, die ihren Nächsten nicht vergeben, ja das als Verdienst und gutes Werk ansehen, daß sie ihrem Nächsten feind sind. Man kennt sie daran, daß sie alles, was ein anderer tut, bereden, richten und verurteilen; sie schweigen nicht stille, solange sie etwas von ihrem Nächsten wissen. Sie heißt man auf deutsch ›Afterreder‹, auf griechisch Teufel, auf lateinisch Schmäher, auf hebräisch Satanas,[6] kurz, es ist die verfluchte Rotte, die jedermann verleumdet, verachtet, verflucht, und das alles doch unter dem Schein des Guten. Diese teuflische, höllische, verdammte Plage regiert gegenwärtig leider greulicher in der Christenheit als jemals eine Seuche es tat; sie vergiftet beinahe alle Zungen, und, Gott sei es geklagt, man ist vor diesem Jammer weder auf der Hut noch hat man acht darauf. Bei ihnen ist's so: Wenn jemand etwas Übles tut, so findet er bei ihnen nicht nur keine Gnade: sie beten nicht für ihn (wie es sich für Christen gebührt), sie belehren ihn nicht gütlich und weisen ihn nicht brüderlich zurecht; sondern, während ein Übeltäter nach göttlichem und menschlichem Recht nur *einen* Richter, *ein* Gericht, *eine* Anklage sich gefallen zu lassen hat, muß man von diesen giftigen, höllischen Zungen so viel Richter, Gericht und Anklagen sich gefallen lassen, als ihnen Ohren begegnen, und wenn ihnen an einem Tage tausend begegneten. Sieh, das sind die erbärmlichen Heiligen, die ihres Nächsten Schuld nicht vergeben und nicht vergessen können, und es ist ihre Art, daß sie niemals einem Menschen von Herzen freundlich gesinnt sind. So wollen sie ja gewiß dessen wert werden, daß Gott ihnen gleichfalls nicht allein die Schuld nicht vergebe, sondern auch die Ungnade erzeigt, sie nie zur Erkenntnis ihrer Schuld gelangen zu lassen.

Demgemäß stellen sie sich schön hin und sprechen: »Ja, ich rede das nicht, um ihm zu schaden, und nicht in böser Absicht; ich gönne ihm alles Gute.« Sieh da, wie weiche Haare hat das Kätzlein! Wer dächte, daß so scharfe Klauen und Zungen in der glatten Haut steckten? O du Scheinheiliger und falscher Mensch, wenn du wirklich sein

---

6 »Teufel« ist ein Wort griechischer Herkunft; es kommt von diabolos = Verleumder. Im Lateinischen findet sich dafür gelegentlich criminator = Anschwärzer (»Schmäher«); das hebräische »satan« dagegen bedeutet »Widersacher«, »Ankläger«.

Freund wärest, würdest du schweigen und nicht mit solcher Lust und Wohlgefallen deines Nächsten Unglück bekannt machen. Vielmehr würdest du dein verdammtes Mißfallen in Mitleid und Barmherzigkeit verwandeln, um ihn zu entschuldigen, in Schutz zu nehmen und andere zum Schweigen zu bringen; du würdest Gott für ihn bitten, ihn brüderlich warnen und ihm aufstehen helfen. Schließlich würdest du's auch als eine Erinnerung und Mahnung annehmen, deiner eigenen Gebrechlichkeit mit Furcht zu gedenken, wie S. Paulus sagt (1 Kor 10, 12): »Wer da steht, der sehe zu, daß er nicht falle«, und mit dem heiligen Altvater zu sagen: »Dieser war es gestern; heute ist es an mir.«[7]

Bedenke auch: wie würde es dir gefallen, wenn dir Gott entsprechend diesem Gebet seinerseits täte, was du deinem Nächsten tust, und machte von deiner Sünde viel Aufhebens und breitete sie vor aller Welt aus? Oder wie wolltest du es ertragen, wenn ein anderer auch so ausriefe, was du Böses tatest? Du wolltest ohne Zweifel, daß jedermann stillschwiege, dich entschuldigte, dich in Schutz nähme und für dich betete. Nun handelst du der Natur und ihrem Gesetz entgegen, das sagt (Matth 7, 12): »Was du willst, daß man dir tue, das tu du auch dem andern.«

4 Wer die Sünde anderer herumschwätzt, verdirbt sich selbst.

Und denke nur nicht, daß einem Nachreder, Verleumder und Frevelrichter seine Sünde – die kleinste so wenig wie die größte – vergeben werde, ja daß er ein einziges gutes Werk tun könne, wenn er nicht seine böse Zunge ruhen läßt und umwandelt. So sagt nämlich S. Jakobus (1, 26): »Wer sich läßt dünken, er sei ein rechtschaffener Christenmensch, und hält seine Zunge nicht im Zaum, dessen Rechtschaffenheit ist nichts.« Willst du aber bei der Sünde deines Nächsten doch etwas tun, so halte die edle, köstliche, goldene Regel Christi, wo er sagt (Matth 18, 15): »Wenn dein Bruder eine Sünde begeht, die sich gegen dich richtet, so gehe hin und weise ihn zurecht in der Zwiesprache zwischen dir und ihm allein.« O merke, [er sagt] nicht: »Sag's andern Menschen«; sondern: »Du und er

7 Das »Altvaterbuch« (vitae patrum), eines der meistgelesenen Bücher des Mittelalters, das Luther hier anzuführen scheint, ist eine Sammlung von Geschichten, die von den Mönchen des Morgenlandes handelten. Das obige Zitat geht auf Sirach 38,23 zurück.

allein«, als wollte er sagen: »Willst du es ihm nicht allein sagen, so halte deinen Mund und laß dir's im Herzen begraben sein«; es wird dir ja jedenfalls der Bauch nicht davon bersten, wie Ecclesiasticus (Sir 19, 10) sagt. O, wer sich dieses edlen Werkes befleißigte, wie leicht könnte der seine Sünde büßen, mag er schon sonst nicht viel tun! Denn wenn er wieder sündigt, so wird Gott sagen: »Ei, dieser hat seinem Nächsten seine Schuld zugedeckt und vergeben; tretet herzu, alle Geschöpfe, und deckt ihn euererseits zu, und seine Sünde soll ihm auch nimmermehr aufbehalten werden!« Jetzt dagegen sucht man auf allen möglichen Wegen und Weisen Genugtuung und Buße für die Sünde; sie sehen und hören nicht auf das, was wir täglich beten, wonach Buße für die Sünde, Genugtuung und Erwerb der Absolution am allerbesten dadurch geschieht, daß wir unsern Schuldigern vergeben. Zu solchem Vergessen und Nichtbeachten verführt uns das große Gepränge mit dem Ablaß und das Geängstetsein durch das, was uns in der Beichte auferlegt wird.[8]

Nun kommen sie dann abermals und malen sich den Teufel über die Türe, brennen sich weiß und sagen: »Ei, es ist doch wahr! Warum sollte ich's nicht sagen, wenn es so ist? Ich habe es gesehen und weiß es wahrhaftig.« Antwort: Es ist doch auch wahr, daß du gesündigt hast. Warum redest du dann nicht auch von deinem eigenen Bösen, wenn dir befohlen ist, alle Wahrheit zu sagen? Willst du aber von deinem Bösen schweigen, so tu auch einem andern gegenüber dasselbe nach Gesetz der Natur (Matth 7, 12).[9] Ferner: wenn es schon wahr ist, so tust du doch nichts Besseres als die Verräter und Blutverkäufer; die sagen ja für manchen armen Mann nur allzuoft, was wahr ist.[10] Ferner: du handelst dazu noch der Regel Christi zuwider (Matth 18, 15 ff), die dir verbietet, es jemand anderem zu sagen als allein dem Betreffenden. Nur wenn er dich nicht hören wollte, so sollst du zwei zu dir nehmen und es ihm noch einmal sagen. Und wenn er dich dann noch nicht hört, so sollst du mit diesen Zeugen zusammen ihn vor der ganzen Gemeinde anklagen. Aber diese

8 Vgl. Seite 63, Anmerkung 1.
9 Das »natürliche Gesetz« nennt Luther die Regel Jesu in der Bergpredigt (Matth 7, 12).
10 Was der Arme, von bitterer Not getrieben, sich zuschulden kommen ließ, verraten diese Leute an die Polizei usw., um sich einen Lohn dafür zu erwerben.

Regel ist jetzt erloschen; darum geht es auch, wie es bei denen gehen muß, die Gottes Wort vernachlässigen.

Weiter: Das weitverbreitete Laster der Verleumdung und des Achtens auf fremde Sünde ist weitaus die unseligste Sünde auf Erden. Denn alle andern Sünden beflecken und verderben allein den, der sie tut, außer dem elenden verdammten Kläffer; der muß sich mit fremden Sünden beschmutzen und verderben lassen. Das merke daraus: Je größer und stärker die Lust und das Gefallen an der Sünde ist, desto größer ist die Sünde. Da gibt gar oft der selbst Schuldiggewordene wegen der Sünde, die er getan hat, sich selbst unrecht, er schämt sich und macht sich Vorwürfe und wollte, daß niemand es wüßte (und hat dadurch die Sünde viel kleiner gemacht!). Aber nun kommt der Kläffer und tappt in denselben Kot wie eine Sau, frißt ihn dazu, wälzt sich darin und wollte nicht, daß die Sünde nicht geschehen wäre; denn es ist seine Lust, sie zu bereden, zu richten und zu belachen. Darum habe ich gesagt: wer gerne kläfft und verleumdet, ist keinem Menschen freundlich gesinnt, ja er ist ein allgemeiner Feind der menschlichen Natur so gut wie der Teufel. Hat er doch nichts lieber, als wenn er von Sünde und Schande der Menschen hören, sagen und verhandeln kann; er freut sich über ihr Übel. Wer aber das gern hat und liebt, der kann fürwahr dem Menschen nichts Gutes gönnen, sondern nur alles Unglück; das wird ihm denn auch zuletzt als Lohn wiederum zuteil werden.

Die Voraussetzung der fünften Bitte: Das Wissen um die Schuld.

Darum sollen wir zu unsrer Warnung lernen, daß jeder Mensch Gott gegenüber ein Sünder ist, und daß er andrerseits auch einen Sünder oder Schuldner sich gegenüber hat.

1 Wir selber sind alle Schuldner vor Gott und brauchen Vergebung.

Erstens sind wir Sünder in gröblichen, bösen Stücken; gibt es doch nur wenige, die nicht in große, schwere Sünden gefallen sind. Doch wenn nun ein Mensch auch so rechtschaffen wäre, daß er noch nie in große Sünden gefallen wäre, so tut er doch dem göttlichen Gebot gegenüber allezeit zu wenig. Denn er hat viel Gnaden *vor* andern Menschen empfangen, und doch hat er noch nie zu viel getan, daß er auch nur für die geringste Gabe sich voll bedankt oder Zahlung geleistet hätte; ja er kann Gott nicht einmal für den täglichen Rock oder Mantel genug loben, geschweige denn für das Leben, für Gesundheit, Ehre, Gut, Freunde, Vernunft und unzählige andere Wohltaten Gottes. Wenn darum Gott mit ihm rechten wollte, würde es ihm so gehen, wie S. Hiob (9, 3) sagt: daß er auf tausend nicht eins antworten könnte, und daß er froh wäre, wenn er durch Bitten einen gnädigen Richter bekommen könnte. So sagt auch David (Ps 143, 2): »Herr, gehe nicht ins Gericht mit deinem Diener; denn vor dir wird kein lebender Mensch gerecht erfunden« – auch deshalb, weil kein Mensch so rechtschaffen ist, daß er nicht noch des alten Adams Geruch und Hefe in sich hätte, um derentwillen Gott ihn mit Recht verwerfen könnte. Darum erhält allein die Demut auch die, die in Gnade leben, und ihre Schuld wird ihnen deshalb nicht angerechnet, weil sie selber sie sich anrechnen, um Gnade bitten und ihren Schuldigern vergeben.

2 Wir selbst haben alle Schuldner, denen wir vergeben sollen.

Zweitens haben wir auch Schuldner. Denn Gott ordnet es immer so, daß uns jemand an Gut, Ehre oder was es sonst ist, ein Leid antut; will er uns doch damit Anlaß geben, unsre Sünde zu büßen und unsern Schuldnern zu vergeben. Und wenn nun schon jemand keine großen Stücke von einem andern leiden muß (was doch kein gutes Zeichen ist), so findet er doch in sich einen Widerwillen einigen Leuten gegenüber, auf die er argwöhnisch ist und einen Verdruß hat. So ist es, kurz gesagt, wahr (wie S. Augustin [11] sagt): Jeder Mensch ist Gott gegenüber schuldig und hat wiederum einen Schuldner. Hat er aber keinen, so ist er gewiß blind und beobachtet sich nicht richtig.

3 So ist unser Leben ein sündiger Zustand, den nur die Gnade erhält.

Nun sieh, was dieses elende Leben für ein Zustand ist, wo es keine Speise, Tröstung und Stärkung für die Seele gibt (wie die vorhergehende Bitte es zeigt). Dazu ist es ein sündhafter Stand, in welchem wir verdientermaßen verdammt würden, wenn uns nicht dieses Gebet erhielte durch die lautere Gnade und Barmherzigkeit Gottes. So macht uns das Vaterunser dieses Leben ganz zur Sünde und zur Schande,

---

11 *Augustin, der von der römischen Kirche heiliggesprochene und auch von Luther hochgeschätzte Bischof von Hippo (Nordafrika) und Kirchenlehrer, übte einen maßgebenden Einfluß auf die abendländische Theologie aus. Er lebte von 354 bis 430.*

damit wir seiner müde und überdrüssig werden. Nun sieh, du Kläffer, richte dich selber, rede von *dir*, sieh an, wer du bist, greife in deinen eigenen Busen; dann wirst du das Übel deines Nächsten wohl vergessen; denn du hast von deinem eignen beide Hände voll, ja über und über voll.

Die sechste Bitte

Und führe uns nicht in die Versuchung (oder Anfechtungen)

Vorbemerkung.

Wenn das Wörtlein ›Versuchung‹ oder ›Prüfung‹ nicht so allgemein üblich wäre, so stünde es viel besser und wäre klarer, wenn man es so ausdrückte: »Und führe uns nicht in Anfechtungen.«

Der Gegenstand der sechsten Bitte: Gottes Hilfe in der Anfechtung.

1 Anfechtungen sind unvermeidlich, aber mit Gott zu überwinden.

In dieser Bitte lernen wir abermals, wie elend das Leben auf Erden ist. Denn es ist lauter Anfechtung, und wer hier nach Frieden und Sicherheit für sich sucht, handelt unweise; er kann es auch niemals dazu bringen. Und wenn wir alle es begehrten, so ist es doch umsonst. Es ist ein Leben der Anfechtung und bleibt es. Darum sagen wir nicht: »Nimm die Anfechtung weg von mir«, sondern: »Führe uns nicht hinein«, als wollte man sagen: »Wir sind hinten und vorne von Anfechtungen umgeben und können uns nicht davon freihalten. Aber, o unser Vater, hilf uns, daß wir nicht hineingeraten, d. h. daß wir nicht drein einwilligen und so überwunden und unterdrückt werden.« Denn wer drein einwilligt, der sündigt und wird ein Gefangener der Sünde, wie Paulus (Röm 7, 23) sagt.

2 Anfechtungen sind Teufelswerk; sie treiben zur Bitte um Gottes Hilfe.

So ist dieses Leben, wie Hiob sagt (7, 1), nichts anderes als ein Kampf und steter Streit wider die Sünde, und der Drache, der Teufel, ficht uns ständig an und gibt sich Mühe, uns in seinen Rachen zu verschlingen. So sagt S. Petrus (1 Petr 5, 8): »O ihr lieben Brüder, seid nüchtern und wachet; denn euer Widersacher, der Teufel, geht um und um wie ein grimmiger Löwe, und sucht, ob er jemand verschlingen könne.« Sehet, unser lieber Vater und getreuer Bischof S. Petrus spricht: Unser Feind sucht uns; und zwar nicht bloß an *einem* Ort, sondern an allen Enden ringsum. D. h. alle unsere Glieder und Sinnen reizt, bewegt und hindert er von innen her mit bösen Einflüsterungen, von außen her mit bösen Bildern, Worten und Werken durch Menschen und alle Geschöpfe zu Unkeuschheit, Zorn, Hoffart, Geiz und dergleichen; er gebraucht alle List und Bosheit, um den Menschen dazu zu führen, daß er einwilligt. Wenn man das fühlt, soll man schnell die Augen zu Gott aufheben: »O Gott Vater, sieh, wie werde ich zu dem und dem Laster getrieben und gereizt und an dem und dem guten Werk verhindert. Wehre dem, lieber Vater, und hilf mir; laß mich nicht unterliegen und hineingeraten.« O, wer diese Bitte recht gebrauchte und übte, wie glücklich wäre der! Es gibt ja viele, die nicht wissen, ob sie angefochten werden oder was sie in der Anfechtung tun sollen.

Der Anlaß der sechsten Bitte: Unser Angefochtensein vom Bösen.

Was ist Anfechtung?

1 Die Anfechtung zur Linken: wenn etwas gegen den eignen Willen geht.

Zweierlei Anfechtung gibt es. Die eine auf der linken Seite[1], d. h. diejenige, welche zu Zorn, Haß, Bitterkeit, Unlust, Ungeduld reizt, wie Krankheit, Armut, Unehre und alles, was einem wehe tut, besonders wenn einem sein Wille, Vorhaben, Gutdünken, Ratschlag, Wort und Werk verworfen und verachtet wird. Diese Dinge sind ja etwas Geläufiges in diesem Leben, und Gott verhängt solches durch böse Menschen oder Teufel. Wenn man dann fühlt, daß das sich regen will, so soll man weise sein und sich's nicht wundern lassen (denn das ist so die Art dieses Lebens!) · vielmehr soll man dieses Gebet hervorholen und das richtige Körnlein abzählen[2] und sprechen: »O Vater, das ist gewiß eine Anfechtung, die über mich verhängt ist; hilf, daß sie mich nicht verführe und versuche.«

In dieser Anfechtung wird man auf doppelte Weise zum Narren. Einmal, wenn man spricht: »Ja, ich wollte wohl rechtschaffen sein und nicht zürnen, wenn ich Frieden hätte.« Manche lassen so unsrem

---

1 *Ausgangspunkt für diese Kennzeichnung der Anfechtung als Anfechtung zur Linken und zur Rechten ist Ps 91, 7.*
2 *Luther spielt hier auf den Rosenkranz an, dessen größere und kleinere »Perlen« (»Körnchen«) bestimmte Gebete bedeuten.*

Herrgott und seinen Heiligen keine Ruhe, bis er die Anfechtung von ihnen nimmt: diesem muß er das Bein gesund machen, den reich machen, dem soll er sein Recht werden lassen; und dabei tun sie auch selber so viel als sie können, um sich in eigner Kraft und mit Hilfe anderer herauszuwinden. So bleiben sie faule, ja fahnenflüchtige arme Ritter, die nicht angefochten sein noch streiten wollen. Darum werden sie auch nicht gekrönt (2 Tim 2, 5), ja sie fallen in die andere Anfechtung zur rechten Seite, wie wir noch hören werden. Wenn es jedoch recht geht, so soll es so sein, daß man nicht daran vorbeikomme: die Anfechtung darf nicht aufgehoben werden, sondern man muß sie ritterlich überwinden. Von solchen Leuten spricht Hiob (7, 1): »Des Menschen Leben ist ein Streit (oder Anfechtung).«

Die andern, welche die Anfechtung [gleichfalls] nicht überwinden, von denen sie aber auch nicht genommen wird, – die geraten hinein in Zorn, Haß und Ungeduld, übergeben sich geradezu dem Teufel, verüben Worte und Werke, werden Mörder, Räuber, Lästerer, Schwörer, Verleumder und richten alles Unglück an; denn die Anfechtung hat sie überwunden und sie folgen allem bösen Willen. Der Teufel hat sie völlig in seiner Gewalt und sie sind seine Gefangenen; sie rufen weder Gott noch seine Heiligen an. Weil aber unser Leben von Gott selber eine Anfechtung genannt wird und es so sein muß, daß wir an Leib, Gut und Ehre angegriffen werden und uns Ungerechtigkeit widerfahren muß, sollen wir ohne Sträuben darauf gefaßt sein und es mit Weisheit annehmen, indem wir sprechen: »Ei, das gehört nun einmal zum Leben; was soll ich daraus machen? Es ist eine Anfechtung und bleibt eine Anfechtung. Es will nicht anders sein; Gott helfe, daß es mich nicht aufrege und umwerfe.« Sieh, so kann niemand der Anfechtung überhoben sein; man kann sich aber wohl wehren und dem allem mit Gebet und Anrufung der Hilfe Gottes abhelfen. So liest man im Altvaterbuch[3], daß ein junger Bruder den Wunsch aussprach, seine Gedanken los zu sein; da sprach der Altvater: »Lieber Bruder, daß die Vögel in der Luft dir über dem Haupte fliegen, kannst du nicht verwehren; du kannst aber wohl verwehren, daß sie dir in den Haaren ein Nest machen.« Ebenso können wir uns, wie S. Augustin[4] sagt, zwar der Anstöße und An-

3 Vgl. Seite 69, Anmerkung 7.
4 Vgl. Seite 72, Anmerkung 11.

fechtungen nicht erwehren; daß sie uns aber nicht überwinden, dem kann man mit Beten und Anrufen göttlicher Hilfe wohl wehren.

2 Die Anfechtung zur Rechten: wenn etwas nach dem eignen Willen geht.

Die *andere* Anfechtung ist die auf der rechten Seite. Sie reizt zu Unkeuschheit, Wollust, Hoffart, Geiz und eitler Ehre, und zu allem, was wohltut, besonders, wenn man einem seinen Willen läßt, Wort, Rat und Tat von ihm lobt, ihn ehrt und viel von ihm hält. Dies ist die allergefährlichste Anfechtung, die der Zeit des Antichrists zugeschrieben wird. In diesem Sinne sagt David (Ps 91, 7): »Wann ihrer tausend fallen auf deiner linken Seite, so fallen ihrer wohl zehntausend auf deiner rechten Seite.«[5] Und jetzt hat sie überhand genommen; denn die Welt strebt nur nach Gut, Ehre und Wollust. Insbesondere lernt es die Jugend zur Zeit überhaupt nicht mehr, gegen die fleischliche Lust und Anfechtung zu streiten; sie fallen ihr anheim, so daß es fernerhin keine Schande mehr ist, sondern daß alle Welt voll ist mit Geschichten und Liedlein von Buhlerei und Hurerei, als sei das wohlgetan. Das ist alles der grauenhafte Zorn Gottes, der die Welt so in Versuchung fallen läßt, weil ihn niemand anruft.

Es ist freilich eine schwere Anfechtung für einen jungen Menschen, wenn ihm der Teufel in sein Fleisch bläst, Mark und Bein und alle Glieder entzündet, und ihn dazu von außen her reizt mit Gesichtern, Gebärden, Tänzen, Kleidern, Worten und hübschen Weibs- oder Mannsbildern. So sagt es Hiob (41, 12): »Halitus eius prunas ardere facit«, »Sein Atem macht die Kohlen glühend«. So ist zur Zeit die Welt ganz toll, um mit Kleidern und Schmuck Reize zu bieten. Trotzdem aber ist es nicht unmöglich, das zu überwinden, wenn man sich gewöhnt, Gott anzurufen und dies Gebet zu sprechen: »Vater, führe uns nicht in die Anfechtung.« Ebenso hat man es nun auch zu machen in Anfechtungen durch die Hoffart, wenn jemand gelobt oder geehrt wird und wenn ihm großes Gut oder andere weltliche Lust zuteil wird usw.

---

5 *Besser als hier hat Luther den Sinn des Psalmverses in seiner Bibelüber-*
setzung wiedergegeben; dort setzt er die beiden Aussagen über die 1000 und
die 10 000 einander nicht entgegen wie hier.

Warum läßt denn Gott den Menschen so zum Sündigen angefochten werden? Antwort: Damit der Mensch sich und Gott erkennen lerne. Er soll sich selbst erkennen, daß er nichts vermag als zu
sündigen und übelzutun; und er soll Gott erkennen, daß Gottes
Gnade stärker ist als alle Geschöpfe. So soll er lernen, sich selber zu
verachten und Gottes Gnade zu loben und zu preisen. Hat es doch
Leute gegeben, die der Unkeuschheit mit ihren eigenen Kräften, mit
Fasten und Arbeiten haben widerstehen wollen; sie haben ihren Leib
darüber zerbrochen und dennoch nichts ausgerichtet. Denn die böse
Lust löscht niemand als der himmlische Tau und Regen der göttlichen
Gnade; Fasten aber, Arbeiten und Wachen muß zwar dabei sein,
sind aber nicht genug.

Abschließende Zusammenfassung *der sechsten Bitte.*

Wenn Gott uns nunmehr die Schuld vergeben hat, so ist auf nichts
so sehr zu achten als darauf, daß man nicht wieder falle. Gibt es
doch, wie David sagt (Ps 104, 25), in dem großen Meer dieser Welt
viel Gewürm[6] d. h. viel Anfechtung und Anstoß, die uns aufs neue
schuldig machen wollen; darum haben wir es nötig, daß wir ohne
Unterlaß mit dem Herzen sprechen: »Vater, führe uns nicht in Anfechtung. Nicht begehre ich, von aller Anfechtung los zu sein (denn
das wäre schrecklich und ärger als zehn Anfechtungen von der Art,
wie die Anfechtung zur rechten Hand ist); sondern ich möchte nicht
fallen und wider meinen Nächsten oder dich sündigen.«

In diesem Sinne sagt S. Jakobus (1, 2): »O Brüder, wenn euch viele
Anfechtungen zustoßen, sollt ihr das für große Freude achten.« Warum? Weil sie den Menschen üben; sie machen ihn in der Demut und
Geduld vollkommen und Gott wohlgefällig wie die allerliebsten Kinder. Selig, wem solches zu Herzen geht! Leider sucht ja gegenwärtig
jedermann Ruhe, Frieden, Lust und Behagen in seinem Leben. Darum
naht sich die Herrschaft des Antichrists[7], sofern sie nicht bereits da ist.

---

6 In der lateinischen Bibel ist bei Ps 104, 25 das Wort für »Gewimmel«
mit »reptilia« (»Gewürm«) wiedergegeben.
7 Die Zeichen des Anbruchs der antichristlichen Zeit sah Luther in den
damaligen Zuständen der römischen Kirche; im besonderen spitzte sich ihm
das im weiteren Verlauf seiner Auseinandersetzung mit Rom zu in dem
vom Papst erhobenen Anspruch, Christi Stellvertreter zu sein.

Sondern erlöse uns von dem Übel. Amen

Der Gegenstand der siebten Bitte: Die Abwendung des Übels.

Beachte genau, daß man erst an allerletzter Stelle um Abwendung des Übels bittet und bitten soll, d. h. um Abwendung von Unfrieden, Teuerung, Kriegen, Seuche, Plagen und auch von Hölle und Fegfeuer und allen leiblichen und seelischen Strafübeln. Man soll ja um diese Dinge bitten, doch in der rechten Reihenfolge, und zwar zu allerletzt.

Der rechte Gebrauch dieser siebten Bitte um Befreiung vom Übel.

Warum? Man findet manche, und zwar nicht wenige, die Gott und seine Heiligen ehren und bitten, aber nur, um das Übel los zu werden. Sie suchen nichts anderes; sie denken nicht einmal an die ersten Bitten, daß sie Gottes Ehre, Namen und Willen voranstellen würden. Sie suchen also ihren eigenen Willen und kehren so dieses Gebet ganz um: sie fangen am Letzten an und kommen nicht zu den ersten Bitten; sie wollen ihr Übel los sein, ob es zur Ehre Gottes geschieht oder nicht, ob es sein Wille ist oder nicht.

Ein rechtschaffener Mensch dagegen spricht so: »Lieber Vater, das Übel und die Strafe drückt mich; ich leide viel Unglück und Beschwer und fürchte mich vor der Hölle. Erlöse mich davon, doch nur, wenn es dir zur Ehre und zum Lobe geschieht und dein göttlicher Wille ist; andernfalls geschehe nicht mein, sondern dein Wille. Denn deine göttliche Ehre und Wille ist mir lieber als alle meine eigene Ruhe und Bequemlichkeit in Zeit und Ewigkeit.« Sieh, das ist ein wohlgefälliges, gutes Gebet und wird gewiß im Himmel erhört; und wenn es anders gebetet und gemeint wird, so ist es nicht genehm und wird nicht erhört.

Der Grund der siebten Bitte: die am Übel entstehende Anfechtung.

Weil denn dieses Leben nichts anderes ist als ein unseliges Übel, woraus zweifellos auch Anfechtungen erwachsen, so sollen wir das Übel deshalb loszuwerden begehren, damit die Anfechtungen und Sünden aufhören und so Gottes Wille geschehe und sein Reich komme zu Lob und Ehre seines heiligen Namens.

Von dem Wörtlein Amen.[1]

1 Das »Amen« drückt den Glauben aus, der zu rechtem Beten gehört.

Das Wörtlein ›Amen‹ stammt aus der hebräischen (oder jüdischen) Sprache und heißt auf Deutsch ›fürwahr‹ oder ›wahrlich‹. Es ist sehr wohl zu bedenken, daß es dem Glauben Ausdruck gibt; denn ihn soll man bei allen Bitten haben. Hat doch Christus gesagt (Matth 21, 22): »Wann ihr betet, so glaubet fest, daß ihr's erlangen werdet; so geschieht es gewiß.« Ferner, an einer andern Stelle (Mark 11, 24): »Alles, was ihr bittet, glaubet, so werdet ihr's empfangen.« So empfing ja das heidnische Weiblein, was es bat, da es nicht abließ und fest glaubte, so daß der Herr zu ihr sogar sagte (Matth 15, 28): »O Weib, wie groß ist dein Glaube! Dir geschehe, wie du willst und du gebeten hast.«

So spricht auch S. Jakobus (1, 6 f): »Wer von Gott etwas bittet, der soll ja nicht zweifeln im Glauben, daß es ihm zuteil werde. Denn wer im Glauben zweifelt, der bilde sich nicht ein, daß er etwas von Gott empfange.« Darum ist, wie der weise Mann sagt (Pred 7, 8), das Ende des Gebetes[2] besser als der Anfang. Denn wenn du am Ende in herzlichem Vertrauen und Glauben ›Amen‹ sagst, so ist gewiß das Gebet bekräftigt und erhört; und wo dieses Ende fehlt, da ist weder Anfang noch Mitte des Gebetes etwas nütze. Deshalb soll ein Mensch, der beten will, sich prüfen und erforschen, ob er es auch glaube oder ob er zweifle, daß er erhört werde. Findet er bei sich, daß er daran zweifelt oder es nur auf ungewissen Wahn setzt und auf gut Glück wagt, so ist das Gebet nichts. Denn er hält sein Herz nicht still, sondern schwankt und schlottert hin und her. Darum kann Gott ihm nichts Gewisses hineingeben, gerade so wenig als du einem Menschen etwas geben kannst, wenn er die Hand nicht still hält.

2 Nur das Trauen auf Gott, nicht unsre Andacht, macht das Gebet recht.

Bedenke doch: wie würde es dir gefallen, wenn dir jemand fleißig Bitten vorgetragen hätte und er spräche am Ende zu dir: »Ich glaube

---

1 *Zur Weglassung des Schluß-Lobpreises im Vaterunser vgl. Seite 16, Anmerkung 12.*

2 *Die lateinische Bibel, der Luther hier noch folgt, übersetzt Pred 7, 8 das hebräische »dabar«, das »Rede« oder »Sache« heißen kann, mit »oratio« (»Rede« im Sinn von »Gebet«).*

aber nicht, daß du mir's gibst«, und du hättest es ihm doch gewiß versprochen! Du würdest die Bitte als einen Spott auffassen und alles widerrufen, was du versprochen hättest, und ihn vielleicht noch dazu strafen. Wie soll so etwas dann Gott gefallen? Er sagt uns fest zu, daß wir's empfangen sollen, wenn wir etwas erbitten, und wir strafen ihn durch unseren Zweifel Lügen und handeln im Gebet geradezu dem Gebete zuwider; wir beleidigen seine Wahrhaftigkeit, die wir mit dem Gebet anrufen. Darum heißt das Wörtlein ›Amen‹: ›wahrlich‹, ›fürwahr‹, ›gewiß‹, und es ist ein Wort des festen, herzlichen Glaubens, als sagtest du: »O Gott Vater, diese Dinge, um die ich gebeten habe, sind — ich zweifle nicht daran — gewiß aufrichtig gemeint und werden geschehen; nicht deshalb, weil *ich* um sie gebeten habe, sondern weil *du* befohlen hast, um sie zu bitten, und sie gewiß zugesagt hast. Ebenso bin ich gewiß, daß du, Gott, wahrhaftig bist; du kannst nicht lügen. Also nicht die Würdigkeit *meines* Gebetes, sondern die Gewißheit, daß du wahr bist, bringt mich dazu, es fest zu glauben, und es ist mir kein Zweifel, es wird ein Amen daraus werden und ein Amen sein.«

Hier irren manche über die Maßen, die ihr Gebet an diesem Punkte zunichte machen, und zwar viel mit dem Munde, aber nie mit dem Herzen beten. Sie wollen nämlich nicht eher glauben, sie seien erhört, als bis sie wissen oder meinen, sie hätten würdig und recht gebetet. So bauen sie auf sich selbst, auf den Sand. Diese werden alle verdammt; denn ein solches Gebet ist nicht möglich, das in sich selbst schon genügte und vor Gott der Erhörung würdig wäre; ein Gebet muß sich vielmehr auf die Wahrhaftigkeit und die Verheißung Gottes verlassen. Denn hätte Gott nicht zu beten befohlen und Erhörung versprochen, so könnten alle Geschöpfe mit ihren sämtlichen Gebeten nicht ein Körnlein sich ausbitten. Darum sieh darauf: nicht dasjenige Gebet ist gut und recht, das weitschweifig, andächtig, süß und lang ist, und um zeitliches oder um ewiges Gut geht, sondern ein solches, das fest darauf baut und traut, daß es erhört werde (so gering und unwürdig es an und für sich sein mag), und das um die wahrhaftigen Gelübde und Versprechungen Gottes geht. *Gottes* Wort und Verheißung macht dein Gebet gut, nicht *deine* Andacht. Denn eben dieser Glaube, der sich auf seine Worte gründet, ist zugleich auch die rechte Andacht, ohne die alle andere Andacht lauter Trug und Irrtum ist.

Kurze Übersicht über Inhalt und Ordnung
alles Vorhergehenden

Das Vaterunser als das Zwiegespräch der Seele mit Gott.

[Eingang]

Die Seele spricht: »*O unser Vater, der du bist in den Himmeln*, wir deine Kinder sind auf Erden, von dir getrennt, in der Fremde: Wie groß ist der Abstand zwischen dir und uns! Wie sollen wir jemals zu dir heimkommen in unser Vaterland?«

Gott antwortet: »Ein Kind ehrt seinen Vater und ein Knecht seinen Herrn. Bin ich denn euer Vater, wo ehrt man mich? Bin ich euer Herr, wo erweist man mir Furcht und Ehrerbietung (Mal 1, 6)? Mein heiliger Name wird ja bei und durch euch gelästert und verunehrt (Jes 52, 5)!«

Die erste Bitte

Die Seele: »O Vater, das ist leider wahr. Wir erkennen unsere Schuld. Sei du ein gnädiger Vater und rechne nicht mit uns ab, sondern gib deine Gnade, damit wir so leben, daß *dein heiliger Name in uns geheiligt werde*. Laß uns nie etwas denken, reden, tun, haben oder vornehmen, wenn dein Lob und deine Ehre nicht darin ist, damit so in uns vor allen Dingen dein Ruhm und Name, nicht unser eigner eitler Ruhm und Name gesucht werde. Gib uns, daß wir dich wie die Kinder als einen Vater lieben, fürchten und ehren.«

Gott: »Wie kann meine Ehre und Name bei euch geheiligt werden (Jes 52, 5), wenn all euer Herz und Denken zum Bösen geneigt ist und in Sünden gefangen liegt (1 Mose 8, 21), da doch niemand mein Lob in fremden Landen singen kann (Ps 137, 4)?«

Die zweite Bitte

Die Seele: »O Vater, das ist wahr, wir empfinden, daß unsere Glieder zu Sünden geneigt sind; Welt, Fleisch und Teufel wollen in uns regieren und so deine Ehre und Namen austreiben. Darum bitten wir: hilf uns aus der Fremde, *laß dein Reich kommen*, damit die Sünde vertrieben und wir rechtschaffen, dir wohlgefällig gemacht werden, so daß du allein in uns regierst und wir dein Reich werden mögen, indem alle unsre Kräfte innerlich und äußerlich dir gehorchen.«

Gott: »Wem ich helfen soll, den verderbe ich, und wen ich lebendig, selig, reich und rechtschaffen machen will, den töte ich; ich
verwerfe ihn, mache ihn arm und zunichte (5 Mose 32, 39). Aber
Rat und Tat solcher Art wollt ihr von mir nicht ertragen (Ps 78,
10 f). Wie soll ich euch dann helfen und was soll ich mehr tun
(Jes 5, 4)?«

Die dritte Bitte

Die Seele: »Das ist uns leid, daß wir deine heilschaffende Hand
nicht verstehen und nicht ertragen. O Vater, gib Gnade und Hilfe,
daß wir deinen göttlichen Willen in uns geschehen lassen. Ja, auch
wenn es uns wehe tut, so fahre du fort, strafe, stich, haue und
brenne, mach alles, was du willst; nur daß *dein* Wille und ja nicht
der *unsere* geschehe. Wehre uns, lieber Vater, und laß uns nichts
nach unserem Gutdünken, Willen und Meinung vornehmen und vollbringen. Denn unser Wille und dein Wille sind gegeneinander; deiner allein ist gut, obwohl er nicht so scheint; unser ist böse, obwohl
er glänzend aussieht.«

Gott: »Es ist wohl schon mehr geschehen, daß man mich mit dem
Munde geliebt hat; aber das Herz ist dabei weit weg von mir gewesen (Jes 29, 13). Und wenn ich ihnen zugesetzt habe, um sie zu bessern, sind sie zurückgewichen und mitten, während ich am Werk war,
mir entglitten, wie du Ps 78, 9 liesest: ›Conversi sunt in die belli‹.[1]
Sie haben zwar einen guten Anfang gemacht und mich dazu bewogen, an ihnen zu handeln; aber sie haben sich von mir abgekehrt
und sind wieder gefallen: sie sündigen und ehren mich nicht mehr.«

Die vierte Bitte

Die Seele: »Ach Vater, es ist wahr; niemand kann mit seinen eigenen Kräften stark sein (1 Sam 2, 9), und wer kann vor deiner Hand
bestehen, wenn du nicht selbst uns stärkst und tröstest? Darum, lieber Vater, setze uns zu, vollbringe deinen Willen, damit wir dein
Reich werden, dir zum Lob und zur Ehre. Aber, lieber Vater, stärke
uns, wenn du so an uns handelst, mit deinem heiligen Wort: *gib
uns unser täglich Brot.* Präge unserem Herzen das Bild deines lieben
Sohnes Jesus Christus ein, der das wahre Himmelsbrot ist, damit

---

1 *D. h. sie sind umgekehrt am Tage des Streits.*

wir, durch ihn gestärkt, es fröhlich ertragen und leiden können, wenn unser Wille zerbrochen und getötet und dein Wille vollbracht wird. Ja, gib auch der ganzen Christenheit Gnade: sende uns kundige Priester und Prediger, die uns nicht Trester und Spreu nichtsnutziger Fabeln, sondern dein heiliges Evangelium und Jesus Christus lehren.«

Gott: »Es ist nicht gut, daß man den Hunden das Heiligtum (Matth 7, 6) und das Brot der Kinder (Matth 15, 26) vorwirft. Ihr sündiget täglich, und wenn ich euch noch so viel bei Tag und Nacht predigen lasse, so folget und höret ihr doch nicht (Jes 42, 20), und mein Wort wird verachtet (Jer 5, 11).«

Die fünfte Bitte

Die Seele: »Ach Vater, laß dich dessen erbarmen und versage uns nicht darum das liebe Brot. Vielmehr ist's uns leid, daß wir deinem heiligen Worte nicht genugtun, und wir bitten, du wollest Geduld mit uns armen Kindern haben und uns *diese unsere Schuld erlassen* und ja nicht mit uns ins Gericht gehen; denn vor dir ist niemand gerechtfertigt (Ps 143, 2). Sieh deine Verheißung an: wenn *wir unsern Schuldigern von Herzen vergeben,* dann hast du Vergebung versprochen (Matth 6, 14). Nicht daß w i r durch solches Vergeben deiner Vergebung würdig würden; sondern daß d u wahrhaftig bist und gnädig allen Vergebung versprochen hast, die ihren Nächsten vergeben. Auf dein Versprechen verlassen wir uns.«

Gott: »Gar oft vergebe ich und erlöse ich euch, und ihr bleibet und besteht doch nicht (Ps 78). Einen geringen Glauben habt ihr (Matth 8, 26). Nicht ein wenig könnt ihr mit mir wachen und ausharren; ihr fallt schnell wieder in die Anfechtung (Matth 26, 40 f).«

Die sechste Bitte

Die Seele: »Schwach und krank sind wir, o Vater, und die Anfechtung ist groß und mannigfaltig in Fleisch und Welt. O lieber Vater, halte uns und *laß uns nicht in Anfechtung fallen* und wieder sündigen, sondern gib uns Gnade, daß wir beständig bleiben und ritterlich fechten bis an unser Ende; denn ohne deine Gnade und Hilfe vermögen wir nichts.«

Gott: »Ich bin gerecht und mein Gericht ist richtig (Ps 11, 7). Darum darf die Sünde nicht ungestraft bleiben. Also müßt ihr das

Übel tragen. Daß ihr davon Anfechtung habt, ist die Schuld eurer Sünde, die mich dazu zwingt, sie zu strafen und ihr zu wehren.«

Die siebte Bitte

Die Seele: »Weil denn das *Übel* uns Anfechtung bereitet und uns mit Sünden anficht, *so erlöse uns daraus,* lieber Vater, damit wir, von allen Sünden und Übeln nach deinem göttlichen Willen erlöst, dir ein Reich sein können, dich in Ewigkeit zu loben, zu preisen und zu heiligen. *Amen.* Und weil du uns so zu beten gelehrt und geboten hast und Erhörung verheißen, hoffen wir und sind gewiß, o allerliebster Vater, du werdest deiner Wahrhaftigkeit zu Ehren uns dies alles gnädig und barmherzig geben.«

Schlußwort: Was der zu tun hat, der nicht glauben kann.

Zuletzt könnte jemand sagen: »Was dann, *wenn ich nicht glauben könnte,* daß ich erhört bin?« Antwort: So mach's wie der Vater des besessenen Menschen (Mark 9, 24). Als Christus zu ihm sagte: »Kannst du glauben? Alle Dinge sind möglich dem, der da glaubt«, da schrie dieser Vater mit weinenden Augen: »O Herr, ich glaube, hilf meinem Glauben, wenn er zu schwach ist.«

Soli Deo honor et gloria – Gott allein gebührt die Ehre und der Ruhm.

Eine einfältige Weise zu beten, für einen guten Freund
1535

Wie man beten soll. Für Meister Peter, Barbier

Lieber Meister Peter, ich geb's euch, so gut als ich's habe, und zwar so, wie ich mich selber beim Beten verhalte. Unser Herr Gott gebe euch und jedermann, es besser zu machen. Amen.

Wie man das Geschäft des Betens wichtig nehmen soll.

1 Man überwinde die Unlust zum Beten. Kein Aufschub!

Erstens, wenn ich fühle, daß ich durch fernliegende Geschäfte oder Gedanken kalt und unlustig zum Beten geworden bin – wollen doch das Fleisch und der Teufel allezeit das Gebet wehren und hindern –, so nehme ich mein Psalmbüchlein, laufe in die Kammer oder, wenn Tag oder Zeit dazu geeignet ist, in die Kirche unter die Leute und fange an, die zehn Gebote, das Glaubensbekenntnis und, je nachdem ich Zeit habe, einige Sprüche von Christus, von Paulus oder aus den Psalmen bei mir selbst mündlich herzusagen, gerade so, wie es die Kinder machen.

Darum ist's gut, daß man am frühen Morgen das Gebet das erste und am Abend das letzte Werk sein läßt; man hüte sich dabei fleißig vor jenen falschen, trügerischen Gedanken, die sagen: »Warte noch ein wenig; in einer Stunde will ich beten, ich muß vorher noch dies oder das erledigen.« Denn mit solchen Gedanken kommt man vom Gebet weg in die Geschäfte hinein; die halten und umfangen einen dann, so daß aus dem Gebet an diesem Tage nichts mehr wird.

2 Auch in und neben der Arbeit hat das Gebet seine volle Wichtigkeit.

Nun können ja wohl einige Werke anfallen, die so gut wie das Gebet oder noch besser sind, besonders, wenn die Not sie erfordert. In diesem Sinn läuft ein Spruch unter dem Namen von S. Hieronymus:[1] »Alles Werk der Gläubigen ist Gebet«; und ein Sprichwort

---

1 Hieronymus, einer der vier großen »Kirchenlehrer«, war ein gefeierter, durch seine Gelehrsamkeit berühmter Asket und Vorkämpfer des Mönchtums; er lebte lange Zeit in Bethlehem (420).

sagt: »Wer treulich arbeitet, der betet damit zweifach.« Das kann nur aus dem Grund gesagt sein, daß ein gläubiger Mensch in seiner Arbeit Gott fürchtet und ehrt und an sein Gebot denkt, um niemand mit Willen unrecht zu tun und zu stehlen oder zu übervorteilen oder zu veruntreuen. Solche Gedanken und solcher Glaube machen ohne Zweifel aus seinem Werk auch noch ein Gebet und Lobopfer.

Umgekehrt muß dagegen auch das wahr sein, daß eines Ungläubigen Werk lauter Fluchen[2] ist, und daß, wer nicht treulich arbeitet, damit zweifach flucht. Denn mit seines Herzens Gedanken muß es bei seiner Arbeit so stehen, daß er Gott verachtet;[3] er denkt sein Gebot zu übertreten und seinem Nächsten Unrecht zu tun, zu stehlen und zu veruntreuen. Solche Gedanken – was sind sie anders als lauter Flüche gegen Gott und den Menschen? Durch sie wird auch sein Werk und seine Arbeit ein zweifacher Fluch, womit er sich selber verflucht; solche Leute bleiben denn auch schließlich Bettler und Stümper. Von diesem fortwährend geschehenden Beten sagt Christus in der Tat (Luk 18, 1), man solle ohne Unterlaß beten. Denn man soll sich ohne Unterlaß vor Sünden und Unrecht hüten, und das kann nicht geschehen, wo man Gott nicht fürchtet und sein Gebot vor Augen hat, wie Ps 1, 2 sagt: »Wohl dem, der Tag und Nacht an Gottes Gebot denkt usw.«

Doch muß man auch darauf sehen, daß wir uns nicht vom rechten Beten entwöhnen und uns zuletzt selber Werke als nötig erklären, die es doch nicht sind. Dadurch werden wir zuletzt lässig und faul, kalt und verdrossen zum Gebet. Denn der Teufel ist nicht faul und lässig um uns her; ebenso ist unser Fleisch nur allzu lebendig und frisch zur Sünde und dem Geiste des Gebetes abgeneigt.

Wie man das Vaterunser recht und eindrücklich beten kann.

1 Anleitung zu einem sich vertiefenden Beten des Vaterunsers.

Die Anrede

Wenn nun das Herz durch solch mündliches Sprechen warm geworden und zu sich selber gekommen ist, so knie nieder oder stehe mit gefalteten Händen und gen Himmel gerichteten Augen und sprich laut oder in Gedanken so kurz als du kannst:

2 »Fluchen« *bedeutet hier einfach das Gegenteil von »beten«, also sich selber etwas Böses anwünschen und zufügen.*
3 *Das tut er, indem er Gott nicht im Glauben die Ehre gibt.*

»Ach himmlischer Vater, du lieber Gott, ich bin ein unwürdiger, armer Sünder, nicht wert, daß ich meine Augen oder Hände zu dir aufhebe oder bete. Aber du hast uns allen zu beten geboten und uns dazu auch Erhörung verheißen, und hast uns überdies beides, Worte und Weise, selbst gelehrt durch deinen lieben Sohn, unsern Herrn Jesus Christus. Deshalb komme ich auf dieses dein Gebot hin, um dir gehorsam zu sein, und verlasse mich auf deine gnädige Verheißung; und im Namen meines Herrn Jesus Christus bete ich mit allen deinen heiligen Christen auf Erden, wie er mich gelehrt hat: ›Vater unser, der du bist usw.‹ (ganz hinaus von Wort zu Wort).«

Die erste Bitte

Darnach wiederhole ein Stück (oder wie viel du willst), so die erste Bitte: »*Geheiliget werde dein Name*«, und sprich: »Ach ja, Herr Gott, lieber Vater, heilige doch deinen Namen, sowohl in uns selbst als auch in aller Welt; zerstöre und vertilge die Greuel, die Abgötterei und Ketzerei des Türken, des Papstes und aller falschen Lehrer oder Rottengeister. Denn sie führen fälschlich deinen Namen und mißbrauchen ihn so schändlich und lästern ihn greulich und sagen und rühmen dabei, es sei dein Wort und das Gebot der Kirche, während es doch des Teufels Lüge und Trügerei ist. Damit verführen sie unter deinem Namen jämmerlich so viele arme Seelen in der ganzen Welt und dazu töten sie auch noch, vergießen unschuldiges Blut und verursachen Verfolgung in der Meinung, dir damit einen Gottesdienst zu tun.

Lieber Herr Gott, hier bekehre und wehre: Bekehre die, die noch bekehrt werden sollen, damit sie mit uns und wir mit ihnen deinen Namen heiligen und preisen, sowohl mit rechter, reiner Lehre als auch mit gutem, heiligem Leben. Wehre aber denen, die sich nicht bekehren wollen, daß sie aufhören müssen, deinen heiligen Namen zu mißbrauchen, zu schänden und zu entehren und die armen Leute zu verführen. Amen.«

Die zweite Bitte

Dann wiederhole die zweite Bitte: »*Dein Reich komme*« und sprich: »Ach lieber Herr Gott Vater, du siehst, wie nicht allein die Weisheit und Vernunft der Welt deinen Namen schändet und die dir gebührende Ehre der Lüge und dem Teufel erweist, sondern wie alle ihre Gewalt, Macht, Reichtum und Ehre deinem Reich widersteht und widerstrebt, die du auf Erden ihnen gegeben hast, um weltlich zu regieren und dir damit zu dienen. Sie sind groß, mächtig und zahlreich, dick, fett und satt, und plagen, hindern und verstören die kleine Schar deines Reiches, die aus schwachen, verachteten und wenigen Leuten besteht; sie wollen sie auf Erden nicht dulden und meinen trotzdem, dir damit einen großen Gottesdienst zu tun.

Lieber Herr Gott Vater, hier bekehre und wehre: Bekehre die, die noch Kinder und Glieder deines Reiches werden sollen, daß sie mit uns und wir mit ihnen dir in deinem Reich mit rechtem Glauben und wahrhaftiger Liebe dienen und aus diesem Reich, das im Anfang begriffen ist, in das ewige Reich kommen. Wehre aber denen, die ihre Macht und Vermögen nicht von der Verstörung deines Reiches abkehren lassen wollen, damit sie vom Throne gestürzt und gedemütigt davon ablassen müssen. Amen.«

Die dritte Bitte

Dann wiederhole die dritte Bitte: »*Dein Wille geschehe, wie im Himmel, also auch auf Erden*« und sprich: »Ach lieber Herr Gott Vater, du weißt: wenn die Welt deinen Namen nicht ganz zunichte machen und dein Reich nicht ganz vertilgen kann, so gehen sie doch Tag und Nacht mit bösen Tücken und Stücken um und setzen viel Ränke und sonderliche Anschläge ins Werk; sie halten Rat, raunen zusammen und sprechen einander Mut und Stärke zu; sie drohen und toben und sind voll alles bösen Willens gegen deinen Namen, dein Wort, dein Reich und deine Kinder, um sie umzubringen.

Darum, lieber Herr Gott Vater, bekehre und wehre: Bekehre die, die deinen guten Willen noch erkennen sollen, daß sie mit uns und wir mit ihnen deinem Willen gehorsam seien, darüber alles Übel, Kreuz und Widerwärtigkeit gern, geduldig und fröhlich ertragen und darin deinen gütigen, gnädigen und vollkommenen Willen erkennen, erproben und erfahren. Wehre aber denen, die von ihrem Wüten, Toben, Hassen, Drohen und von ihrem bösen Willen, Schaden zu tun, nicht ablassen wollen, und mache ihren Rat, ihre bösen Anschläge und Kniffe zunichte und zuschanden, daß es mit ihnen ausgehe, wie Ps 7, 16 singt.[4] Amen.«

4 *Ps 7, 16 heißt es vom Bösen: »Er ist in die Grube gefallen, die er gemacht hat.«*

Die vierte Bitte

Dann wiederhole die vierte Bitte: »*Unser täglich Brot gib uns heute*« und sprich: »Ach lieber Herr Gott Vater, gib deinen Segen auch in diesem zeitlichen, leiblichen Leben. Gib uns gnädiglich den lieben Frieden, behüte uns vor Krieg und Unfrieden. Gib unsrem lieben Herrn, dem Kaiser, Glück und Heil wider seine Feinde; gib ihm Weisheit und Verstand, daß er sein irdisches Reich friedlich und glücklich regiere. Gib allen Königen, Fürsten und Herren guten Rat und Willen, daß sie ihr Land und ihre Leute in Stille und gutem Recht erhalten; besonders hilf unsrem lieben Landesherrn N., unter dessen Schutz und Schirm du uns bewahrst, und leite ihn, daß er, vor allem Übel behütet, vor falschen Zungen und ungetreuen Leuten gesichert, glücklich regiere. Gib allen Untertanen, daß sie treu dienen und gehorsam seien. Gib allen Ständen, Bürgern und Bauern, daß sie rechtschaffen werden und einander Liebe und Treue erzeigen. Gib gnädiges Wetter und Früchte der Erde; laß dir auch Haus, Hof, Weib und Kind befohlen sein; hilf, daß ich ihnen recht vorstehen und als ein Christ für ihren Unterhalt und ihre Erziehung sorgen möge. Wehre und steure dem Verderber und allen bösen Engeln, die hierin Schaden und Hindernis anrichten. Amen.«

Die fünfte Bitte

Dann wiederhole die fünfte Bitte: »*Vergib uns unsre Schuld, wie wir vergeben unsern Schuldigern*« und sprich: »Ach lieber Herr Gott Vater, gehe nicht mit uns ins Gericht; denn vor dir ist kein lebendiger Mensch gerecht (Ps 143, 2). Ach, rechne es uns auch nicht als Sünde an, daß wir leider so undankbar sind für alle deine unaussprechliche Wohltat in geistlichen und leiblichen Dingen, und daß wir täglich vielmals straucheln und sündigen, mehr als wir wissen und merken können (Ps 19, 13). Aber sieh du nicht an, wie rechtschaffen oder böse wir sind, sondern sieh *deine* grundlose Barmherzigkeit an, die in Christus, deinem lieben Sohne, uns geschenkt ist. Vergib auch allen unsern Feinden und allen, die uns ein Leid oder Unrecht antun, wie auch wir ihnen von Herzen vergeben. Denn sie tun sich selbst das größte Leid damit an, daß sie dich unsretwegen erzürnen[5], und es ist uns nichts geholfen, wenn sie zugrunde gehen,

---

5 *Durch ihr feindseliges Verhalten uns gegenüber.*

sondern wir wollten sie viel lieber mit uns zusammen selig sehen. Amen.« (Und wer hier von sich fühlt, daß er nicht recht vergeben kann, der möge um Gnade bitten, daß er vergeben könne. Aber das gehört in die Predigt.)

Die sechste Bitte

Dann wiederhole die sechste Bitte: »«*Und führe uns nicht in Versuchung*« und sprich: »Ach lieber Herr Gott Vater, erhalte uns wach und frisch, eifrig und fleißig in deinem Wort und Dienst, daß wir nicht sicher, faul und träge werden, als hätten wir's nun alles; sonst überfällt und überrascht uns der grimmige Teufel und nimmt uns dein liebes Wort wieder weg, oder richtet Zwietracht und Spaltung unter uns an, oder führt uns anderswie in Sünde und Schande, auf geistlichem wie auf leiblichem Gebiete. Vielmehr gib uns durch deinen Geist Weisheit und Kraft, daß wir ihm ritterlich widerstehen und den Sieg behalten. Amen.«

Die siebte Bitte

Dann wiederhole die siebte Bitte: »*Sondern erlöse uns von dem Bösen*« und sprich: »Ach lieber Herr Gott Vater, es ist doch dieses Leben in der Fremde so voll Jammer und Unglück, so voll Gefahr und Unsicherheit, so voll Untreue und bösem Wesen (wie S. Paulus Eph 5, 16 sagt: ›Die Tage sind böse‹), daß wir mit Recht des Lebens müde und nach dem Tod verlangend sein müßten. Aber du, lieber Vater, kennst unsre Schwachheit; darum hilf uns durch solch mannigfaltiges Übel und Böses sicher hindurchkommen, und wenn die Zeit kommt, gib uns ein gnädiges Stündlein und ein seliges Abscheiden von diesem Jammertal, daß wir vor dem Tod nicht erschrecken und nicht verzagen, sondern mit festem Glauben unsre Seele in deine Hände befehlen. Amen.«

Das Amen

Zuletzt beachte: das »*Amen*« mußt du jedesmal stark machen; du darfst nicht daran zweifeln, daß Gott dir gewiß mit allen Gnaden zuhört und Ja zu deinem Gebet sagt. Denke ja daran: du kniest und stehst nicht allein da, sondern die ganze Christenheit oder alle rechten Christen mit dir zusammen und du unter ihnen in einmütigem, einträchtigem Gebet, das Gott nicht verachten kann. Und gehe nicht weg vom Gebet, ehe du gesagt oder gedacht hast: »Wohlan, dieses Gebet ist bei Gott erhört; das weiß ich gewiß und fürwahr.« Das heißt ›Amen‹.

Auch sollst du wissen, daß ich nicht diese Worte alle im Gebet gesprochen haben will. Denn daraus würde doch zuletzt ein Geplapper und lauter leeres Gewäsch; es würde aus dem Buch oder dem Buchstaben nach dahergelesen werden, wie es bei den Rosenkränzen der Laien und den Gebeten der Priester und Mönche gewesen ist. Sondern ich möchte, daß das Herz damit einen Anreiz bekommt und unterrichtet ist, was für Gedanken es beim Vaterunser fassen soll; diese Gedanken aber kann das Herz, wenn es recht warm geworden und zum Beten gestimmt ist, gut mit ganz andern Worten, auch gut mit weniger oder mit mehr Worten aussprechen. Auch ich selber binde mich nämlich nicht an diese Worte und Silben, sondern spreche die Worte heute so, morgen anders, je nachdem ich warm bin und Lust habe; jedoch bleibe ich trotzdem so nah als immer möglich bei den gleichen Gedanken und demselben Sinn. Allerdings kommt es oft vor, daß ich bei einem Stück oder Bitte in so reiche Gedanken mich ergehe, daß ich die andern sechs Bitten alle anstehen lasse. Und wenn einem gleichfalls solche reiche, gute Gedanken kommen, so soll man die andern Bitten fahren lassen und diesen Gedanken Raum geben und ihnen in Stille zuhören und sie beileibe nicht hindern. Denn da predigt der Heilige Geist selber, und *ein* Wort von seiner Predigt ist besser als von unsern Gebeten tausend; und so habe ich auch in *einem* Gebet oft mehr gelernt, als ich aus vielem Lesen und Nachsinnen hätte kriegen können.

Beim Gebet ist alles daran gelegen, daß man von Herzen dabei ist.

Darum kommt alles darauf an, daß sich das Herz zum Gebet frei und begierig mache; in diesem Sinne sagt auch der Prediger (4, 17): »Bereite dein Herz vor dem Gebete, damit du nicht Gott versuchst.« Was ist es denn anders als ›Gott versuchen‹, wenn das Maul plappert und das Herz anderswo zerstreut ist? So betete jener Priester in der Weise: »Deus, in adiutorium meum intende![6] Knecht, hast du ange-

6 Ps 69, 1: *»Gott schicke dich an, mir zu helfen!«*

spannt? Domine, ad adiuvandum me festina![7] Magd, geh und milk die Kuh! Gloria sit patri et filio et spiritui sancto![8] Lauf, Bube! Daß dich das Fieber schüttle! usw.« Solche Gebete habe ich seinerzeit im Papsttum[9] viele gehört und kennengelernt; fast alle ihre Gebete sind von dieser Art. Damit wird Gott nur verspottet, und es wäre besser, sie spielten statt dessen, wenn sie schon nichts Besseres tun könnten oder wollten. Ich selber habe nämlich seinerzeit solche kanonischen Stundengebete leider vielfach so gebetet, daß der Psalm oder das Stundengebet aus war, ehe ich noch gewahr wurde, ob ich im Anfang oder in der Mitte begriffen war.

Es lassen sich zwar nicht alle so mit ihrem Munde gehen wie der obenerwähnte Priester, daß sie die Geschäfte und das Gebet durcheinanderwerfen; aber sie machen es doch im Herzen mit ihren Gedanken so: sie kommen vom Hundertsten ins Tausendste, und wenn es aus ist, so wissen sie nicht, was sie getan haben oder an was sie vorbeigekommen sind. Sie fangen an: »Laudate« [»lobet«]; flugs sind sie schon im Schlaraffenland, so daß ich der Ansicht bin, ein lächerlicheres Gaukelspiel könnte niemand vor die Augen kommen, als wenn er imstande wäre, die Gedanken zu sehen, die ein kaltes, unandächtiges Herz beim Beten durcheinandergehen läßt. Aber jetzt[10] sehe ich gottlob gut, daß das nicht fein gebetet heißt, wenn einer vergißt, was er geredet hat. Denn ein rechtes Gebet richtet die Aufmerksamkeit gar fein auf alle Worte und Gedanken vom Anfang bis zum Ende des Gebets.

Es ist wie bei einem guten, fleißigen Barbier[11]: Der muß seine Gedanken, seinen Sinn und seine Augen ganz genau auf das Schermesser und auf die Haare richten und darf nicht vergessen, wo er im Strich oder Schnitt ist. Wenn er aber zugleich viel plaudern oder anderswohin denken oder gucken will, so würde er einem leicht Mund und Nase, und die Kehle dazu abschneiden. So völlig verlangt jedes

7   Ps. 69, 1: »Herr, eile mir zu Hilfe!« Mit diesem Psalmvers beginnt das Breviergebet des Priesters und das Stundengebet der Mönche.
8   Der altkirchliche Lobpreis: »Ehre sei dem Vater und dem Sohne und dem Heiligen Geiste!« bildet jeweils den Abschluß der Psalmgebete.
9   D. h. zu der Zeit, als Luther noch Mönch der römischen Kirche war.
10   Seitdem Luther das Verständnis des Evangeliums aufgegangen ist.
11   Luther wählt dieses Beispiel um Meister Peters willen, für den er dies Büchlein schrieb, aus dessen Handwerk.

Ding, wenn es recht gemacht werden soll, den ganzen Menschen mit allen Sinnen und Gliedern; in diesem Sinne sagt man sprichwörtlich: »Pluribus intentus minor est ad singula sensus«[12]. Wer an mancherlei herumdenkt, der denkt nichts, macht auch nichts Gutes; wie viel mehr will das Gebet das Herz einzig, ganz und allein haben, wenn anders es ein gutes Gebet sein soll!

Das Meistergebet des Vaterunsers ist leider ein großer Märtyrer.

Soviel sei in Kürze vom Vaterunser bzw. vom Gebet gesagt, wie ich selber zu beten pflege. Denn ich sauge noch heutigentages am Vaterunser wie ein Kind; ich trinke und esse davon wie ein alter Mensch und kann es nicht satt werden. Es geht mir sogar über den Psalter, den ich doch sehr lieb habe, als das allerbeste Gebet. Fürwahr, es zeigt sich, daß der rechte Meister es verfaßt und gelehrt hat, und es ist ein Jammer über Jammer, daß ein solches Gebet eines solchen Meisters so ohne alle Andacht zerplappert und zerklappert werden soll in aller Welt.[13] Viele beten in einem Jahr vielleicht einige tausend Vaterunser, und wenn sie tausend Jahre so beten würden, so hätten sie doch noch keinen Buchstaben oder Punkt davon verschmeckt und gebetet. Kurz, das Vaterunser ist der größte Märtyrer auf Erden, ebenso sehr wie der Name und das Wort Gottes. Denn jedermann plagt's und mißbraucht's; nur wenige trösten's und machen's fröhlich durch rechten Gebrauch.

Wie die zehn Gebote als vierfacher Leitfaden des Betens dienen.
Das vierfache Kränzlein von Lehre, Danksagung, Beichte und Bitte.

Wenn ich aber außer für das Vaterunser sonst noch Zeit und Raum habe, so mache ich es mit den zehn Geboten auch ebenso und hole ein Stück nach dem andern her, um ja zum Gebet, soviel das möglich ist, ganz frei zu werden. Da mache ich aus jedem Gebot ein vervierfachtes oder vierfach gedrehtes Kränzlein, nämlich so: Ich nehme jedes Gebot zuerst als eine Lehre vor, wie es das ja wirklich an sich eine ist, und bedenke, was unser Herr Gott darin so ernstlich von mir fordert. Zweitens mache ich eine Danksagung daraus; drittens

---

12 *D. h. »Ein Sinn, der sich auf vielerlei richtet, wendet dem Einzelnen geringere Aufmerksamkeit zu.«*
13 *Luther denkt an das Plappern des Mundes und das Klappern der Perlen beim Rosenkranzbeten.*

eine Beichte; viertens eine Bitte. Und das tue ich so oder mit Gedanken und Worten ähnlicher Art:

Das erste Gebot

Das erste Gebot: »*Ich bin der Herr, dein Gott usw.*«, »*Du sollst keine andern Götter neben mir haben usw.*«

Hier bedenke ich *erstens*, daß Gott in allen Sachen eine herzliche Zuversicht zu ihm von mir fordert und mich lehrt; es ist sein hoher Ernst, daß er mein Gott sein will. Für das soll ich ihn auch bei Verlust der ewigen Seligkeit halten und mein Herz soll auf nichts sonst bauen noch trauen, weder auf Gut, Ehre, Weisheit, Gewalt, Heiligkeit oder auf irgend etwas Geschaffenes.

Zweitens danke ich seiner grundlosen Barmherzigkeit, daß er sich so väterlich zu mir verlorenem Menschen herunterläßt, sich selbst ungebeten, ungesucht und unverdient mir anbietet, mein Gott zu sein und sich meiner anzunehmen, und in allen Nöten mir Trost, Schutz, Hilfe und Stärke sein will. Sonst haben doch wir armen, blinden Menschen so mancherlei Götter gesucht und müßten solche noch suchen, wenn nicht er selbst sich so öffentlich hören ließe und uns in unsrer menschlichen Sprache sich anböte, daß er unser Gott sein wolle. Wer kann ihm dafür jemals und ewiglich genug danken?

Drittens beichte und bekenne ich meine große Sünde und Undankbarkeit, daß ich diese schöne Lehre und hohe Gabe mein ganzes Leben hindurch so schmählich verachtet und mit unzähligen Abgöttereien seinen Zorn so furchtbar gereizt habe. Das ist mir leid und ich bitte um Gnade.

Viertens bitte ich und sage: »Ach, mein Gott und Herr, hilf mir um deiner Gnade willen, daß ich dieses dein Gebot täglich immer besser lernen und verstehen und mit herzlicher Zuversicht tun möge. Behüte ja mein Herz, daß ich nicht mehr so vergeßlich und undankbar werde, daß ich keine andern Götter und keinen andern Trost auf Erden oder in allen Geschöpfen suche, sondern allein, rein und schlicht an dir, meinem einzigen Gott, bleibe. Amen, lieber Herr Gott Vater, Amen!«

Dann, wenn ich will oder Zeit habe, auch ebenso ins Vierfache gedreht, das zweite Gebot: »*Du sollst den Namen des Herrn, deines Gottes, nicht mißbrauchen usw.*«

Erstens lerne ich: Ich soll Gottes Namen herrlich, heilig und vortrefflich halten, nicht dabei schwören, fluchen, lügen, nicht hoffärtig sein und nicht eigene Ehre oder eignen Namen suchen. Vielmehr soll ich demütig seinen Namen anrufen, anbeten, preisen und rühmen und das meine ganze Ehre und Ruhm sein lassen, daß er mein Gott ist und daß ich sein armes Geschöpf und sein unwürdiger Knecht bin.

Zweitens danke ich für die herrliche Gabe, daß er mir seinen Namen geoffenbart und gegeben hat, daß ich mich seines Namens rühmen und mich Gottes Diener, Gottes Geschöpf usw. nennen lassen kann, und daß sein Name meine Zuflucht ist wie eine feste Burg, zu welcher, wie Salomo Spr 18, 10 sagt, der Gerechte flieht und wo er beschirmt wird.

Drittens beichte und bekenne ich die schändliche, schwere Sünde, die ich mein Lebtage wider dieses Gebot getan habe. Nicht bloß habe ich seinen heiligen Namen unangerufen, ungerühmt und ungeehrt gelassen, sondern ich bin auch noch undankbar für diese Gabe gewesen und habe sie zu allerlei Schande und Sünde mißbraucht mit Schwören, Lügen, Trügen usw. Das ist mir leid, und ich bitte um Gnade und Vergebung usw.

Viertens bitte ich um Hilfe und Stärke, daß ich hinfort dieses Gebot recht lernen möge und mich hüte vor solch schändlichem Undank, Mißbrauch und Sünde wider seinen Namen; daß ich vielmehr dankbar erfunden werde und in rechter Furcht und Ehrung seines Namens.

Und wie ich oben beim Vaterunser gesagt habe, ebenso mahne ich abermals: wenn der Heilige Geist während dieser Gedanken käme und mit reichen erleuchteten Gedanken in dein Herz zu predigen anfinge, so tue ihm die Ehre, laß diese vorgefaßten Gedanken fahren, sei stille und höre dem zu, der es besser kann als du; und was er predigt, das merke dir und schreibe es auf; so wirst du, wie David sagt (Ps 119, 18), Wunder erfahren am Gesetze Gottes.

Das dritte Gebot: »*Gedenke daran, daß du den Feiertag heiligst.*«
Hier lerne ich *erstens*, daß der Feiertag nicht zum Müßiggang und
nicht zu fleischlichem Wohlleben eingesetzt ist, sondern dazu, daß
er von uns geheiligt werden soll. Durch unser Werk und Tun aber
wird er nicht geheiligt (denn unsre Werke sind nicht heilig); sondern
durch das Wort Gottes, welches allein ganz rein und heilig ist und
welches alles heiligt, was damit zu tun hat: Zeit, Stätte, Person,
Werk, Ruhe usw. Denn durchs Wort werden unsere Werke auch heilig; in diesem Sinne sagt S. Paulus 1 Tim 4, 4 f, daß auch alle Krea-
tur durchs Wort und Gebet geheiligt werde. Darum erkenne ich hierin[14], daß ich am Feiertag zu allererst Gottes Wort hören und bedenken soll; sodann soll ich mit demselben Wort danken, Gott für
alle seine Wohltat loben und für mich und alle Welt beten. Wer sich
so verhält am Feiertag, der heiligt den Feiertag; wer es nicht tut, der
tut Schlimmeres als die, die an ihm arbeiten.

Zweitens danke ich bei diesem Gebot für die große und schöne
Wohltat und Gnade Gottes, daß er uns sein Wort und Predigt ge-
geben und zur besonderen Übung für den Feiertag anbefohlen hat.
Diesen Schatz kann kein Menschenherz genug bedenken; denn sein
Wort ist das einzige Licht in der Finsternis dieses Lebens und ein
Wort des Lebens, des Trostes und aller Seligkeit. Und wo das liebe,
heilsame Wort nicht ist, da ist lauter schreckliche, grauenvolle Fins-
ternis, Irrtum, Sektiererei, Tod, alles Unglück und des Teufels eigne
Tyrannei, wie wir es täglich vor Augen sehen.[15]

Drittens beichte und bekenne ich meine große Sünde und schändliche Undankbarkeit, daß ich die Feiertage mein Lebtage so lästerlich
zugebracht habe: ich habe sein teuer wertes Wort so jämmerlich verachtet und bin so faul, so widerwillig und verdrossen gewesen, es zu
hören, geschweige denn, daß ich es von Herzen begehrt oder jemals
dafür gedankt hätte. So habe ich meinen lieben Gott mir umsonst predigen und den edlen Schatz fahren lassen und bin mit den Füßen darauf getreten; er aber hat das mit lauter göttlicher Güte von mir geduldet und hat deswegen nicht abgelassen, immer weiter mir zu

---

14 *In dem als »Lehre« genommenen dritten Gebot.*
15 *Luther denkt dabei sowohl an die ›Tyrannei‹ des Papstes als auch an
die Irrwege des ›Schwärmertums‹.*

predigen und mich zu rufen zu meiner Seele Seligkeit, mit aller väterlichen, göttlichen Liebe und Treue. Das ist mir leid, und ich bitte um Gnade und Vergebung.

Viertens bete ich für mich und alle Welt, der liebe Vater wolle uns bei seinem heiligen Wort erhalten und es nicht um unserer Sünde, Undankbarkeit und Faulheit willen von uns nehmen; er wolle uns vor Sektengeistern und falschen Lehrern behüten. Er sende uns statt dessen treue und rechte Arbeiter (d. h. treue und rechtschaffene Pfarrer und Prediger) in seine Ernte; er gebe uns allen auch Gnade, daß wir deren Wort als sein eignes Wort demütig hören, annehmen und ehren, dazu auch von Herzen dafür danken und loben usw.

Das vierte Gebot

Das vierte Gebot: »*Du sollst deinen Vater und deine Mutter ehren.*«
Erstens lerne ich hier Gott, meinen Schöpfer, erkennen: Wunderbar hat er mich mit Leib und Seele geschaffen, hat mir aus meinen Eltern das Leben gegeben, und hat ihnen ins Herz gegeben, daß sie mir als ihres Leibes Frucht mit allen Kräften gedient haben, mich zur Welt gebracht, mich ernährt, mich versorgt, gepflegt und erzogen haben mit großem Fleiß, Sorge, Gefahr, Mühe und Arbeit. Und bis zu dieser Stunde hat er mich, sein Geschöpf, an Leib und Seele vor unzähliger Gefahr und Not behütet und mir auch oft herausgeholfen, als schüfe er mich allstündlich neu; denn der Teufel gönnt uns nicht einen Augenblick das Leben.

Zweitens danke ich dem reichen, gütigen Schöpfer für mich und alle Welt, daß er in diesem Gebot die Vermehrung und Erhaltung des menschlichen Geschlechtes gestiftet und bewahrt hat, d. h. das Hauswesen und die öffentliche Ordnung (1) oder oeconomia und politia. Ohne diese beiden Einrichtungen oder Ordnungen könnte ja die Welt nicht ein Jahr lang bestehen. Denn ohne weltliches Regiment gibt es keinen Frieden; wo kein Friede ist, kann kein Hauswesen sein; wo kein Hauswesen ist, da können weder Kinder gezeugt noch erzogen werden, und Vater- und Mutterstand müßte ganz aufhören. Aber dafür steht dieses Gebot ein: es erhält und bewahrt beide, Hauswesen und öffentliche Ordnung; es gebietet den Kindern und den Untertanen Gehorsam. Gott hält auch darauf, daß es geschehen muß; oder wenn es nicht geschieht, läßt er's nicht ungestraft. Sonst hätten die Kinder durch Ungehorsam längst alles Hauswesen und die Untertanen durch Aufruhr die öffentliche Ordnung zerrissen und verwüstet, weil sie ja eine viel größere Zahl sind als die Eltern und Regenten. Darum ist diese Wohltat auch unaussprechlich.

Drittens beichte und bekenne ich meinen leidigen Ungehorsam und Sünde, daß ich diesem Gebote meines Gottes zuwider meine Eltern nicht geehrt habe noch ihnen gehorsam gewesen bin. Ich habe sie oft erzürnt und beleidigt, ihre väterliche Strafe nur widerspenstig angenommen, wider sie gemurrt, ihre treue Vermahnung verachtet; statt dessen bin ich nichtsnutziger Gesellschaft und bösen Buben gefolgt. Dabei verflucht doch Gott selber solche ungehorsame Kinder und spricht ihnen langes Leben ab (Spr 1, 10); so kommen denn auch gar viele deswegen schmählich um und gehen zugrunde, noch ehe sie erwachsen sind. Denn wer Vater und Mutter nicht gehorcht, muß dem Henker gehorchen oder sonst durch Gottes Zorn auf eine böse Weise um sein Leben kommen usw. Dies alles ist mir leid und ich bitte um Gnade und Vergebung.

Viertens bitte ich für mich und alle Welt, Gott wolle uns seine Gnade verleihen und seinen Segen reichlich ausschütten über das Hauswesen wie auch über das öffentliche Leben. Wir möchten hinfort rechtschaffen werden, die Eltern in Ehren halten, den Herrschaften gehorsam sein, dem Teufel widerstehen und, wenn er zu Ungehorsam und Unfrieden reizt, ihm nicht folgen. So möchten wir mit der Tat helfen, Haus und Land zu bessern und den Frieden zu erhalten, Gott zu Lob und Ehre, uns selbst zu Nutz und allem Guten, und damit diese seine Gaben[16] anerkennen und dafür danken. Hiebei soll auch die Bitte für die Eltern und Oberherren mit inbegriffen sein, daß Gott ihnen Verstand und Weisheit verleihe, uns friedlich und glücklich vorzustehen und zu regieren. Er behüte sie vor Tyrannei, Toben und Wüten und bringe sie davon ab, so daß sie Gottes Wort ehren, es nicht verfolgen und niemand unrecht tun. Denn solche hohen Gaben muß man mit Beten zu erlangen suchen, wie S. Paulus (1 Tim 2, 1 ff) lehrt; sonst ist der Teufel der oberste Abt am Hofe und es geht übel und garstig zu.

Und wenn du gleichfalls Vater und Mutter bist, so ist's hier an der Zeit, daß du dich selbst und deine Kinder und Gesinde nicht vergissest, sondern mit Ernst betest: nachdem der liebe Vater dir die

16 *Haus und Land und Frieden.*

Ehre seines Namens und Amtes übertragen hat und dich auch ›Vater‹ genannt und als Vater geehrt haben will, möchte er dir Gnade und Segen verleihen, dein Weib, Kind und Gesinde gottgefällig und christlich zu regieren und zu ernähren; er möchte *dir* Weisheit und Kraft geben, sie recht zu erziehen, und *ihnen* ein gutes Herz und den Willen, deiner Belehrung zu folgen und gehorsam zu sein. Denn beides ist *Gottes* Gabe: die Kinder *und* ihr Gedeihen, beides, daß sie wohl geraten *und* daß sie gut bleiben. Sonst wird ein Haus nichts anderes als ein Saustall, ja eine Schule der Büberei, wie man es bei den gottlosen, zuchtlosen Leuten sieht.

Das fünfte Gebot

Das fünfte Gebot: »*Du sollst nicht töten.*«

Hier lerne ich *erstens*, daß Gott von mir haben will, ich solle meinen Nächsten lieben. Ich soll ihm also kein Leid antun an seinem Leibe, weder mit Worten noch mit Werken; ich soll nicht durch Zorn, Ungeduld, Neid, Haß oder irgendeine Bosheit mich an ihm rächen oder ihm Schaden tun, sondern soll wissen, daß ich verpflichtet bin, ihm zu helfen und zu raten in allen seinen Leibesnöten. Denn er hat mir mit diesem Gebot befohlen, meines Nächsten Leib zu beschützen, und hat umgekehrt meinem Nächsten befohlen, meinen Leib zu beschützen; er hat, wie Sir 17, 12 sagt, jedem von uns seinen Nächsten anbefohlen.

Zweitens danke ich hier dieser unaussprechlichen Liebe, Fürsorge und Treue mir gegenüber, daß Gott eine so große, starke Schutzwache und Mauer um meinen Leib her gestellt hat. Alle Menschen sollen verpflichtet sein, mich unverletzt zu erhalten und mich zu behüten, und umgekehrt bin auch ich es allen Menschen gegenüber. Gott wacht auch darüber, und wo es nicht geschieht, hat er das Schwert bestimmt zur Bestrafung derjenigen, die es nicht tun (Röm 13, 4). Sonst, wenn dieses sein Gebot und Vermächtnis nicht da wäre, würde der Teufel ein solches Morden unter uns Menschen anrichten, daß keiner auch nur eine Stunde lang sicher leben könnte; so ist es denn auch der Fall, wenn Gott zornig wird und die ungehorsame und undankbare Welt straft.

Drittens beichte und klage ich hier über meine und der Welt böse Art. Denn wir sind nicht allein so greulich undankbar für diese seine väterliche Liebe und Fürsorge uns gegenüber, sondern, was doch ganz besonders schändlich ist, wir kennen dieses Gebot und Lehrstück nicht einmal, wollen es auch nicht kennenlernen, sondern verachten es, als ginge es uns nichts an oder als hätten wir nichts davon. Dabei gehen wir unbekümmert dahin und machen uns kein Gewissen daraus, daß wir in Übertretung dieses Gebotes unsern Nächsten so verachten, im Stich lassen, ja verfolgen und verletzen oder wohl auch in unserem Herzen töten, unsrem Zorn, Grimm und allem Bösen folgen, als täten wir recht und wohl daran. Fürwahr, hier ist's Zeit, über uns böse Buben und uns blinde, wilde, ungütige Leute zu klagen und zu schreien. Denn wie die grimmigen Tiere treten, stoßen, kratzen, reißen, beißen und fressen wir uns gegenseitig und fürchten dieses ernste Gebot Gottes in keiner Weise usw.

Viertens bitte ich, es wolle uns der liebe Vater dieses sein heiliges Gebot erkennen lehren und uns helfen, daß wir uns auch darnach verhalten und leben. Er behüte uns alle miteinander vor dem Mörder, der alles Mordens und Schadens Meister ist (Joh 8, 44), und gebe seine reiche Gnade, daß die Leute (und wir mit ihnen) freundlich, sanft und gütig gegeneinander werden, einander von Herzen vergeben und einer des andern Fehler und Gebrechen christlich und brüderlich trage, damit sie so in rechtem Frieden und Einigkeit leben, wie dieses Gebot es uns lehrt und von uns fordert.

Das sechste Gebot

Das sechste Gebot: »*Du sollst nicht ehebrechen.*«

Hier *lerne* ich abermals, was Gott mit mir vorhat und was er von mir haben will. Nämlich: Ich soll keusch und züchtig und mäßig leben, sowohl mit Gedanken als auch mit Worten und Werken, und soll jedem sein Weib, Tochter und Magd ungeschändet lassen; vielmehr soll ich sie helfen retten, schützen und alles tun, was zur Erhaltung ihrer Ehre und Zucht dient; auch soll ich die unnützen Mäuler stopfen helfen, die ihnen ihre Ehre abschneiden oder stehlen. Denn zu dem allem bin ich verpflichtet und Gott will es von mir haben. Nicht allein soll ich meines Nächsten Weib und die Seinen ungeschändet lassen, sondern ich soll auch dazu verpflichtet sein, zu helfen, daß Zucht und Ehre bei ihm erhalten und bewahrt werde; so wollte ich ja, daß mein Nächster mir gegenüber das tun sollte, indem er dieses Gebot an mir und den Meinen betätigt.

Zweitens danke ich dem treuen, lieben Vater für diese seine Gnade und Wohltat, daß er mit diesem Gebot meinen Mann, Sohn, Knecht, Weib, Tochter, Magd in seinen Schutz und Schirm nimmt und daß er es so eindringlich und streng verbietet, sie in Schande zu bringen. Denn er gibt mir sicheren Geleitsbrief, wacht auch darüber und läßt es nicht ungestraft (und wenn er's selber tun müßte!), falls jemand dieses Gebot und Geleite übertritt und bricht. Es entläuft ihm keiner; der Betreffende muß es entweder schon hier entgelten oder solche Lust zuletzt im höllischen Feuer stillen. Denn Gott will Keuschheit haben und will den Ehebruch nicht dulden; so sehen wir's denn täglich an allen unbußfertigen, lasterhaften Leuten, daß Gottes Zorn sie schließlich ergreift und mit Schande zugrundegehen läßt. Sonst wäre es nicht möglich, vor dem unsauberen Teufel sein Weib, Kind und Gesinde auch nur eine Stunde lang in Zucht und Ehren zu erhalten. Es würden lauter Hundehochzeiten[17] und ein viehisches Treiben daraus werden; so geht es dort, wo Gott im Zorn seine Hand abzieht und es drunter und drüber gehen läßt.

Drittens beichte und bekenne ich meine und aller Welt Sünde, wie ich mein Lebtage wider dies Gebot gesündigt habe mit Gedanken, Worten oder Werken. Nicht bloß bin ich für diese schöne Lehre und Gabe undankbar gewesen, sondern ich habe auch wohl gegen Gott gemurrt, weil er solche Zucht und Keuschheit geboten und nicht alle mögliche Unzucht und Büberei frei und ungestraft gelassen hat; ich habe den Ehestand verachtet, verspottet, für verdammt gehalten usw. Sind doch die Sünden, die gegen dieses Gebot gehen, vor allen andern die auffälligsten und am allerleichtesten zu bemerken; sie haben keinen Deckmantel und keine Beschönigung. Das ist mir leid usw.

Viertens bitte ich für mich und alle Welt, Gott wolle uns Gnade dazu geben, dieses sein Gebot mit Lust und Liebe zu halten, daß nicht allein wir selbst keusch leben, sondern auch andern dazu helfen und raten.

Ebenso fahre ich fort mit den weiteren Geboten, wenn ich Zeit und Weile dazu habe oder wenn es mich gelüstet. Denn wie ich schon gesagt habe, will ich nicht, daß jemand an diese meine Worte oder Gedanken gebunden wäre, sondern will nur mein eignes Bei-

---

17 Mit »Hundehochzeiten« bezeichnet Luther ungezähmte geschlechtliche Ausschweifungen.

spiel dargestellt haben. Dem mag folgen, wer da will, oder es besser machen, wer es kann; er mag alle Gebote auf einmal sich vornehmen oder so viele, als ihn gelüstet. Denn wenn die Seele auf etwas kommt (gleichviel, ob es böse oder gut ist), und es ist ihr ernst, so kann sie in einem Augenblick mehr denken, als die Zunge in zehn Stunden reden und die Feder in zehn Tagen schreiben kann. So etwas Bewegliches, Feines und Fähiges ist es um die Seele oder den Geist. Darum hat sie die zehn Gebote in allen vier Hinsichten[18] gar bald zu Ende gebracht, wenn sie es tun will und es ihr ernst ist.

Das siebte Gebot

Das siebte Gebot: »*Du sollst nicht stehlen.*«

Erstens lerne ich hier, ich solle meines Nächsten Güter nicht nehmen und wider seinen Willen im Besitze behalten, weder im geheimen noch offenkundig; ich soll nicht unzuverlässig und unehrlich sein beim Handeln, Dienen und Arbeiten, damit ich das Meine nicht in diebischer Weise gewinne; vielmehr soll ich mich im Schweiße meines Angesichtes nähren und mein eignes Brot essen in aller Redlichkeit. Ferner soll ich helfen, daß meinem Nächsten (so wenig wie mir selber) das Seine nicht durch obengenannte Mittel genommen werde. Ich lerne daraus auch, daß Gott durch dieses Gebot mir aus väterlicher Fürsorge und mit großem Ernst mein Gut sichert und einhegt, indem er gebietet, man solle mir nichts stehlen; und für den Fall, daß man sich nicht daran hält, hat er die Strafe darauf gesetzt und hat dem Henker den Galgen und den Strick anvertraut; oder, wenn der nicht kann, so straft er's doch selber, daß sie zuletzt Bettler werden müssen. In diesem Sinne sagt man ja: »Wer jung gern stiehlt, der geht im Alter betteln«; ferner: »Unrecht Gut gedeiht nicht«, und: »Übel gewonnen, böslich zerronnen.«

Zweitens danke ich seiner Treue und Güte, daß er mir und aller Welt eine so gute Lehre und damit auch Schutz und Schirm gegeben hat; denn wenn er nicht schützte, so bliebe keinem ein Heller noch ein Bissen Brot im Hause.

Drittens beichte ich alle meine Sünde und Undankbarkeit, wenn ich jemand ein Unrecht angetan und ihn verkürzt oder unehrlich behandelt habe mein Leben lang usw.

---

18 *Als Lehre, als Dank, als Beichte und als Bitte.*

Viertens bitte ich, Gott wolle Gnade verleihen, daß ich und alle Welt dieses sein Gebot doch lernen und bedenken möchten und sich auch davon bessern ließen, damit doch des Stehlens, Raubens, Wucherns, Veruntreuens und widerrechtlichen Handelns weniger werde und in Kürze damit völlig Schluß gemacht werde durch den Jüngsten Tag, auf den alles Beten aller Heiligen und Kreaturen (Röm 8, 19 ff) hindrängt. Amen.

Das achte Gebot

Das achte Gebot: »*Du sollst nicht falsch Zeugnis reden usw.*«.

Das lehrt uns *erstens*, untereinander wahrhaftig zu sein, Lügen und Verleumdungen aller Art zu meiden und gerne das Beste von andern zu reden und zu hören. Damit ist unsrem guten Ruf und unsrer Unbescholtenheit gegen böse Mäuler und falsche Zungen eine Mauer und ein Schutz gegeben; diese läßt freilich Gott auch nicht ungestraft, wie das auch bei den andern Geboten gesagt wurde.

Dafür sollen wir ihm [*zweitens*] danken, sowohl für die Lehre als für den Schutz, die er uns hiemit so gnädig gibt.

Und *drittens* sollen wir beichten und Gnade dafür begehren, daß wir unsere Lebenszeit so undankbar und sündlich zugebracht haben mit Lügen und falschen, bösen Mäulern wider unsern Nächsten; sind wir doch verpflichtet, all seine Ehre und Unbescholtenheit zu retten, wie wir es selber gerne hätten.

Viertens bitten wir um Hilfe, damit wir dieses Gebot fernerhin halten, und um eine heilwirkende Zunge usw.

Das neunte und zehnte Gebot

Das neunte und zehnte Gebot: »*Du sollst nicht begehren deines Nächsten Hauses, ferner seines Weibes* usw.«

Das lehrt uns *erstens*, daß wir unter keinem Rechtsvorwand unsres Nächsten Güter und was ihm gehört ihm abspenstig machen, entfremden oder abnötigen sollen; vielmehr sollen wir ihm helfen, daß er's behalten möge, wie wir selber gerne wollten, daß es uns geschehe. Das ist ebenfalls ein Schutz wider die Spitzfindigkeiten und schlauen Kniffe der weltgewandten Leute, die doch zuletzt auch ihre Strafe kriegen.

Zweitens sollen wir dafür danken,

Drittens unsre Sünde beichten mit Reue und Zerknirschung,

Viertens um Hilfe und Stärkung bitten, um rechtschaffen zu werden und dieses Gebot Gottes zu halten.

Schluß: Nochmalige Anweisung zum rechten Gebrauch des Ausgeführten.

Das sind die zehn Gebote in vierfacher Weise behandelt, nämlich als Lehrbüchlein, als Gesangbüchlein, als Beichtbüchlein und als Betbüchlein. Hieraus müßte doch ein Herz zu sich selber kommen und warm werden zum Gebet. Aber sieh zu, daß du es dir nicht alles oder zu viel davon vornimmst, damit der Geist nicht müde werde. Ferner [bedenke]: ein gutes Gebet soll nicht lang sein, auch nicht lange aufgeschoben werden[19], sondern es soll oft und hitzig sein. Es ist genug, wenn du es zu einem oder einem halben Stück bringen kannst; daran kannst du in deinem Herzen ein Feuerlein entzünden. Nun, das wird und muß der Geist geben und im Herzen weiter lehren, wenn dieses so mit Gottes Wort in Einklang gebracht und von fremden Geschäften und Gedanken entleert ist.

Vom Glaubensbekenntnis oder von der Heiligen Schrift ist hier nicht zu reden[20], denn das wäre eine endlose Sache. Wer geübt ist, kann hier wohl an einem Tag die zehn Gebote, am andern einen Psalm oder sonst ein Kapitel aus der Schrift als solches Feuerzeug nehmen und in seinem Herzen damit ein Feuer entzünden.

19 *Wenn man sich ein langes Gebet vornimmt, muß man das Beten aufschieben, bis man genügend Zeit hat. Luther dagegen rät, »oft und hitzig«, wenn auch kurz zu beten.*
20 *Eine spätere Ausgabe der vorliegenden Schrift (gleichfalls noch 1535 gedruckt) bringt statt der beiden kleinen Abschnitte, die jetzt den Schluß bilden, eine kurze Anleitung, um auch das Glaubensbekenntnis in obiger Weise als »vierfach gedrehtes Kränzlein« zur Gebetsgrundlage zu machen.*

Gebete aus dem Kleinen Katechismus 1529

Wie ein Hausvater sein Gesinde lehren soll, sich morgens und abends mit dem Kreuzeszeichen zu segnen

Der Morgensegen

Des Morgens, wenn du aus dem Bette fährst, sollst du dich mit dem heiligen Kreuz zeichnen[1] und sagen: »Das walte Gott, Vater, Sohn, Heiliger Geist. Amen«; darauf kniend oder stehend das Glaubensbekenntnis und das Vaterunser. Willst du, so kannst du außerdem das folgende Gebetlein sprechen:

»Ich danke dir, mein himmlischer Vater, durch Jesus Christus deinen lieben Sohn, daß du mich diese Nacht vor allem Schaden und Gefahr behütet hast, und bitte dich, du wollest mich diesen Tag auch behüten vor Sünden und allem Übel, daß dir all mein Tun und Leben gefalle. Denn ich befehle mich, meinen Leib und Seele und alles in deine Hände. Dein heiliger Engel sei mit mir, daß der böse Feind keine Macht an mir finde. Amen.«

Und alsdann mit Freuden an dein Werk gegangen, und vielleicht ein Lied dazu gesungen, etwa von den zehn Geboten[2] oder was deine Andacht dir sonst eingibt.

Der Abendsegen

Des Abends, wenn du zu Bette gehst, sollst du dich mit dem heiligen Kreuze zeichnen und sagen: »Das walte Gott Vater, Sohn, Heiliger Geist. Amen«; darauf kniend oder stehend das Glaubensbekenntnis und das Vaterunser. Willst du, so kannst du außerdem das folgende Gebetlein sprechen:

»Ich danke dir, mein himmlischer Vater, durch Jesus Christus deinen lieben Sohn, daß du mich diesen Tag gnädiglich behütet hast, und bitte dich, du wollest mir vergeben alle meine Sünden, wo ich

1 *Das Schlagen des Kreuzes mit der Hand ist alte christliche Sitte und wurde von Luther beibehalten; in der lutherischen Kirche ist es nicht überall Brauch geworden.*
2 *Lieder über die zehn Gebote gab es schon vor Luther in größerer Zahl; Luther selbst dichtete zwei (»Dies sind die heilgen zehn Gebot« und »Mensch, willst du leben seliglich«), die beide 1524 im Druck erschienen.*

Unrecht getan habe, und mich diese Nacht gnädiglich behüten. Denn ich befehle mich, meinen Leib und Seele und alles in deine Hände. Dein heiliger Engel sei mit mir, daß der böse Feind keine Macht an mir finde. Amen.«

Und alsdann flugs und fröhlich geschlafen.

Wie ein Hausvater sein Gesinde lehren soll, das Benedicite und das Gratias zu sprechen

Das Benedicite (Gebet vor Tische)[3]

Die Kinder und das Gesinde sollen mit gefalteten Händen und gesittet vor den Tisch treten und sprechen (Ps 145, 15 f):

»Aller Augen warten auf dich, Herr, und du gibst ihnen ihre Speise zu seiner Zeit; du tust deine Hand auf und sättigest alles, was lebet, mit Wohlgefallen.«

Anmerkung: »Wohlgefallen« heißt, daß alle Lebewesen so viel zu essen kriegen, daß sie fröhlich und guter Dinge darüber sind; denn Sorge und Geiz hindern ein solches »Wohlgefallen«.

Darnach das Vaterunser und das folgende Gebet:

»Herr Gott, himmlischer Vater, segne uns und diese deine Gaben, die wir von deiner milden Güte zu uns nehmen, durch Jesus Christus, unsern Herrn, Amen.«

Das Gratias (Gebet nach Tische)[4]

Ebenso sollen sie auch *nach* dem Essen in gleicher Weise gesittet und mit gefalteten Händen sprechen (Ps 136, 1. 25; 147, 9–11):

»Danket dem Herrn, denn er ist freundlich und seine Güte währet ewiglich; der allem Fleische Speise gibt, der dem Vieh sein Futter gibt, den jungen Raben, die ihn anrufen. Er hat nicht Lust an der Stärke des Rosses noch Gefallen an jemandes Beinen: der Herr hat Gefallen an denen, die ihn fürchten und die auf seine Güte warten.«

Darnach das Vaterunser und das folgende Gebet:

»Wir danken dir, Herr Gott Vater, durch Jesus Christus unsern Herrn für alle deine Wohltat, der du lebest und regierest in Ewigkeit. Amen.«

3 *Das »Benedicite« (d. h.: »Sprechet den Segen«) ist der Name für das einleitende Tischgebet, wie es sich von der klösterlichen Sitte aus auch in Haus und Schule verbreitet hatte.*

4 *Das Gratias (ergänze: agite) heißt »danksaget«.*

Nachbemerkung

Luther hat der Frage des Gebetes sehr viel Nachdenken gewidmet. Abgesehen davon hat er immer wieder seiner Kirche Schriften geschenkt, die von diesem Tiefsten und Zartesten sprechen. Die früheste war seine »Deutsche Auslegung des Vaterunsers für die einfältigen Laien«. In der Fastenzeit 1517 hatte Luther fortlaufend über das Vaterunser gepredigt, und einer seiner Schüler, Johann Schneider aus Eisleben, bekannt unter dem Namen Agricola, gab seine Predigten in deutscher Bearbeitung 1518 heraus. Die Schrift fand, da Luthers Name dahinterstand, weithin Beachtung; aber Luther selbst hatte offenbar, wie er in der kurzen Vorrede erklärt, den Eindruck, sie verleite durch ihre Fassung Gegner und Freunde zu irrigem Gebrauch. Darum fühlte er sich veranlaßt, eine eigene Bearbeitung herauszugeben, um sich deutlicher zu erklären; sie lag am 5. April 1519 gedruckt vor.

Im Vaterunser sieht Luther unsre MENSCHLICHE LAGE VOR GOTT auf den einzig zutreffenden und sachgemäßen Ausdruck gebracht. Zunächst wird hier deutlich, wer Gott ist. Er ist nicht bloß Herr oder Richter; er ist Vater seiner Kinder, Vater auch seiner sündigen und ihm Schande machenden Kinder. Als Vater hat und macht er Anspruch darauf, daß sein Vatername von seinen Kindern geehrt und heilig gehalten werde: als seine Kinder sollen wir unsre Zugehörigkeit zu ihm durch Wandel und Wesen beweisen und in allem ihm allein die Ehre geben. Er will allein seine Herrschaft über uns ausüben: sein Reich in Christus soll uns umfassen, daß keine Sünde mehr uns regiere. Damit beansprucht er die Wurzel unsres Wesens, unsern Willen; aller eigene Wille, der gute so sehr wie der böse, soll sich ihm unterordnen, damit allein sein Wille geschehe. So will Gott unsern alten Menschen töten, der ihm widerstrebt; dazu schenkt er ihm als »tägliches Brot« die Erkenntnis Christi; dazu vergibt er ihm seine Schulden; dazu erprobt er ihn in der Anfechtung; dazu straft er ihn durch das Übel. Mit allem will er nur eines; den glaubenden Gehorsam des Menschen.

In großem Abstand zu diesem Gott sieht nach Luther das Vaterunser den Menschen. Er ist nicht im Himmel, sondern auf Erden, in der Fremde. Wie er mit seiner Bitte um das Kommen von Gottes Reich eingesteht, ist er fern von Gottes Reich unter des Teufels Herrschaft, in böser Gefangenschaft; er tut von Natur seinen eigenen Willen. Und zwar widerstrebt er Gottes Willen nicht bloß, wenn er das Böse tut, sondern am allermeisten, wenn er sich fromm dünkt, auf seine gute Meinung baut, gute Vorsätze faßt und die andern an seiner eignen vermeintlichen Vollkommenheit mißt. Er begehrt seine eigene Seligkeit und irdische Wohlfahrt, meldet seine Ansprüche an und lehnt sich gegen Gottes Willen und Führung auf. Allenthalben verunehrt und verunheiligt er so Gottes Namen: er läßt es an der göttlichen Güte, Wahrheit und Gerechtigkeit in seinem Leben fehlen, die ihn als Kind seines himmlischen Vaters ausweisen müßte, und andrerseits verlangt er Anerkennung für sein eignes Frommsein: er vermißt sich, andre zu richten, verweigert ihnen die Vergebung, trägt ihre Sünde herum und stiehlt damit Gott seine Ehre, greift in sein Amt und mißbraucht seine Gnade eigensüchtig. So muß er sich im Vaterunser als großen Schuldner Gottes bekennen, der ganz auf Gottes Vergebung angewiesen ist; er muß sein Leben bezeichnen als stetes Angefochtenwerden von der finstern Macht des Bösen; er muß es abschließend ein Übel nennen.

Diesem Sachgehalt des Vaterunsers entspricht die FORDERUNG AN DEN BETER, daß all sein Beten im Geist dieses Herrngebets zu geschehen habe, wenn anders es recht geschehen wolle. Aus des Menschen Sünderschaft vor Gott ergibt sich, daß ihm nur eines übrig bleibt: zu bitten. Er bittet im Vaterunser Gott darum, daß er sein Werk durchführe in vollem Umfange. Erstens sein richtendes Werk: die Tötung des alten Adam, die Brechung des Eigenwillens, die Zerstörung der Teufelsherrschaft. Der Mensch betet, sagt Luther, im Vaterunser um das Kreuz; er will, daß Gott alles benütze, um seine Selbstsicherheit zu zerschlagen, um ihn loszulösen vom Hängen an der eignen Ehre, am eignen Wesen, am eignen äußeren und inneren Besitz. Damit bejaht er alle die Widerwärtigkeiten, mit denen Gott dieses Werk durchführt: die leiblichen Übel, die Anstöße durch andre Menschen, die innerlichen Anfechtungen.

Aber dieses richtende Werk Gottes ist nicht Selbstzweck; Gott tötet, um lebendig zu machen. So bittet der Mensch im Vaterunser zweitens, Gott möchte seinen guten, göttlichen Willen durchführen. So geht es um die Heiligung von Gottes Namen, um das Kommen seines Reiches, um Gehorsam gegen seinen Willen, um Vergebung der Schuld, um Stärkung zur Überwindung der Anfechtung, um Erlösung aus dem Übel. Mit all dem bittet der Christ um nichts anderes als um das Kommen von Christi Wort zu ihm, also um rechte Prediger einerseits, die das Wort recht austeilen, um rechten Glauben und Erkenntnis Christi andrerseits, um den Kampf des Glaubens auf Gottes Seite zu kämpfen gegen Fleisch, Welt und Teufel. (Beides, die Bitte ums Wort und die um den Glauben, sieht Luther unter der Bitte ums tägliche Brot zusammengefaßt. Er sieht wohl unsre Sorge um das irdische Brot; aber sie erscheint ihm hier gering gegenüber der Erhaltung des Lebens im Kampf mit der feindlichen Macht des Teufels. Später hat er die »allegorische« Deutung der vierten Bitte aufgegeben.)

In das eigene Gebetsleben Luthers gibt den wertvollsten Einblick eine viel später verfaßte andre Schrift: »Eine einfältige Weise zu beten, für einen guten Freund.« Es ist eine Gelegenheitsschrift, wahrscheinlich veranlaßt durch eine Bitte des Mannes, dem sie gewidmet ist: des Meisters Peter Beskendorfer, Luthers Barbier. 1535 erschien das köstliche Werkchen im Buchhandel und erlebte eine überaus große und rasche Verbreitung.

Die anhangsweise beigefügten Gebetsstücke aus dem Kleinen Katechismus geben einen Einblick, wie Luther den ganzen Tageslauf auch in der häuslichen Sitte vom Gebet durchzogen wissen wollte. Es zeigt sich hier, wie Luther die am Vaterunser gewonnenen Einsichten in die Praxis umzusetzen vermag. Das Beten war in der damaligen Kirche zu einem verdienstlichen Werk geworden. Luther gibt ihm die Art eines freien HERZENSGESPRÄCHES zurück. Dabei hat das Herz sich nicht selbst zu beobachten und sich in seiner Andacht zu bewundern; das entspräche nicht dem Ernst dieses Geschehens. Darum muß der Beter wach sein und wissen, was er mit Gott handeln will. Er muß aber auch dessen gewiß sein, daß Gott ihn höre; er braucht ein glaubendes, kindlich zuversichtliches, freudiges Herz. Nicht um das Nachplappern vorgeschriebener oder auswendig gelernter Worte kann es sich handeln; auch mit seiner eignen Gebetsanweisung gibt Luther nicht eine verbindliche Regel, sondern nur ein Beispiel, und er verwahrt sich dagegen, daß man aus seinem Wort ein Gesetz mache. Nicht auf die Wörter kommt es an, sondern auf den Glauben des Herzens, das sich vor Gott weiß. Luther sieht sich darum als Hörenden, als Dankenden, als Beichtenden und als Bittenden; dieses »vierfach gedrehte Kränzlein« umfaßt die ganze Vielfalt des Gebets.

In diesem Gespräch des Menschen mit Gott ist nicht der Mensch, sondern sein Herr und Schöpfer und Erlöser der Anfangende. Das kommt in Luthers Anweisung darin zum Ausdruck, daß er rät, das Gebet mit einer gründlichen Versenkung in die wichtigsten Stücke des göttlichen Wortes zu beginnen. Das zum Beten unlustige Herz kann dadurch am geschicktesten zum Beten warm werden, daß es sich an diesem Worte Gottes entzündet wie an einem Feuerzeug. Indem es das Wort der Verheißung und des Gebotes hört, wird es geschickt zur eigenen Antwort. Weil in Gottes Wort der Ursprung des christlichen Betens ist, kommt der christliche Beter auch los vom Hängen am eignen Ich: er betet mitten in der großen Schar der Christenheit und macht Gottes großes Anliegen mit uns und die gemeinsamen Anliegen der Kirche zum Gegenstand seines Lernens, Dankens, Beichtens und Bittens; er betet in der rechten Ordnung der Anliegen, durch welche sie ihre richtige Bewertung und Ausrichtung erfahren; er betet mit einem Worte erhörlich, Gott wohlgefällig und vermag das Amen im Glauben zu sprechen.

Eins wird klar: Zum Beten braucht es Zeit. Luther überläßt zwar nüchtern jedem, wann er aufhören will; auch wirkt er durch seine Katechismusgebete mit an der Schaffung einer festen, gehaltvollen Gebetssitte. Aber der Heilige Geist soll beim Beten Raum bekommen zu seinem Wirken in uns. Die Meinung Luthers ist, daß wir unser Beten füllen sollen mit dem ganz persönlichen Ausdruck unserer Lage; darum liegt es nicht am langen Beten, aber am eifrigen, ernsthaften Beten. Das aber ist etwas, »das wird und muß der Geist geben und im Herzen weiter lehren«.

Sermon von den guten Werken
1520

Was gute Werke sind: Nur die von Gott selbst gebotenen sind gut.

Erstens muß man wissen, daß es keine guten Werke gibt als allein diejenigen, die Gott geboten hat, wie auch nichts Sünde ist als allein das, was Gott verboten hat. Wer daher gute Werke wissen und tun will, der braucht nichts anderes als Gottes Gebote zu wissen. In diesem Sinne spricht Christus (Matth 19, 17): »Willst du selig werden, so halte die Gebote!« Und wie der Jüngling fragt (Matth 19, 18 f), was er tun solle, daß er selig werde, hielt ihm Christus nichts anderes vor als die zehn Gebote. Demnach müssen wir die unterscheidenden Merkmale der guten Werke aus den Geboten Gottes[1] lernen und nicht aus dem Eindruck, der Größe oder Menge der Werke als solcher; auch nicht aus dem, was den Menschen oder menschlichen Satzungen oder Gepflogenheiten gutdünkt, wie das — wir sehen's — infolge unserer Blindheit geschehen ist und noch immer geschieht unter großer Verachtung der göttlichen Gebote.

Vom ersten guten Werk

[Ich bin der Herr, dein Gott; du sollst keine andern Götter neben mir haben]

Vom Glauben als dem Grundwerk des Christen.

1 Der Glaube an Christus ist das Werk, das alle anderen erst gut macht.

Zweitens. Das erste und höchste, alleredelste gute Werk ist der Glaube an Christus, wie er es Joh 6, 28 f sagt. Als die Juden ihn fragten: »Was sollen wir tun, daß wir gute, göttliche Werke tun?« antwortete er: »Das ist das göttliche, gute Werk, daß ihr an den glaubet, den er gesandt hat.« Freilich, wenn wir das hören oder darüber predigen, so gehen wir leicht darüber weg und halten es für eine ganz geringfügige Sache, die leicht zu tun ist; und doch soll-

---

1 *In der Fassung der Gebote schließt sich Luther an die damals in der Kirche übliche Zählung an, um verwirrende Änderungen zu vermeiden. Was in der Bibel (2 Mose 20, 4) zweites Gebot ist, läßt er also, wie es bisher Brauch war, weg und zerlegt dafür das letzte Gebot (2 Mose 20, 17) in zwei.*

ten wir lange dabei stehen bleiben und darüber wohl nachdenken. Denn in diesem Werke (dem Glauben) müssen alle Werke vor sich gehen und es wie ein Lehen von ihm empfangen, daß gutes Wesen in sie einströmt. Das müssen wir deutlich ausführen, damit sie es begreifen können.

2 Alle frommen Werke, die ohne diesen Glauben geschehen, sind tot.

Wir finden viele Leute, die beten, fasten, Stiftungen machen, dies und das tun, die also vor den Menschen ein gutes Leben führen. Wenn du sie aber fragst, ob sie auch gewiß seien, daß es Gott wohlgefalle, was sie so tun, so sagen sie nein; sie wissen's nicht oder zweifeln daran. Obendrein gibt es auch noch einige unter den großen Gelehrten, die sie verführen, indem sie sagen, es sei nicht nötig, dessen gewiß zu sein; und dabei tun sie doch sonst nichts anderes als gute Werke zu lehren. Sieh her, all diese Werke gehen ohne den Glauben vor sich; darum sind sie nichts und ganz tot. Denn so wie ihr Gewissen Gott gegenüber im Glauben steht, so sind auch die Werke, die daraus hervorgehen. Nun ist da kein Glaube, kein gutes Gewissen Gott gegenüber; darum ist den Werken der Kopf ab, und all ihr Leben und Gutsein ist nichts. Daher kommt's, daß sie mich beschuldigen, ich verbiete gute Werke, wenn ich den Glauben so sehr betone und solche glaubenslosen Werke verwerfe; und doch wollte ich gerne wahrhaft gute Werke des Glaubens lehren.

3 Auch alle alltäglichen Werke bedürfen gleichfalls dieses Glaubens.

Drittens. Fragst du sie weiter, ob sie das auch für ein gutes Werk halten, wenn sie in ihrem Handwerk arbeiten, gehen, stehen, essen, trinken, schlafen und allerlei Werke zu des Leibes Nahrung oder zum allgemeinen Nutzen tun, und ob sie glauben, daß Gott dabei ein Wohlgefallen an ihnen habe, so wirst du finden, daß sie nein sagen. Sie fassen die guten Werke so eng, daß sie nur auf die Kirche, auf Beten, Fasten und Almosengeben begrenzt bleiben. Die andern Werke halten sie für vergeblich; daran soll Gott nichts gelegen sein. So verkürzen und verringern sie durch den verdammten Unglauben Gott die ihm zukommenden Dienste, obwohl ihm doch alles dient, was im Glauben geschehen, geredet und gedacht werden kann. So lehrt der Prediger (9, 7 ff): »Gehe fröhlich hin, iß und trink und wisse, daß deine Werke Gott wohlgefallen. Laß allzeit dein Kleid

weiß sein und das Öl laß deinem Haupte nimmer fehlen. Genieße
dein Leben mit deinem Weibe, das du lieb hast, an allen Tagen dieser unsteten Zeit, die dir gegeben sind.« ›Das Kleid laß allzeit weiß
sein‹, das bedeutet:[2] Alle unsere Werke sollen gut sein, wie sie auch
heißen mögen, ohne allen Unterschied. Sie sind aber dann ›weiß‹,
wenn ich gewiß bin und glaube, daß sie Gott gefallen. So fehlt mir
das ›Öl‹ des fröhlichen Gewissens nimmermehr auf dem ›Haupt‹
meiner Seele. Ebenso sagt Christus (Joh 8, 29): »Ich tue allezeit, was
ihm wohlgefällt.« Wie tat er das ›allezeit‹, wo er doch aß und trank
und schlief zu seiner Zeit? Und S. Johannes sagt (1. Joh 3, 19 ff):[3]
»Daran können wir erkennen, daß wir in der Wahrheit stehen, wenn
wir unser Herz vor seinen Augen getrost und vertrauensvoll machen
können. Und wenn unser Herz uns tadelt oder weh tut, so ist Gott
größer als unser Herz, und wir haben die Zuversicht, daß wir empfangen werden, was wir bitten. Denn wir halten seine Gebote und
tun, was ihm wohlgefällt.« Ferner (1. Joh 3, 9): »Wer aus Gott geboren ist (d. h. wer glaubt und Gott vertraut), der sündigt nicht und
kann nicht sündigen.« Weiter Ps 34, 23: »Es wird keiner von denen
sündigen, die ihm vertrauen«; ja in Ps 2, 12 heißt es sogar: »Selig
sind, die auf ihn vertrauen.« Ist das wahr, so muß alles gut sein, was
sie tun, oder wenigstens das, was sie Übles tun, alsbald vergeben
sein. Sieh hieran abermals, warum ich den Glauben so hoch erhebe,
alle Werke in ihn hineinziehe und alle Werke verwerfe, die nicht aus
ihm fließen.

4 Dieser Glaube kennzeichnet den Christen und ist sein Hauptwerk.

Viertens. Hieran kann es nun jeder selber merken und fühlen,
wann er Gutes und wann er nicht Gutes tut. Findet er nämlich sein
Herz in der Zuversicht, daß es Gott gefalle, so ist das Werk gut,
wenn es auch so geringfügig wäre wie das Aufheben eines Strohhalms. Ist diese Zuversicht nicht da oder zweifelt er daran, so ist

2 *Die folgende Deutung ist ein Beispiel allegorischer Auslegung, welche
hinter dem buchstäblichen Sinn noch einen tieferen, verborgenen Gehalt
sucht. Luther hat von dieser im Mittelalter vielgeübten Kunst immer nur
bedachtsam Gebrauch gemacht und ist schließlich fast ganz davon abgekom-
men.*
3 *Luther zitiert, wie immer, so auch hier seine lateinische Bibel in freier
Übersetzung aus dem Gedächtnis; daraus erklären sich die Ungenauigkeiten.*

das Werk nicht gut, selbst wenn es alle Toten auferweckte und der Mensch sich verbrennen ließe. Das lehrt S. Paulus (Röm 14, 23): »Alles, was nicht aus dem Glauben oder im Glauben geschieht, das ist Sünde.« Vom Glauben und sonst von keinem Werk haben wir den Namen, daß wir Christgläubige heißen, da er das Hauptwerk ist. Alle andern Werke kann nämlich ein Heide, Jude, Türke oder Sünder auch tun; aber fest darauf vertrauen, daß er Gott wohlgefalle, – das ist nur einem Christen möglich, der durch Gnade erleuchtet und fest geworden ist.

5 Der Glaube ist weder eine Tugend neben anderen noch ein Seelen-zustand.

Daß man aber davon selten reden hört und einige mich deswegen einen Ketzer schelten, das kommt daher: sie haben, der blinden Vernunft und heidnischer Wissenschaft folgend, den Glauben nicht über, sondern neben die andern ›Tugenden‹ gesetzt und ihm ein eigenes Werk zugeschrieben, abgesondert von allen Werken der andern ›Tugenden‹.[4] In Wirklichkeit ist es doch er allein, der alle andern Werke gut, wohlgefällig und wertvoll macht, dadurch, daß er Gott vertraut und nicht daran zweifelt, es sei vor ihm alles wohl getan, was der Mensch tut. Ja, sie haben den Glauben kein Werk bleiben lassen, sondern einen habitus[5] (wie sie es heißen) aus ihm gemacht, während doch die ganze Heilige Schrift den Namen eines göttlichen guten Werkes nichts anderem gibt als einzig dem Glauben. Darum ist es kein Wunder, daß sie blind und Blindenleiter geworden sind (Matth 15, 14). Und dieser Glaube bringt alsbald die Liebe, den Frieden, die Freude und die Hoffnung mit sich; denn wer Gott vertraut, dem gibt er alsbald seinen heiligen Geist. So sagt ja S. Paulus

---

4 *Nach der katholischen Anschauung ist der Glaube eine der drei theologischen Tugenden (Liebe, Glaube, Hoffnung), welche neben den vier sittlichen Tugenden (Klugheit, Gerechtigkeit, Mäßigkeit, Starkmut) stehen; die Tugenden aber sind die Voraussetzungen, welche den Menschen erst zum Erwerb von Verdiensten befähigen. Luther dagegen weiß, daß nur Glauben Werke zu schaffen vermag.*

5 *Habitus heißt »Zustand«, man dachte sich die »Tugend« des Glaubens als eine in den Menschen eingegossene Beschaffenheit. Für Luther dagegen war der Glaube keine Qualität, kein Besitz, sondern ein »Werk«, freilich von besonderer Art: ein lebendiges Empfangen von Gottes Verheißung und ein daraus hervorgehendes Bringen von Früchten der Gerechtigkeit.*

zu den Galatern (Gal 3, 2): »Ihr habt den Geist empfangen nicht auf Grund eurer guten Werke, sondern weil ihr dem Worte Gottes geglaubt habt.«

Von der Auswirkung des Glaubens im Leben.

1 Wie der Glaube sich in allem Handeln und Wirken bewährt.

Fünftens. In diesem Glauben werden alle Werke gleich, so daß eins wie das andere ist; aller Unterschied unter den Werken fällt dahin, sie mögen groß oder klein, kurz oder lang, viel oder wenig sein. Denn die Werke sind nicht als solche um ihrer selbst willen, sondern um des Glaubens willen wohlgefällig; dieser aber ist, wirkt und lebt als ein und derselbe und ohne Unterschied in allen und jeglichen Werken, so viel und unterschiedlich sie immer sein mögen, gerade wie alle Gliedmaßen vom Haupt her ihr Leben, Wirken und den Namen haben und ohne das Haupt kein Glied leben, wirken oder den Namen haben kann.

Daraus folgt dann weiter: wenn ein Christenmensch in diesem Glauben lebt, braucht er niemand, der ihn gute Werke lehren müßte, sondern, was an ihn kommt, das tut er und alles ist wohlgetan. So sagt S. Samuel zu Saul (1 Sam 10, 6 ff): »Du wirst ein anderer Mensch werden, wenn der Geist in dich kommt; dann tue, was an dich kommt; Gott ist bei dir.« Ebenso lesen wir (1 Sam 1, 17 ff) auch von S. Hannah, Samuels Mutter; als sie dem Priester Eli Glauben schenkte, der ihr Gottes Gnade zusagte, ist sie fröhlich und zufrieden heimgegangen und hat sich hinfort nicht mehr an das oder jenes gekehrt, d. h. es ist für sie alles dasselbe und alles gleich wichtig geworden, was an sie gekommen ist. Auch S. Paulus sagt (Röm 8, 2): »Wo der Geist Christi ist, da ist alles frei.« Denn der Glaube läßt sich an kein einzelnes Werk binden, ebenso läßt er sich auch keines nehmen, sondern er gibt, wie Ps 1, 3 sagt, seine Früchte, wenn's Zeit ist, d. h. wie's kommt und geht.

2 Wie der Glaube in froher Zuversicht alles Gott zuliebe tut.

Sechstens. Das können wir an einem handgreiflichen Beispiel aus dem leiblichen Leben sehen: Wenn ein Mann (oder ein Weib) beim andern Liebe und Wohlgefallen zuversichtlich voraussetzt und das fest glaubt, wer lehrt ihn dann, wie er sich anstellen soll, was er tun, lassen, sagen, verschweigen, bedenken soll? Einzig das Zutrauen zum andern lehrt ihn das alles, und das mehr als nötig ist. Da gibt es für ihn keinen Unterschied unter den Werken; er tut das Große, Lange, Viele ebenso gerne als das Kleine, Kurze, Wenige, und umgekehrt; und dazu tut er es mit fröhlichem, zufriedenem, sorglosem Herzen und ist dabei ein ganz unbefangener Geselle. Wenn aber ein Zweifel da ist, dann sucht man, was am besten sei: da fängt man an, sich einen Unterschied unter den Werken auszumalen, um damit Huld erwerben zu können, und geht dennoch mit schwerem Herzen und großer Unlust daran; man ist geradezu befangen, mehr als halb verzweifelt, und wird oft zum Narren darüber. Ebenso ist's bei einem Christenmenschen. Wenn er in solcher Zuversicht zu Gott lebt, weiß er alles, vermag alles, wagt sich an alles, was auch zu tun ist, und tut alles fröhlich und frei, nicht um viel gute Verdienste und Werke zu sammeln, sondern weil es ihm eine Lust ist, Gott in solcher Weise wohlzugefallen; er dient Gott rein umsonst und läßt sich daran genügen, daß es Gott gefällt. Umgekehrt, wenn einer mit Gott nicht eins ist oder es ist ihm zweifelhaft, so fängt er an zu suchen und zu sorgen, wie er doch genug tun und durch viele Werke Gott bewegen wolle. Er läuft nach S. Jakob, nach Rom oder Jerusalem,[6] hierhin und dahin, betet S. Brigittas[7] Gebet, dies und das, fastet den und jenen Tag, beichtet hier, beichtet da, fragt diesen und jenen, und findet doch nicht Ruhe. Und das alles tut er unter großer Beschwer, Verzweiflung und Unlust seines Herzens; daher nennt auch die Heilige Schrift (Ps 90, 10) solche ›guten Werke‹ auf Hebräisch aven und amal, auf Deutsch ›Mühe und Arbeit‹. Obendrein sind es nicht einmal gute Werke, und alle vergeblich. Es sind schon viele Leute darüber wahnsinnig geworden und vor Angst in allen Jammer gekommen. Von denen steht Weish 5, 6 f: »Wir sind müde geworden auf dem unrechten Wege und sind schwere, saure Wege gewandelt; aber Gottes Weg haben wir nicht erkannt, und die Sonne der Gerechtigkeit ist uns nicht aufgegangen.«

6 S. Jago di Compostella ist ein berühmter spanischer »Gnadenort« im Nordwesten Spaniens; er war im Mittelalter wie Rom und Jerusalem das Ziel unzähliger Wallfahrten.

7 Von Brigitta (oder Birgitta), einer heiliggesprochenen schwedischen Mystikerin (1303–1373), stammen Gebete, die in der mittelalterlichen Andacht eine große Rolle spielten; z. B. das sog. »Fünfzehngebet«.

Siebtens. In diesen Werken ist der Glaube noch gering und schwach. Laß uns weiter fragen: Wenn es ihnen übel geht an Leib, Gut, Ehre, Freunden oder was sie sonst haben, glauben sie auch dann, daß sie Gott noch wohlgefallen und daß er ihre Leiden und Widerwärtigkeiten, sie seien klein oder groß, in gnädiger Gesinnung über sie verhänge? Hier ist es eine Kunst, zu Gott auch dann eine gute Zuversicht zu haben, wenn er sich nach allem, was wir wahrnehmen und verstehen, zornig stellt, und ihm Besseres zuzutrauen, als man es empfindet. Hier ist er verborgen, wie die Braut im Hohen Lied (2, 9) sagt: »Siehe, er steht hinter der Wand und sieht durch die Fenster.« Das heißt so viel als:[8] Unter den Leiden, die uns gleichsam wie eine Wand, ja wie eine Mauer von ihm scheiden wollen, steht er verborgen da und sieht doch auf mich und verläßt mich nicht. Denn er steht wirklich da und ist bereit, in Gnaden zu helfen, und durch die Fenster des dunkeln Glaubens läßt er sich sehen. Und (wie es in den Klageliedern Jeremias [3, 31 f] heißt) »er verwirft die Menschen; aber er tut es nicht, weil er's im Herzen so meinte«.

Diesen Glauben kennen sie gar nicht, und so geben sie sich auf; sie denken, Gott habe sie verlassen und sei ihnen feind. Ja, sie schreiben dieses ihr Übel den Menschen und Teufeln zu, und so ist gar keine Zuversicht zu Gott da. Darum ist ihr Leiden ihnen auch allezeit anstößig und schädlich, und doch gehen sie hin und tun einige Werke, die nach ihrer Meinung gut sind, ohne von diesem ihrem Unglauben überhaupt etwas wahrzunehmen. Anders dagegen bei denjenigen, die in solchem Leiden Gott vertrauen und die feste, gute Zuversicht zu ihm behalten, daß er ein Wohlgefallen an ihnen habe: für sie sind die Leiden und Widerwärtigkeiten lauter köstliche Verdienste und die edelsten Güter, die niemand genug zu schätzen vermag. Denn der Glaube und die Zuversicht machen das alles köstlich vor Gott, was den andern das Allerschädlichste ist, so daß sogar vom Tod geschrieben steht (Ps 116, 15): »Der Tod der Heiligen ist köstlich geachtet vor Gottes Augen.« Und ebensoviel als die Zuversicht und der Glaube auf dieser Stufe besser, höher und stärker ist gegen-

---

8 *Das Hohelied Salomos erfuhr in der Kirche in besonderer Weise eine allegorische Auslegung. Vgl. auch S. 114, Anmerkung 2.*

über der ersten Stufe,[9] ebensoviel übertreffen die Leiden in diesem Glauben alle Werke im Glauben; und so ist zwischen solchen Werken und solchen Leiden ein unermeßlicher Unterschied in der Vervollkommnung.

4 Wie der Glaube sich auch gegen die Schrecken des Gewissens behauptet.

Achtens. Über das alles hinaus ist's die höchste Stufe des Glaubens, wenn Gott nicht mit zeitlichem Leiden, sondern mit dem Tode, mit Hölle und Sünde das Gewissen straft und gleichsam seine Gnade und Barmherzigkeit aufkündigt, als wollte er auf ewig verdammen und zürnen. Das erfahren freilich nur wenige Menschen. In diesem Sinne klagt David Ps 6, 1: »Herr, strafe mich nicht in deinem Grimm.« Hier zu glauben, daß Gott ein gnädiges Wohlgefallen an uns habe, ist das höchste Werk, das von und in einem Geschöpf geschehen kann. Davon wissen die gar nichts, die so eifrig heilige Werke und gute Taten verrichten. Denn wie wollten sie hierin Gott Gutes und Gnade zutrauen, wo sie doch schon bei ihren Werken keine Gewißheit haben und also schon auf der niedersten Stufe des Glaubens zweifeln?

5 Wie der Glaube somit allein die Werke des Menschen gut macht.

Siehe, so habe ich's gemeint, wenn ich allezeit den Glauben gepriesen und alle Werke, die ohne solchen Glauben geschehen, verworfen habe, um dadurch die Menschen von den falschen, nur äußerlich glänzenden, pharisäischen, glaubenslosen »guten Werken«, von denen jetzt alle Klöster, Kirchen, Häuser, niederen und höheren Stände übervoll sind, zu den rechten, wahrhaftigen, grundguten, gläubigen Werken zu führen. Darin setzt mir niemand Widerstand entgegen als jene »unreinen Tiere«, deren Füße, wie das im Gesetz Moses (3 Mose 11, 4)[10] angedeutet ist, nicht gespalten sind. Sie wollen gar keinen Unterschied unter den guten Werken ertragen, sondern tappen

---

9 *Die erste Stufe nennt Luther die Bewährung des Glaubens im tätigen Wirken (Abschnitt 5 und 6); die zweite Stufe ist seine Bewährung im Leiden (Abschnitt 7); die dritte und höchste Stufe ist seine Bewährung in der Anfechtung durch Sünde, Tod und Teufel (Abschnitt 8).*

10 *Eine allegorische Auslegung der Unterscheidung, die das mosaische Gesetz zwischen reinen und unreinen Tieren macht.*

plump daher: wenn es nur gebetet, gefastet, gestiftet, gebeichtet und genuggetan ist, soll es alles gut sein, auch wenn sie dabei keinen Glauben an Gottes Gnade und Wohlgefallen gehabt haben. Ja, am meisten halten sie ihre Werke dann für gut, wenn sie von ihnen nur recht viele, große und langwierige getan haben, abgesehen von aller solchen Zuversicht; und zwar wollen sie überhaupt erst dann Gutes von Gott erwarten, wenn die Werke getan sind. So bauen sie ihre Zuversicht nicht auf Gottes Wohlgefallen, sondern auf die Werke, die sie getan haben, d. h. auf Sand und Wasser; und deshalb müssen sie zuletzt einen schrecklichen Fall tun, wie Christus Matth. 7, 26 f sagt. Gottes ›guten Willen‹ und ›Wohlgefallen‹, worauf unsere Zuversicht steht, haben die Engel vom Himmel verkündigt, als sie in der Christnacht sangen (Luk 2, 14): »Gloria in excelsis deo« (»Ehre sei Gott in der Höhe, Friede der Erde, gnädiges Wohlgefallen den Menschen«).[11]

Vom inneren Wesen des Glaubens.

1 Der Glaube heißt uns, das ganze Vertrauen auf Gottes Güte setzen.

Neuntens. Sieh, das ist das Werk des ersten Gebots, worin geboten ist: »Du sollst keine andern Götter haben.« Das heißt soviel als: »Weil ich allein Gott bin, sollst du auf mich allein deine ganze Zuversicht, Vertrauen und Glauben setzen und sonst auf niemand.« Denn das heißt nicht ›einen Gott haben‹, wenn du äußerlich mit dem Munde Gott nennst oder auf den Knien und mit äußeren Gebärden ihn anbetest, sondern wenn du ihm von Herzen vertraust und alles Gute, Gnade und Wohlgefallen von ihm erwartest, sei's in Werken oder Leiden, im Leben oder Sterben, in Lieb oder Leid. So sagte der Herr Christus Joh 4, 24 zu dem heidnischen Weiblein: »Ich sage dir, wer Gott anbeten will, der muß ihn im Geist und in der Wahrheit anbeten.« Und dieser Glaube, dieses Vertrauen, diese aus Herzensgrund kommende Zuversicht ist die wahrhaftige Erfüllung

---

11 Der Engelsgruß, der wörtlich lautet: »Ehre sei Gott in der Höhe, und auf Erden Friede unter den Menschen des Wohlgefallens« (oder, nach der lateinischen Übersetzung: »unter den Menschen des guten Willens«), wurde von Luther mit Recht dahin verstanden, daß es sich um Gottes gnädiges »Wohlgefallen« bzw. um Gottes »guten Willen« handle, der den Menschen in Christus zuteil werde.

dieses ersten Gebotes; außerdem gibt es sonst kein Werk, das diesem Gebot genugtun könnte. Und wie dieses Gebot das allererste, höchste und beste ist, da die andern Gebote alle aus ihm fließen, in ihm vonstatten gehen, und nach ihm beurteilt und gemessen werden, so ist auch sein Werk, (nämlich der Glaube oder die Zuversicht zu Gottes Huld zu aller Zeit) das allererste, höchste und beste, aus dem alle andern fließen, vonstatten gehen, Bestand haben, beurteilt und gemessen werden müssen. Andere Werke sind ihm gegenüber ebensoviel wert wie die andern Gebote, wenn diese ohne das erste wären und es also keinen Gott gäbe. Darum sagt S. Augustin[12] richtig, die Werke des ersten Gebotes seien Glauben, Hoffen und Lieben. Nun ist schon oben gesagt worden, solche Zuversicht und Glaube bringe Liebe und Hoffnung mit sich; ja, wenn wir's recht ansehen, so ist die Liebe das erste, oder wenigstens zugleich mit dem Glauben da.[13] Denn ich könnte Gott nicht vertrauen, wenn ich nicht dächte, er wolle mir günstig und freundlich gesinnt sein; dadurch werde ich meinerseits ihm freundlich gesinnt und dazu bewogen, ihm herzlich zu vertrauen und alles Gute von ihm zu erwarten.

2 Auf Werke oder auf sich selbst vertrauen heißt Abgötterei treiben.

Zehntens. Nun siehst du selbst: Alle, die nicht allezeit auf Gott vertrauen und die nicht in allen ihren Werken oder Leiden, im Leben oder Sterben auf seine Gunst, Huld und Wohlgefallen rechnen, sondern dies bei andern Dingen oder bei sich selbst suchen, – alle die halten dieses Gebot nicht und treiben wahrhaftig Abgötterei, selbst wenn sie sogar die Werke aller andern Gebote täten und dazu noch Gebet, Fasten, Gehorsam, Geduld, Keuschheit und Unschuld von allen Heiligen zusammen hätten. Denn das Hauptwerk ist nicht da; ohne das sind die andern alle nichts als lauter äußeres Glänzen, Scheinen, Schminken, hinter dem nichts ist. Davor warnt uns Christus (Matth 7, 15): »Hütet euch vor den falschen Propheten, die in

---

12 *Augustin, der von der römischen Kirche heiliggesprochene und auch von Luther hochgeschätzte Bischof von Hippo (Nordafrika) und Kirchenlehrer, übte einen maßgebenden Einfluß auf die abendländische Theologie aus. Er lebte von 354 bis 430.*
13 *Nach der Lehre der katholischen Theologen ist die Liebe die erste und zentrale Tugend; Luther dagegen bindet sie unauflöslich an das Vorhandensein des Glaubens.*

Schafskleidern zu euch kommen.« Damit sind alle die gemeint, **die** durch viel gute Werke (wie sie das nennen) sich Gott wohlgefällig machen wollen. Sie kaufen Gott seine Huld gleichsam ab, als wäre er ein Krämer oder Taglöhner, der seine Gnade und Huld nicht umsonst geben wollte. Das sind die verkehrtesten Menschen auf Erden; sie lassen sich nur schwer oder überhaupt nicht mehr auf den rechten Weg bekehren. Ebenso sind alle die gemeint, die bei einer Widerwärtigkeit hierhin und dahin laufen und überall Rat, Hilfe und Trost suchen, nur nicht bei Gott, wo sie es nach dem höchsten Gebot suchen sollten. Diese rügt der Prophet Jesaja (9, 13) so: »Das unsinnige Volk bekehrt sich nicht zu dem, der es schlägt«, d. h. Gott schlug sie und bereitete ihnen Leiden und allerlei Widerwärtigkeit, damit sie zu ihm laufen und ihm vertrauen sollten; sie aber laufen von ihm weg zu den Menschen, bald nach Ägypten, bald nach Assyrien,[14] vielleicht auch zum Teufel. Von solcher Abgötterei steht in diesem Propheten und in den Büchern der Könige viel geschrieben. Ebenso machen es auch heute noch alle, die mit ihrer Heiligkeit glänzen: Wenn ihnen etwas zustößt, laufen sie nicht zu Gott, sondern fliehen von und vor ihm; sie denken nur daran, wie sie mit eigner Kraft oder durch menschliche Hilfe los werden können, was sie bedrängt; und dabei halten sie sich doch für fromme Leute und lassen sich für solche halten.

3 Der Glaube rechtfertigt allein vor Gott, nicht die glänzendsten Werke.

Elftens. Das meint S. Paulus an vielen Stellen, wo er dem Glauben so viel zuschreibt, daß er sagt (Röm 1, 17): »Justus ex fide sua vivit« (»Der gerechte Mensch hat sein Leben aus seinem Glauben«) und (Röm 3, 28): »Der Glaube ist es, um dessentwillen er vor Gott als gerecht geachtet wird.« Beruht denn die Gerechtigkeit auf dem Glauben, so ist's klar, daß dieser allein alle Gebote erfüllt und alle ihre Werke gerecht macht; denn niemand ist gerecht, wenn er nicht alle Gottesgebote tut. Umgekehrt können die Werke niemand vor Gott

---

14 *Die Politiker des alttestamentlichen Gottesvolkes in Jerusalem suchten zur Zeit Jesajas Anschluß bald an die ägyptische, bald an die assyrische Großmacht, um die Selbständigkeit Judas zu behaupten; Jesaja kämpfte vergebens gegen diese politischen Machenschaften mit dem Rufe zum Glauben und Stillesein. Luther überträgt das nunmehr vom politischen aufs geistliche Gebiet.*

rechtfertigen ohne den Glauben. Und so gänzlich verwirft der heilige Apostel (Röm 3, 28) die Werke mit lauter und voller Stimme und so sehr preist er den Glauben, daß einige an seinen Worten Anstoß nahmen und sprachen (Röm 6, 1. 15): »Ei, so wollen wir überhaupt kein gutes Werk mehr tun.« Solche verdammt er jedoch als Irrende und Unverständige.

Ebenso geht es heute noch: Wenn wir die großen, in die Augen fallenden Werke, die zu unsern Zeiten ohne allen Glauben getan werden, verwerfen, so sagen sie, sie brauchten (also) nur zu glauben und nichts Gutes zu tun. Zum Beispiel nennt man zur Zeit als die Werke des ersten Gebotes Singen, Lesen, Orgelspielen, Messefeiern,[15] Metten, Vespern und andere Gebetszeiten einhalten;[16] Kirchen, Altäre, Klöster stiften und ausstatten; Glocken, Kleinodien, Meßgewänder, Geschmeide, ja auch Geldschätze ansammeln, nach Rom und zu den Heiligen laufen.[17] Wenn wir dann, feierlich bekleidet, uns verneigen, die Knie beugen, Rosenkränze[18] und Psalmen[19] beten, und das alles nicht vor einem Abgott, sondern vor dem heiligen Kreuz Gottes oder vor den Bildern seiner Heiligen tun, so heißen wir das

15 Die »Werke« des täglichen katholischen Meßgottesdienstes bestehen im »Singen« des Priesters und des ihm antwortenden Chores, im »Lesen« des Meßbuches mit seinen Gebeten und Schriftworten, im »Orgelspiel« und im eigentlichen Vollzug der »Messe« im engeren Sinn, d. h. der Feier des Abendmahls in Form des »Meßopfers«.

16 Zu den »Werken« verdienstlicher Art, zu welchen die Priester und Mönche verpflichtet waren, gehört nach katholischer Anschauung auch das Einhalten der sieben täglichen »Gebetszeiten«, unter denen besonders die »Metten« (d. h. das Frühgebet) und die »Vespern« (Abendgebet) allgemeinere Bedeutung auch für das gewöhnliche Kirchenvolk (die »Laien«) bekamen.

17 Als besonders glänzende »gute Werke« gelten der katholischen Frömmigkeit zu allen Zeiten die Stiftungen, welche dem Bau von Kirchen und Klöstern und ihrer Ausstattung mit Glocken, Altären, Altarschmuck, gottesdienstlichen Gewändern für die Priester zugutekamen; ferner die Geldsammlungen zur Errichtung einer neuen Meßpriesterstelle (»Pfründe«) oder ähnlichen Zwecken; endlich die Wallfahrten an »heilige Stätten« (wie Rom, Jerusalem usw.).

18 Der »Rosenkranz« ist eine Kette von größeren und kleineren Perlen, mit deren Hilfe die vielfach zu wiederholenden Gebete (»Vater unser« und »Gegrüßet seist du, Maria«) gezählt werden.

19 Unter den vom katholischen Volk gesprochenen Gebetspsalmen ragen die »Bußpsalmen«, vor allem Psalm 51, besonders hervor.

Gott ehren, anbeten und (entsprechend dem ersten Gebot) keine andern Götter haben; und doch können das auch Wucherer, Ehebrecher und Sünder jeder Art tun und tun's auch täglich! Nun wohlan! Geschehen diese Dinge mit solchem Glauben, daß wir der Überzeugung sind, es gefalle Gott alles wohl, so sind sie zu loben, nicht wegen ihrer Vortrefflichkeit, sondern wegen dieses Glaubens, dem wie oben gesagt alle Werke gleichviel gelten. Zweifeln wir aber daran oder sind wir nicht überzeugt, daß Gott uns gewogen sei und an uns Gefallen habe, oder maßen wir uns an, überhaupt erst auf Grund und infolge der Werke sein Wohlgefallen zu erlangen, so ist es lauter Trug; äußerlich hat man Gott geehrt, innerlich aber sich selbst zum Abgott gesetzt. Das ist der Grund, warum ich so oft gegen das Gepränge, die Prahlerei und Häufung solcher Werke geredet und sie verworfen habe. Denn es liegt klar am Tage: nicht allein geschehen sie im Zweifel oder ohne solchen Glauben, sondern unter tausend ist nicht ein einziger, der nicht sein Vertrauen auf sie setzt und vermeint, dadurch Gottes Huld zu erlangen und seiner Gnade zuvorzukommen und einen Jahrmarkt daraus zu machen. Das kann Gott nicht leiden; er hat seine Huld umsonst versprochen und will, daß man von ihr ausgeht, indem man darauf vertraut und in solchem Vertrauen alle Werke vollbringt, wie sie auch heißen mögen.

4 Der Glaube ist allein der gottgefällige, innerliche Gottesdienst.

Zwölftens. Daraus merke selber, wie weit das auseinanderliegt, wenn man das erste Gebot nur mit äußerlichen Werken und wenn man es mit innerlichem Vertrauen erfüllt. Denn dieses schafft rechte, lebendige Gotteskinder, jenes schafft nur ärgere Abgötterei und die gefährlichsten Gleißner, die es auf Erden gibt. Sie führen unzählig viele Leute durch den großen Eindruck, den sie machen, zu ihrer Lebensweise; sie lassen sie dabei jedoch ohne Glauben bleiben und so als jämmerlich Verführte im äußerlichen Geplärr und Blendwerk stecken. Von ihnen sagt Christus Matth 24, 23: »Hütet euch, wenn sie euch sagen werden: Siehe, hier oder da ist Christus.« Ferner Joh 4, 21, 23: »Ich sage dir, daß die Zeit kommen wird, da ihr weder auf diesem Berge noch zu Jerusalem Gott anbeten werdet, denn der Vater sucht geistliche Anbeter.«

Diese und dergleichen Sprüche haben mich bewogen und sollen jedermann bewegen, das große Gepränge mit Bullen, Siegeln, Fahnen und Ablaß[20] zu verwerfen; damit wird nur das arme Volk angeleitet, Kirchen zu bauen, Gaben zu spenden, Stiftungen zu machen und Gebete zu verrichten, und doch wird der Glaube ganz totgeschwiegen, ja geradezu zu Boden gedrückt. Denn weil er unter den Werken keinen Unterschied macht, so kann neben ihm das nicht bestehen, daß man ein einzelnes Werk vor dem andern so stark aufbauscht und betreibt. Denn er will der einzige Gottesdienst sein und diesen Namen und Ehre keinem andern Werk lassen, außer soweit er ihm daran teilgibt. Und das tut er, wenn das Werk in ihm und aus ihm geschieht. Jener Unfug ist schon im Alten Testament dargestellt, wo die Juden den Tempel liegen ließen und an andern Orten, in den grünen Lustgärten und auf den Bergen opferten (2. Kön 16, 4; 17, 10 f usw.). Geradeso machen es diese auch: alle möglichen Werke tun sie voll Emsigkeit, aber dieses Hauptwerk, den Glauben, beachten sie nimmer.

Von den Stufen des Glaubens und von der Erziehung zu ihm.

1 Der Glaube stellt den Menschen vor eine unerschöpfliche Aufgabe.

Dreizehntens. Wo sind nun die Leute, die fragen, welche Werke gut seien, was sie tun sollen, wie sie rechtschaffen sein sollen? Ja, wo sind auch die andern, welche sagen: wenn wir vom Glauben predigten, so hätten wir keine Werke mehr zu lehren oder zu tun? Gibt nicht dieses eine erste Gebot schon mehr zu schaffen, als jemand zu tun vermag? Wenn *ein* Mensch so viel wäre als tausend oder als alle Menschen oder überhaupt alle Geschöpfe, so wäre ihm dennoch hier genug und mehr als genug aufgelegt, wenn ihm geboten ist, er solle allezeit in Glauben und Zuversicht zu Gott leben und wandeln, die-

Glaube als Aufgabe

---

20 *Mit der Verwerfung des »Ablasses« durch Luthers berühmte Thesen vom 31. Oktober 1517 begann die Reformation. Der Ablaß beruhte auf dem Gedanken: Christus, dazu Maria und alle Märtyrer, Jungfrauen und Gerechte haben einen solchen Schatz von überschüssigen guten Werken erworben, daß sie andern bedürftigen Seelen davon abgeben können zur Abtragung der »zeitlichen« Sündenstrafen auf Erden oder im Fegefeuer; die Kirche, d. h. der Papst, verwalte diesen Schatz in unbeschränkter Vollmacht und könne ihn jedermann unter bestimmten Bedingungen zuwenden. — Der Ablaß, der dem Volk angeboten wurde, war durch einen päpstlichen Erlaß (»Bulle«) angeordnet; die Bullen wie auch die Geldkästen der Ablaßprediger waren mit einem päpstlichen oder bischöflichen »Siegel« versehen. Die Ablaßprediger kennzeichneten ihren Standort mit »Fahnen«.*

sen Glauben nie auf einen andern richten, und so nur einen, den rechten Gott, haben und keinen andern.

Weil denn Wesen und Natur des Menschen keinen Augenblick sein kann ohne etwas zu tun oder zu lassen, zu leiden oder zu meiden (denn das Leben ruht niemals, wie wir sehen): wohlan, so hebe an, wer rechtschaffen sein und voll guter Werke werden will, und übe sich selbst in allem Leben und Werken zu allen Zeiten an diesem Glauben; er lerne, alles beständig in solcher Zuversicht zu tun und zu lassen. Dann wird er entdecken, wie viel er zu schaffen hat und wie völlig alle Dinge im Bereich des Glaubens liegen. Er kann dann niemals müßig werden; denn auch das Müßigsein muß als Übung und Werk des Glaubens geschehen. Kurz, nichts kann in und an uns sein oder eintreten, das nicht gut und verdienstlich sein müßte, vorausgesetzt, daß wir (wie wir sollen) glauben, es gefalle alles Gott. So sagt S. Paulus (1. Kor 10, 31): »Liebe Brüder, alles, was ihr tut, ihr esset oder trinket, – tut es alles in dem Namen Jesu Christi, unsres Herrn.« Nun kann es, ›in diesem Namen‹ nicht geschehen, ohne daß es in solchem Glauben geschieht. Ferner Röm 8, 28: »Wir wissen, daß alle Dinge mitwirken zum Besten der Heiligen Gottes.«

Wenn deshalb einige sagen, es seien gute Werke verboten, wenn wir allein den Glauben predigen, so hat diese Rede ebensoviel Sinn wie die, wenn ich zu einem Kranken spräche: »Hättest du die Gesundheit, so verfügtest du über alle Werke deiner Glieder; ohne sie aber ist das Wirken aller Gliedmaßen nichts«, und *er* wollte nun daraus entnehmen, ich hätte den Gliedern das Wirken verboten, während ich doch gemeint habe, die Gesundheit müßte zuvor da sein und alle Werke aller Gliedmaßen bewirken. Ebenso muß auch der Glaube Werkmeister und Anführer in allen Werken sein, sonst sind sie gar nichts.

2 *Gesetze gelten Faulen, Bösen und Unmündigen, nicht Glaubenden.*

Vierzehntens. Nun kannst du sagen: »Warum hat man dann so viele geistliche und weltliche Gesetze[21] und so viele Zeremonien in Kirchen, Klöstern und Wallfahrtsstätten, um die Menschen dadurch

21 *Eine verwirrende Fülle von geistlichen und weltlichen Rechtssatzungen und verbindlichen Vorschriften verlangen, oft bis ins kleinste gehend, in der römischen Kirche Gehorsam.*

zu guten Werken zu drängen und aufzumuntern, wenn doch der Glaube auf Grund des ersten Gebotes alle Dinge tut?« Antwort: Eben darum, weil wir nicht allesamt den Glauben haben oder achten. Wenn ihn jedermann hätte, so bedürften wir nie mehr eines Gesetzes, sondern ein jeder täte von selbst zu aller Zeit gute Werke, wie es ihn eben diese Zuversicht dann wohl lehren würde.

Nun gibt es aber viererlei Menschen. Die ersten, eben genannten sind die, die kein Gesetz brauchen. Von ihnen sagt S. Paulus (1. Tim 1, 9): »Dem Gerechten (d. h. dem Gläubigen) ist kein Gesetz gegeben«; solche tun vielmehr freiwillig, was sie wissen und können, und sehen dabei in fester Zuversicht allein darauf, daß Gottes Gefallen und Huld in allen Dingen über ihnen schwebt.

Die zweiten wollen diese Freiheit mißbrauchen, sich fälschlich darauf verlassen und faul werden. Von denen sagt S. Petrus (1. Petr 2, 16): »Ihr sollt leben als solche, die frei sind, und doch diese Freiheit nicht zu einem Deckmantel für die Sünde machen.« Das ist, als wollte er sagen: »Die Freiheit des Glaubens gibt keine Erlaubnis zu Sünden und wird sie auch nicht zudecken; sondern sie gibt Erlaubnis, Werke aller Art zu tun (und alles zu leiden), wie sie gerade vor die Hand kommen, daß niemand bloß an ein einziges Werk oder an ein paar Werke gebunden sei.« Ebenso sagt auch S. Paulus (Gal 5, 13): »Sehet zu, daß ihr diese Freiheit nicht Anlaß zu einem fleischlichen Leben sein lasset.« Solche Leute muß man mit dem Gesetz antreiben und mit Lehre und Mahnung in Ordnung halten.

Die dritten sind böse Menschen, allzeit zum Sündigen frech bereit. Sie muß man mit geistlichen und weltlichen Gesetzen zwingen, wie die wilden Pferde und Hunde, und wenn das nicht helfen will, sie durchs weltliche Schwert aus dem Leben schaffen.[22] So sagt S. Paulus (Röm 13, 3): »Die weltliche Gewalt trägt das Schwert und dient damit Gott, zur Furcht nicht für die Frommen, sondern für die Bösen.«

Die vierten sind jene, die noch unbändig und kindisch im Verständnis dieses Glaubens und geistlichen Lebens sind. Sie muß man wie die jungen Kinder locken und reizen mit äußerlichen bestimmten und verbindlichen Ausschmückungen, wie Lesen, Beten, Fasten, Singen, Kirchenzieraten, Orgeln und was sonst dergleichen in Klöstern

22 In der Schrift »Von weltlicher Obrigkeit« hat Luther diese Bedeutung des Gesetzes eingehend ausgeführt.

und Kirchen vorgeschrieben oder gehalten wird; das muß man so lange tun, bis sie auch den Glauben erkennen lernen. Freilich ist hiebei eine große Gefahr, wenn die Leitenden, wie es zur Zeit leider zu gehen pflegt, mit solchen Zeremonien und sinnfälligen Werken sich abgeben und plagen, als wären das die rechten Werke, während sie den Glauben vernachlässigen; den sollten sie immer nebenher lehren, wie eine Mutter dem Kind neben der Milch auch andere Speise gibt so lange, bis das Kind selber die starke Speise zu essen vermag.

3 Die Glaubenden haben Rücksicht auf die Schwachen zu nehmen.

Fünfzehntens. Weil wir denn nicht alle gleich sind, müssen wir solche Menschen dulden und mit ihnen das halten und tragen, was sie halten und tragen; wir dürfen sie nicht verachten, sondern müssen sie im rechten Weg des Glaubens unterweisen. So lehrt S. Paulus (Röm 14, 1): »Des Schwachen im Glauben nehmet euch an, indem ihr ihn unterweiset.« So machte er's auch selbst (1. Kor 9, 20 f): »Ich habe mich bei denen, die unter dem Gesetz waren, verhalten, als wäre ich auch drunter, obwohl ich doch nicht drunter war.« Und ebenso Christus (Matth 17, 25 ff): als er den Zinspfennig geben sollte, wozu er doch nicht verpflichtet war, spricht er mit S. Petrus darüber, ob die Kinder der Könige Zins geben müßten oder nur andere Leute. S. Petrus antwortete: »Nur andere Leute«; Christus aber sprach: »So sind der Könige Kinder frei. Doch damit wir ihnen keinen Anstoß geben, so gehe hin ans Meer und wirf die Angel hinein; den ersten Fisch, der kommt, den nimm, und in seinem Munde wirst du einen Pfennig finden, den gib für mich und dich.«

Hier sehen wir, daß alle Werke und Dinge für einen Christen um seines Glaubens willen frei sind,[23] und daß er doch, solange die andern noch nicht glauben, mit ihnen das trägt und hält, wozu er nicht verpflichtet ist. Und das tut er abermals aus seiner Freiheit heraus; denn er ist gewiß, daß es so Gott wohlgefalle. Auch tut er es gerne und übernimmt's wie sonst ein ihm freistehendes Werk, das ihm ohne seine Wahl vor die Hand kommt; er begehrt und sucht ja nichts weiter, als nur zu Gottes Wohlgefallen am Werk zu sein in seinem Glauben.

23 *Diese Freiheit des Glaubens hat Luther 1520 in seinem Traktat »Von der Freiheit eines Christenmenschen« (Unsre Ausgabe Band 2, Siebenstern-Taschenbuch 24) in mustergültiger Weise beschrieben.*

Weil wir uns aber vorgenommen haben, in diesem Sermon[24] zu lehren, was rechtschaffene gute Werke sind und wir jetzt von dem höchsten Werke reden, so ist's offenbar, daß wir hiebei nicht von der zweiten, dritten oder vierten Art von Menschen[25] reden, sondern von der ersten. Ihnen sollen die andern allesamt gleich werden, und sie sollen von den ersten so lange geduldet und unterwiesen werden. Darum soll man solche Schwachgläubigen, die es gerne recht machen und Besseres lernen wollten und es doch nicht begreifen können, nicht verachten, wenn sie an ihren Zeremonien kleben, als sei es mit ihnen ganz verloren. Vielmehr soll man die Schuld ihren unwissenden, blinden Meistern geben, die sie den Glauben nie gelehrt und sie so tief in die Werke hineingeführt haben, und soll sie wieder draus heraus in den Glauben führen, sachte und mit schonender Bedachtsamkeit, wie man mit einem Kranken umgeht. Man muß dabei zulassen, daß sie an einigen Werken noch eine Zeitlang um ihres Gewissens willen hängen und sie treiben, als wären sie zur Seligkeit nötig, so lange, bis sie den Glauben recht erfassen.[26] Sonst, wenn wir sie so geschwind herausreißen wollen, wird ihr Gewissen, das noch schwach ist, ganz zerrüttet und irregeführt, und sie behalten dann weder Glauben noch Werke. Die Hartköpfigen dagegen, die in Werken verstockt das nicht beachten, was man vom Glauben sagt, und sogar dagegen kämpfen, – die soll man fahren lassen, damit ein Blinder den andern führe. So tat und lehrte Christus (Matth 15, 14).

4 Der Glaube bewährt sich auch gegenüber der Erfahrung der Sünde.

Sechzehntens. Aber du sagst nun: »Wie kann ich das mit Gewißheit für mich erwarten, daß alle meine Werke Gott wohlgefällig sind, wo ich doch zuweilen zu Fall komme, zu viel rede, esse, trinke, schlafe oder sonst einmal über die Schnur haue? Das zu vermeiden ist mir nicht möglich!«

Antwort: Diese Frage läßt erkennen, daß du den Glauben noch wie ein anderes Werk ansiehst und ihn nicht über alle Werke setzest.

---

24 *»Sermone« nannte man zunächst Reden und Predigten, dann aber auch geschriebene und gedruckte Abhandlunger.*

25 *Über die viererlei Arten von Menschen vgl. oben (Abschnitt 14).*

26 *Nach diesen Grundsätzen ist Luther selber bei der Abschaffung der katholischen Mißbräuche verfahren; sein ganzes zögerndes Vorgehen ist von der Rücksicht auf die schwachen Gewissen bestimmt.*

Denn eben darum ist er das höchste Werk, daß er auch dann bestehen bleibt und diese täglichen Sünden[27] tilgt, indem er nicht dran zweifelt, Gott sei dir so günstig gesinnt, daß er solchem täglichen Fallen und der Schwachheit durch die Finger sieht. Ja, selbst wenn sogar ein tödlicher Fall vorkäme (was doch denen, die im Glauben und Gottvertrauen leben, niemals oder nur selten zustößt), so steht doch der Glaube wieder auf und zweifelt nicht daran, daß seine Sünde schon dahin sei. So steht 1 Joh 2, 1 f: »Das schreibe ich euch, liebe Kinder, damit ihr nicht sündiget. Wenn aber jemand einmal zu Fall kommt, so haben wir einen Fürsprecher vor Gott, Jesum Christum; der ist eine Vergebung für alle unsere Sünden.« Und Weish 15, 2 heißt es: »Und wenn wir schon sündigten, so sind wir doch die Deinen und erkennen, daß du groß bist.« Und Spr 24, 16: »Siebenmal kann ein gerechter Mensch fallen, er steht aber ebensovielmal wieder auf.«

Ja, dieses Vertrauen und Glauben muß so hoch und stark sein, daß der Mensch dabei wisse: all sein Leben und Wirken sind vor Gottes Gericht lauter verdammenswerte Sünden, wie Ps 143, 2 geschrieben steht: »Es wird vor dir kein lebender Mensch gerecht erfunden«. Er muß an seinen Werken so verzweifeln, weil sie nicht gut sein können als nur durch diesen Glauben, der kein Gericht, sondern lauter Gnade, Gunst, Huld und Barmherzigkeit für sich erwartet. So sagt David Ps 26, 3: »Deine Barmherzigkeit ist mir stets vor meinen Augen, und ich bin guten Muts gewesen angesichts deiner Wahrheit«, und Ps 4, 7 f: »Das Leuchten von deinem Angesicht her (d. h. die Erkenntnis deiner Gnade durch den Glauben) schwebt über uns, und damit hast du mein Herz fröhlich gemacht.« Denn wie es der Mensch für sich erwartet, so geschieht ihm.

Sieh, durch Gottes Barmherzigkeit und Gnade also, nicht durch ihre eigne Beschaffenheit sind die Werke ohne Schuld, vergeben und gut um des Glaubens willen, der sich auf diese Barmherzigkeit ver-

---

27 *Unter »täglichen« (oder »läßlichen«) Sünden verstanden die katholischen Theologen solche Sünden, welche den Menschen nicht der Gnade berauben und nur eine zeitliche Strafe (auf Erden oder im Fegefeuer) nach sich ziehen. »Tödliche« Sünden dagegen nannten sie Sünden wie Hoffart, Geiz, Unkeuschheit, Unmäßigkeit, Zorn, Trägheit, Neid u. a. m.; sie sollten die höllische Verdammnis, den ewigen Tod, zur Folge haben. Luther hat die unmögliche Unterscheidung überwunden und abgetan.*

läßt. So müssen wir der Werke wegen uns fürchten, dürfen aber der Gnade Gottes wegen uns trösten, wie Ps 147, 11 geschrieben steht: »Gott hat ein gnädiges Wohlgefallen an denen, die sich vor ihm fürchten und doch auf seine Barmherzigkeit trauen.« So beten wir mit ganzer Zuversicht· »Vater unser« und bitten doch: »Vergib uns unsere Schuld«; wir sind Kinder und doch Sünder, sind wohlgefällig und tun doch nicht genug. Das macht alles der Glaube, der fest auf Gottes Huld sich gründet.

5 Der Glaube entsteht durch den Blick auf die Erscheinung Jesu Christi.

Siebzehntens. Fragst du aber, wo der Glaube und Zuversicht gefunden werden können oder herkommen, so ist das freilich das Nötigste, was man wissen muß. Fürs erste kommt er zweifellos nicht aus deinen Werken und Verdiensten, sondern allein aus Jesus Christus, wo er umsonst versprochen und gegeben ist. So schreibt S. Paulus Röm 5, 8: »Gott macht uns seine Liebe gar süß und freundlich dadurch, daß Christus für uns gestorben ist, als wir noch Sünder waren«; das ist, als wollte er sagen: »Sollte uns das nicht eine starke, unüberwindliche Zuversicht machen, daß, ehe wir darum gebeten oder dafür gesorgt haben, ja als wir noch fort und fort in Sünden wandelten, Christus für unsre Sünden stirbt?« Und so heißt es weiter (Röm 5, 8 ff): »Wenn denn Christus schon eine lange Zeit für uns gestorben ist, als wir noch Sünder waren, wie viel mehr werden wir, wenn wir nun durch sein Blut gerechtfertigt sind, durch ihn selig werden! Und wenn wir mit Gott durch seines Sohnes Tod versöhnt worden sind, als wir noch seine Feinde waren, wie viel mehr werden wir, nun da wir versöhnt sind, durch sein Leben errettet werden!«

Siehe, so mußt du Christi Bild in dich prägen und sehen, wie in ihm Gott seine Barmherzigkeit dir vorhält und anbietet, ohne daß irgend welche Verdienste deinerseits vorausgegangen wären; und aus diesem Bild seiner Gnade mußt du den Glauben und die Zuversicht schöpfen, daß alle deine Sünden vergeben sind. Darum fängt der Glaube nicht an den Werken an; sie erzeugen ihn auch nicht; sondern er muß aus dem Blut, den Wunden und dem Sterben Christi quellen und fließen.[28] Siehst du an ihm, daß dir Gott so hold ge-

---

28 Vgl. dazu Luthers Sermon »Von der Betrachtung des h. Leidens Christi« in unserer Ausgabe, Band 2, Seite 102 (Siebenstern-Taschenbuch 24).

sinnt ist, daß er sogar seinen Sohn für dich gibt, so muß sein Herz süß und seinerseits Gott hold gesinnt werden. So muß die Zuversicht aus lauter Gunst und Liebe herauswachsen, die Gott dir gegenüber und du Gott gegenüber hast. Dementsprechend lesen wir noch nie, daß jemand der heilige Geist gegeben worden sei, wenn er Werke getan hat, sondern immer, wenn sie das Evangelium von Christus und damit die Barmherzigkeit Gottes gehört haben. Aus diesem Wort und sonst nirgends her muß auch noch heute und allezeit der Glaube herkommen. Denn Christus ist der Fels, aus dem man Butter und Honig saugt, wie Mose sagt (5 Mose 32, 13).[29]

Vom zweiten guten Werk

[Du sollst den Namen des Herrn deines Gottes nicht unnütz gebrauchen]

Überleitung vom ersten Gebot zu den folgenden Geboten.

Achtzehntens. Sieh, bisher haben wir nur das erste Werk und erste Gebot behandelt, jedoch nur ganz kurz, in groben Strichen und obenhin; denn es wäre noch sehr viel davon zu sagen. Nun wollen wir die Werke weiter untersuchen mit Hilfe der nachfolgenden Gebote.

Das erste Werk des zweiten Gebots ist: Gott allein in allem ehren.
1 Gott ehren ist das größte unter allen Werken des Glaubens.

Das zweite und nächste Werk nach dem Glauben ist das Werk des zweiten Gebotes, daß wir Gottes Namen ehren und nicht unnütz gebrauchen sollen. Das kann (wie alle andern Werke auch) ohne den Glauben nicht geschehen; geschieht es aber ohne ihn, so ist es lauter äußerer Glanz und Schein. Nächst dem Glauben können wir nichts Größeres tun, als Gottes Lob, Ehre und Namen preisen, predigen, besingen und sonst auf allerlei Weise erheben und groß machen.

Ich habe zwar oben gesagt (und es ist auch wahr), daß es keinen

29 Die Deutung von 5 Mose 32, 13 auf Christus ist durch Paulus vermittelt; dieser bezog 1 Kor 10, 4 den »Felsen«, aus dem Mose nach der Erzählung von 2 Mose 17, 6; 4 Mose 20, 11 Wasser schlug, auf Christus.

Unterschied unter den Werken gibt, wenn der Glaube da ist und wirkt; aber so versteht sich's doch nur für den Fall, daß sie dem Glauben und seinem Werk gegenüber gewertet werden. Wenn man sie dagegen untereinander mißt, so ist ein Unterschied vorhanden, und eins ist höher als das andere. Es ist geradeso wie beim Leib: die einzelnen Glieder unterscheiden sich nicht in Beziehung auf die Gesundheit, und die Gesundheit wirkt sich in dem einen ebenso aus wie in dem andern; und doch sind die Werke der einzelnen Glieder unter sich verschieden, und das eine ist höher, edler und nützlicher als das andere. So ist's auch hier: Gottes Ehre und Namen preisen ist besser, als die Werke der andern Gebote, die dann folgen; und doch muß es in demselben Glauben geschehen, in dem alle andern geschehen.

Ich weiß aber wohl, daß dieses Werk gering geachtet und dazu noch unbekannt geworden ist. Darum wollen wir es näher betrachten und darüber genug gesagt sein lassen, daß dieses Werk geschehen soll in dem Glauben und der Zuversicht, es gefalle Gott wohl. Ja, es gibt kein Werk, in dem man die Zuversicht und den Glauben ebenso stark empfindet und fühlt, als wenn man Gottes Namen ehrt. Das hilft sehr dazu, den Glauben zu stärken und zu mehren, obwohl alle andern Werke auch dazu helfen, wie S. Petrus sagt (2 Petr 1, 10): »Liebe Brüder, befleißigt euch, daß ihr durch gute Werke eure Berufung und Erwählung gewiß macht.«

2 Gott ehren bedeutet eine unerschöpfliche Aufgabe für den Glauben.

Neunzehntens. Es ist wie beim ersten Gebot. Dieses verbietet uns, andere Götter zu haben, und gebietet damit zugleich, wir sollen einen, nämlich den rechten Gott haben, durch einen festen Glauben, durch Vertrauen, Zuversicht, Hoffnung und Liebe; denn das allein sind die Werke, mit denen man einen Gott haben, ehren und behalten kann. Kann man doch mit keinem andern Werk Gott erlangen oder verlieren als allein mit Glauben oder Unglauben, mit Vertrauen oder Zweifeln; von den andern Werken reicht keines bis zu Gott. Ebenso wird auch beim zweiten Gebot ein Verbot gegeben: wir sollen seinen Namen nicht unnütz gebrauchen. Doch darf das nicht genug sein; vielmehr wird damit zugleich geboten, wir sollen seinen Namen ehren, anrufen, preisen, predigen und loben. Und in der Tat ist es nicht möglich, daß Gottes Namen da nicht verunehrt wird, wo er nicht recht geehrt wird. Denn mag er schon mit dem Munde, durch Beugen der Knie, Küssen oder andere Gebärden[2] geehrt werden, – wenn das nicht im Herzen aus dem Glauben heraus, in der Zuversicht zu Gottes Huld geschieht, so ist es doch nichts als glänzender äußerer Schein und Anstrich.

Nun sieh, wie mancherlei gute Werke der Mensch nach diesem Gebote allstündlich zu tun vermag und wie er niemals ohne gute Werke dieses Gebots sein kann, wenn er den Willen dazu hat, so daß er fürwahr nicht weit zu wallfahrten oder heilige Stätten aufzusuchen braucht. Denn sag an: welcher Augenblick kann vergehen, in dem wir nicht ohne Unterlaß von Gott gute Gaben empfangen oder aber böse Widerwärtigkeit leiden? Was anders sind aber die guten Gaben und Widerwärtigkeiten, die von Gott kommen, als eine stete Mahnung und Aufmunterung, Gott zu loben, zu ehren und zu verherrlichen, ihn und seinen Namen anzurufen? Wenn du nun sonst von allen Dingen müßig wärest, hättest du nicht schon genug zu schaffen allein an diesem Gebot, um Gottes Namen ohne Unterlaß zu verherrlichen, zu besingen, zu loben und zu ehren? Und wozu anders ist die Zunge, Stimme, Sprache und der Mund geschaffen? So heißt es Ps 51, 17: »Herr, tue meine Lippen auf, daß mein Mund dein Lob verkünden möge.« Ferner Ps 51, 16: »Meine Zunge soll deine Barmherzigkeit erheben.«

Was für ein Werk geschieht im Himmel, wenn nicht das dieses zweiten Gebots? So steht Ps 84, 5: »Selig sind, die in deinem Hause wohnen; sie werden dich ewiglich loben.« Ebenso sagt auch David (Ps 34, 2): »Gottes Lob soll allezeit in meinem Munde sein«; und S. Paulus (1 Kor 10, 31): »Ihr esset oder trinket oder was ihr sonst tut, so tut es alles Gott zu Ehren«; ferner Kol 3, 17: »Alles, was ihr tut, es sei mit Worten oder Werken, – tut es im Namen unsres Herrn Jesu Christi, Gott dem Vater zu Lob und Dank.« Wenn wir dieses Werk ausübten, so hätten wir hier auf Erden ein Himmelreich und allezeit genug zu tun, geradeso wie die Seligen im Himmel.

---

2   Die »Gebärden«sprache der katholischen Frömmigkeit ist überaus mannigfaltig; zu den Gebetsworten des Mundes kommen die Verneigungen und das Beugen der Knie, das Händefalten und die Bekreuzigung, das Küssen von Reliquien und Bildern, das Darbringen von Gaben usw.

Zwanzigstens. Daher kommt das wunderbare und gerechte Urteil Gottes: da ist zuweilen ein armer Mensch, dem niemand viele und große Werke ansehen kann; aber bei sich selbst in seinem Hause lobt er fröhlich Gott, wenn es ihm wohlgeht, oder ruft ihn mit ganzer Zuversicht an, wenn ihm etwas zustößt, und tut damit ein größeres und Gott angenehmeres Werk als ein anderer, der viel fastet, betet, Kirchen stiftet, wallfahrtet und sich bald hier, bald da mit großen Taten abmüht. Hiebei widerfährt es einem solchen Narren, daß er das Maul aufsperrt und nach großen Werken ausschaut; dabei ist er aber so sehr verblendet, daß er dieses größte Werk überhaupt nicht einmal gewahr wird und daß Gott loben in seinen Augen ein gar kleines Ding ist im Vergleich mit den großen Gebilden seiner selbsterdachten Werke. In diesen aber lobt er vielleicht sich selber mehr als Gott, oder hat er wenigstens für sich selbst daran mehr Wohlgefallen als an Gott; und so stürmt er mitsamt seinen ›guten Werken‹ gegen das zweite Gebot und seine Werke an. Ein Abbild von dem allem geben der Pharisäer im Evangelium (Luk 18, 10 ff) und der offenkundige Sünder [der Zöllner]. Denn der Sünder rief Gott an in seinen Sünden, lobte ihn und traf damit, was die zwei höchsten Gebote verlangen: den Glauben und die Ehrung Gottes. Der auf den äußeren Schein Bedachte verfehlte sie beide und stolzierte mit anderen guten Werken daher, wodurch er sich selber und nicht Gott rühmte und wobei er mehr auf sich als auf Gott sein Vertrauen setzte. Darum ist er mit Recht verworfen und jener auserwählt.

Das kommt alles daher, daß je höher und besser die Werke sind, desto weniger glänzen sie; außerdem daher, daß jedermann meint, sie mit Leichtigkeit tun zu können. Hat man es ja doch vor Augen, daß niemand so sehr das Preisen von Gottes Namen und Ehre zur Schau trägt als eben die, die es niemals tun. Mit diesem äußerlichen Glänzen machen sie, solange ihr Herz ohne Glauben ist, das köstliche Werk verächtlich; darum wagt auch der Apostel S. Paulus (Röm 2, 23) frei heraus zu sagen, daß diejenigen Gottes Namen am meisten lästern, die sich des Gesetzes Gottes rühmen. Denn Gottes Namen zu nennen, und seine Ehrung aufs Papier und an die Wände zu schreiben,[3] ist leicht geschehen; aber ihn bei seinen Wohltaten von Grund

---

3 *Luther denkt wohl an die jüdische Sitte gemäß 5 Mose 6, 4—9.*

aus loben und verherrlichen und ihn in allen Anfechtungen getrost anrufen: – das sind fürwahr nächst dem Glauben die allerseltensten, höchsten Werke. Wenn wir es sehen müßten, wie wenig davon es in der Christenheit gibt, so könnten wir vor Jammer verzagen. Und doch mehren sich einstweilen noch immer die hohen, ins Auge fallenden, überaus glänzenden Werke, welche die Menschen erdacht haben oder welche diesen rechten Werken zwar in der Farbe gleichen, während im Grund alles ohne Glauben, ohne Vertrauen ist und, kurz gesagt, nichts Gutes dahintersteckt. In diesem Sinn rügt auch Jesaja (48, 1) das Volk von Israel: »Hört ihr, die ihr den Namen habt, als wäret ihr Israel,[4] die ihr schwöret bei dem Namen Gottes, und gedenket doch seiner weder in der Wahrheit noch in der Gerechtigkeit«; d. h. [er wirft ihnen vor,] sie täten es nicht in rechtem Glauben und Zuversicht (was doch die rechte ›Wahrheit und Gerechtigkeit‹ ist), sondern vertrauten auf sich selbst, auf ihre eignen Werke und Kraft, und wollten dabei doch Gottes Namen anrufen und loben, obwohl das doch nicht zusammenstimme.

Das zweite Werk des zweiten Gebots ist: Eigne Ehrung meiden.
1 Das Streben nach eigener Ehre führt zu schwerer Versündigung.

Einundzwanzigstens. So ist es nun das erste Werk dieses Gebots, Gott in allen seinen Wohltaten zu loben. Ihrer sind unermeßlich viele, so daß es auch für solches Loben und Danken gerechtermaßen keine Unterbrechung und kein Ende geben darf. Denn wer kann ihn auch nur für das natürliche Leben vollkommen loben, geschweige denn für alle zeitlichen und ewigen Güter? Und so ist der Mensch schon durch dieses einzige Stück des vorliegenden Gebotes überschüttet mit guten, köstlichen Werken, und wenn er sie im rechten Glauben übt, so ist er fürwahr nicht unnütz hier gewesen. In diesem Stück sündigt niemand so sehr als die allerglanzvollsten Heiligen, die sich selbst wohlgefallen, sich gerne rühmen oder wenigstens vor der Welt sich gerne loben, ehren und preisen hören.

Darum ist das zweite Werk dieses Gebots, vor aller zeitlichen Ehre und Lobrede sich zu hüten, sie zu fliehen und zu meiden. Man suche ja nichts für seinen eignen Namen, Ruf und großen Ruhm, daß je-

---

4 *Luther hört den Vorwurf heraus, sie seien kein ›Israel rechter Art‹, d. h. sie vergäßen die in diesem Namen ihnen gegebene Verheißung (vgl. 1 Mose 32, 28).*

dermann von ihm singe und sage. Das ist nämlich eine ganz gefähr-
liche und dabei doch die allergewöhnlichste Sünde; sie wird nur leider wenig beachtet. Es will jedermann wenigstens etwas angesehen
werden und nicht der Geringste sein, wie gering er auch immer sein
mag; so tief ist die Natur darein verstrickt, sich selbst gut zu dünken
und auf sich selbst zu vertrauen, im Gegensatz zu diesen zwei ersten
Geboten.

2 Das Ehresuchen wird in der Welt fälschlich als eine Tugend angesehen.

Nun hält man dieses schreckliche Laster in der Welt für die höchste
Tugend; darum ist das Lesen oder Hören von heidnischen Büchern
und Geschichten[5] überaus gefährlich für Leute, die nicht zuvor in
den Geboten Gottes und in den Geschichten der Heiligen Schrift guten Bescheid wissen und erfahren sind. Denn alle heidnischen Bücher
sind mit diesem Gift des Lob- und Ehresuchens ganz durchsetzt. Man
lernt darin, der blinden Vernunft gemäß, das seien keine tätigen oder
wertvollen Menschen (noch könnten sie solche werden), die sich nicht
durch Lob und Ehre bewegen lassen; und für die besten werden die
geachtet, die Leib und Leben, Freund und Gut und alles hintansetzen,
um Lob und Ehre zu erjagen. Es haben alle heiligen Väter[6] über dies
Laster geklagt und haben übereinstimmend festgestellt, es sei das Laster, mit dem man zu allerletzt fertig werden könne. S. Augustin[7]
sagt: »Alle anderen Laster geschehen in *bösen* Werken; einzig die
Ehre und das Gefallen, die man für sich selbst begehrt, entstehen in
und von den *guten* Werken.«

Darum wenn der Mensch abermals nicht mehr zu tun hätte, als
dies zweite Werk des vorliegenden Gebotes, so hätte er dennoch sein
Leben lang übergenug zu schaffen, um mit diesem Laster zu fechten,
das so allgemein verbreitet, so listig, so behend und zäh ist, wenn
man es austreiben will. Nun aber lassen wir alle dieses gute Werk

---

5 *Luther denkt an das damals neubelebte Studium der griechischen und
römischen Schriftsteller, in welchen der Gedanke an Ruhm und Nachruhm
eine bedeutsame Triebfeder des Handelns bildet.*

6 *»Väter« meint einerseits die Verfasser einer Reihe von Schriften in der
ersten nachapostolischen Zeit (sog. »apostolische Väter«), andrerseits diejenigen kirchlichen Schriftsteller, deren Schrifttum in allen Stücken mit der
anerkannten Lehre der Kirche übereinstimmt (sog. »Kirchenväter«).*

7 *Vgl. Seite 72, Anmerkung 11.*

anstehen und üben uns in vielen anderen geringeren ›guten Werken‹; ja, gerade um anderer ›guter Werke‹ willen stoßen wir dieses um und vergessen es ganz. So wird dann wegen unsres verfluchten Namens, wegen unsrer Selbstgefälligkeit und Ehrsucht der heilige Name Gottes als unnütz behandelt und verunehrt, während er doch allein geehrt werden sollte. Diese Sünde aber ist vor Gott schwerer als Totschlag und Ehebruch; freilich sieht man ihr böses Wesen nicht so gut wie beim Totschlag, um ihrer Subtilität willen, da sie nicht in grob fleischlicher Art, sondern im Geist vollbracht wird.

3 Nicht die eigne Ehre, sondern Gottes Gebot soll zum Guten treiben.

Zweiundzwanzigstens. Es meinen einige, für junge Leute sei es gut, wenn sie durch Ruhm und Ehre und umgekehrt durch Schande und Schmach angespornt und zum Tun des Guten bewogen werden; denn es gebe viele, die aus Furcht vor der Schande und aus Liebe zur Ehre Gutes tun und Übles unterlassen, was sie sonst keineswegs täten oder unterließen. Die lasse ich bei ihrem Urteil. Wir aber untersuchen jetzt, wie man recht ›gute Werke‹ tun soll; und die dazu willens sind, bedürfen dessen fürwahr nicht, daß sie mit der Furcht vor der Schande und der Liebe zur Ehre angetrieben werden. Sie haben vielmehr (und sollen haben) einen höheren und viel edleren Antrieb, nämlich Gottes Gebot, Gottesfurcht, Gottes Wohlgefallen und ihren Glauben und Liebe zu Gott. Alle, die diesen Antrieb nicht haben oder nicht achten und sich statt dessen von Schande oder Ehre treiben lassen, die empfangen damit auch ihren Lohn, wie der Herr sagt (Matth 6, 2. 5); und wie der Antrieb ist, so ist auch das Werk und der Lohn: nichts davon ist gut, außer allein vor den Augen der Welt.

Nun bin ich der Meinung, man könnte einen jungen Menschen ebenso leicht mit Gottes Furcht und Geboten gewöhnen und antreiben als mit irgend etwas anderem. Doch wo das nicht helfen will, müssen wir es von ihnen ertragen, daß sie um der Schande und Ehre willen Gutes tun und Böses lassen, wie wir ja auch böse oder unvollkommene Menschen, von denen oben die Rede war, ertragen müssen. Wir können auch nicht mehr dazu tun als ihnen sagen, wie ihr Tun vor Gott nicht hinreichend und recht ist, und müssen sie so lassen, bis sie lernen, auch um des Gottesgebotes willen recht zu tun. So werden ja auch die kleinen Kinder durch Gaben und Versprechen der Eltern zum Beten, Fasten, Lernen usw. ermuntert; und doch wäre es nicht gut, sie ihr Leben lang so anzutreiben und sie nie zu lehren, aus Gottesfurcht Gutes zu tun; noch viel schlimmer wäre es, wenn sie sich angewöhnten, nur um des Lobes und der Ehre willen Gutes zu tun.

4 Die Sorge für einen guten Namen darf nicht zur Eitelkeit verführen.

Dreiundzwanzigstens. Das ist jedoch wahr, daß wir dennoch einen guten Namen und Ehre haben müssen; und zwar soll sich jedermann so verhalten, daß man nichts Übles von ihm sagen könne und daß niemand an ihm Anstoß nehme. So sagt S. Paulus (Röm 12, 17): »Wir sollen uns befleißigen, daß wir Gutes tun, nicht allein vor Gott, sondern auch vor allen Menschen.« Und 2 Kor 4, 2: »Wir halten uns so ehrbar, damit kein Mensch etwas anderes von uns wisse.«

Aber hiebei gilt's großen Fleiß und Vorsicht, damit eine solche Ehre und guter Name das Herz nicht aufgeblasen mache und es zu Selbstgefälligkeit verleite. Und zwar gilt hier der Spruch Salomos (Spr 27, 21): »Wie durchs Feuer im Ofen das Gold erprobt wird, so wird der Mensch durch den Mund dessen erprobt, der ihn lobt.« Wenige und zwar ganz hochgeistliche Menschen müssen das sein, die bei Ehre und Lob einfach, gelassen und gleichmütig bleiben; solche Leute kümmern sich dann nicht darum und haben keinen Eigendünkel und Selbstgefallen daran, sondern bleiben innerlich ganz frei und los davon. Alles, was ihnen an Ehre und Namen zuteil wird, rechnen sie allein Gott zu; sie legen es ihm allein bei und gebrauchen es nicht anders als Gott zur Ehre und dem Nächsten zur Besserung und in gar keiner Weise für sich selbst zu eigenem Nutzen oder Vorteil.

Ein solcher wird also wegen der Ehre, die ihm zuteil wird, nicht das Maß verlieren oder sich überheben über den alleruntüchtigsten, verachtetsten Menschen, der auf Erden sein mag; er wird sich vielmehr als einen Knecht Gottes erkennen, dem Gott diese Ehre dazu gegeben hat, um ihm und seinem Nächsten damit zu dienen; nicht anders als hätte Gott ihm befohlen, einige Gulden um seinetwillen[8] an die Armen auszuteilen. So sagt Gott Matth 5, 16: »Euer Licht soll vor den Menschen leuchten, damit sie eure guten Werke sehen und eurem Vater die Ehre geben, der im Himmel ist.« Er sagt nicht: ›Sie sollen *euch* die Ehre geben‹, sondern ›eure Werke sollen nur ih-

8 *D. h. umsonst, ohne Entgelt, als Werk der Wohltätigkeit.*

nen zur Besserung dienen, daß sie darüber *Gott* in euch und bei sich selbst loben‹. Das ist der rechte Gebrauch des guten Namens und der Ehre, wenn Gott dadurch gelobt wird, daß andere sich bessern. Und wenn die Leute *uns* und nicht *Gott* in uns loben wollen, sollen wir's nicht leiden und dem mit allen Kräften wehren und davor fliehen als vor der allerschwersten Sünde, als vor einem Diebstahl an der Ehre Gottes.

5 Gott arbeitet an uns, um uns von aller Ehrsucht loszureißen.

Vierundzwanzigstens. Daher kommt es, daß Gott oftmals einen Menschen in schwere Sünde fallen oder in ihr liegen läßt, damit er vor sich selbst und jedermann zuschanden werde; sonst, wenn er beständig in seinen großen Taten und Tugenden geblieben wäre, hätte er sich nicht enthalten können gegenüber diesem großen Laster eitler Sucht und Ehre und gutem Namen. Da muß Gott gleichsam mit anderen schweren Sünden dieser Sünde wehren, damit sein heiliger Name allein in Ehren bleibe, und so wird eine Sünde zur Arznei für die andere um unserer verkehrten bösen Art willen, die nicht allein das Üble tut, sondern auch alles Gute mißbraucht.

6 Gott verwirft selbsterdachte »gute Werke« ebenso sehr wie böse.

Nun sieh, wie viel der Mensch zu schaffen hat, wenn er ›gute Werke‹ tun will! Allezeit liegen sie in großen Haufen vor ihm, und er ist allenthalben davon umringt. Leider läßt er sie in seiner Blindheit liegen und sucht nach andern, die ihm selber gut dünken und wohlgefallen, und geht ihnen nach. Dagegen kann niemand genug reden, davor niemand genug sich hüten. Damit haben alle Propheten zu schaffen gehabt, und alle sind darob erwürgt worden – allein deshalb, weil sie diese selbsterdachten Werke verwarfen und nur Gottes Gebot predigten. Einer von ihnen, Jeremia, sagt (7, 21 f): »So läßt euch der Gott Israels sagen: Nehmet nur eure Opfer hin und tut sie zusammen mit allen euren Gaben und fresset euer Opfer und Fleisch selber. Denn ich habe euch nichts von diesen geboten, sondern das habe ich euch geboten: ihr sollt meine Stimme hören (d. h. nicht was *euch* recht und gut dünkt, sondern was ich euch heiße) und sollt wandeln auf dem Wege, den *ich* euch geboten habe.« Und 5 Mose 12, 8. 32 heißt es: »Du sollst nicht tun, was *dich* recht und gut dünkt, sondern was dein *Gott* dir geboten hat.«

Diese und unzählige ähnliche Sprüche der Heiligen Schrift sind dazu gesagt, um die Menschen nicht allein von den Sünden loszureißen, sondern auch von den Werken, die ihnen gut und recht vorkommen, und sie nur auf Gottes Gebote in ihrem schlichten Sinn hinzulenken; die sollen sie allein und allezeit fleißig beherzigen, wie 2 Mose 13,9 geschrieben steht: »Du sollst dir diese meine Gebote wie ein Malzeichen an deiner Hand sein lassen und so einen steten Vorhalt vor deinen Augen.« Auch Ps 1,2 sagt: »Ein frommer Mensch redet (auch mit sich selbst) von dem Gebote Gottes Tag und Nacht.« Denn wir haben mehr als genug und zuviel zu schaffen, wenn wir allein Gottes Geboten genugtun sollen. Er hat uns Gebote von solcher Art gegeben, daß wir – wenn wir sie recht verstehen – fürwahr keinen Augenblick müßig zu gehen brauchen und alle andern Werke wohl vergessen können. Aber der böse Geist ruht nicht: wenn er uns nicht auf die linke Seite in die bösen Werke hinein führen kann, so ficht er auf der rechten Seite durch selbsterdachte, in die Augen fallende ›gute Werke‹. Dagegen aber hat Gott 5 Mose 28,14; Jos 23,6 das Gebot gegeben: »Ihr sollt nicht wanken von meinen Geboten, weder zur rechten noch zur linken Hand.«

Das dritte Werk des zweiten Gebots ist: Gottes Namen anrufen.

1 Gott schickt uns Anfechtungen, damit wir uns betend zu ihm wenden.

Fünfundzwanzigstens. Das dritte Werk dieses Gebotes ist, Gottes Namen in Not aller Art anzurufen. Denn das achtet Gott als Heiligung und große Ehrung seines Namens, wenn wir diesen in der Anfechtung und Not aussprechen und anrufen. Auch ist das letzten Endes der Grund, warum er uns viel Not, Leiden, Anfechtung und sogar den Tod zuteilt und uns noch außerdem in vielen bösen, sündigen Neigungen leben läßt. Er will nämlich dadurch den Menschen drängen und ihm einen starken Anlaß geben, zu ihm zu laufen, zu schreien, seinen heiligen Namen anzurufen, und so dieses Werk des zweiten Gebotes zu erfüllen; davon sagt er Ps 50,15.14: »Rufe mich an in deiner Not, so will ich dir helfen, so sollst du mich ehren; denn ein Opfer des Lobes will ich haben.« Und das ist der Weg, auf dem du zur Seligkeit kommen kannst; denn durch dieses Werk nimmt der Mensch wahr und erfährt, was Gottes Name ist, wie mächtig er ist, allen zu helfen, die ihn anrufen. Dadurch wächst gar sehr die Zuversicht und der Glaube und erfüllt das erste und höchste Gebot. Das hat David (Ps 54, 9. 8) erfahren: »Du hast mich erlöst von aller Not, darum will ich deinen Namen nachsagen und bekennen, daß er lieblich und süß ist.« Und Ps 91, 14 spricht Gott: »Ich will ihn erlösen, weil er auf mich hofft; ich will ihm helfen, weil er meinen Namen erkannt hat.«

Nun sieh: welcher Mensch ist auf Erden, der nicht sein Leben lang auch an diesem Werk genug zu tun hätte? Denn wer ist eine Stunde lang ohne Anfechtung? Ich will dabei schweigen von den Anfechtungen durch das, was uns zuwider ist, deren es unzählig viele sind. Ist doch das sogar die gefährlichste Anfechtung, wenn keine Anfechtung da ist und alles wohl steht und gut geht: daß der Mensch dann dabei Gott nicht vergesse, zu zuversichtlich werde und die glückliche Zeit mißbrauche. Ja, hier bedarf er es noch zehnmal mehr als in widriger Zeit, daß er Gottes Namen anrufe; steht doch Ps 91, 7 geschrieben: »Tausend fallen auf der linken Seite und zehntausend auf der rechten Seite.«9 Ebenso sehen wir das am hellen Tage in der täglichen Erfahrung aller Menschen, daß greulichere Sünden und Laster geschehen, wenn Frieden herrscht, alle Dinge wohlfeil sind und gute Zeit ist, als wenn Krieg, Seuche, Krankheiten und Unglück aller Art uns belastet hat. Darum hatte auch Mose für sein Volk die Sorge, es würde aus keiner anderen Ursache Gottes Gebot vernachlässigen, als weil es zu voll und zu satt wäre und zu viel Ruhe hätte. So sagt er 5 Mose 32, 15: »Mein liebes Volk ist reich, voll und fett geworden; darum hat es seinem Gott widerstrebt.« Deshalb ließ auch Gott diesem Volk viele seiner Feinde übrig bleiben und wollte sie nicht vertreiben, damit sie keine Ruhe hätten und sich üben müßten, an Gottes Geboten festzuhalten, wie Richt 3, 1 f geschrieben steht. Ebenso macht er es auch bei uns, wenn er uns Unglück aller Art zufügt; so sehr besorgt ist er für uns, um uns zu lehren und anzutreiben, daß wir seinen Namen ehren und anrufen, Zuversicht und Glauben ihm gegenüber gewinnen und so die ersten zwei Gebote erfüllen.

2 Alle äußere Not soll uns zu nichts anderem als zum Beten treiben.

Sechsundzwanzigstens. Hier handeln nun die törichten Menschen in gefährlicher Weise, und zwar besonders die auf eigne Werke be-

9 *Luther deutet den Spruch allegorisch in dem Sinn: zur Linken fallen heiße sündigen, wenn einem Böses widerfährt; zur Rechten fallen bedeute zu Fall kommen, wenn man zu Bösem verlockt wird.*

dachten Heiligen und wer etwas Besonderes sein will: Da lernen sie sich bekreuzigen; der eine schirmt sich mit Himmelsbriefen, der andere läuft zu den Wahrsagern;[10] der eine sucht dies, der andere das, um nur dem Unglück zu entlaufen und davor sicher zu sein. Es ist nicht aufzuzählen, was für teufliches Blendwerk dabei im Spiel ist und herrscht mit Zaubern, Beschwören, Aberglauben. Das alles geschieht darum, um nur Gottes Namen nicht nötig zu haben und ihm nichts zuzutrauen. Hier widerfährt dem Namen Gottes und den beiden ersten Geboten große Unehre: man sucht beim Teufel, bei Menschen oder andern Geschöpfen, was allein bei Gott durch einen reinen, bloßen Glauben, durch Zuversicht und fröhliches Sichdranwagen und Anrufen seines heiligen Namens gesucht und gefunden werden sollte.

Nun magst du es selbst mit Händen greifen, ob das nicht eine große, tolle Verkehrung ist: dem Teufel, den Menschen und andern Geschöpfen müssen sie glauben und ihnen das Beste zutrauen; und außer diesem Glauben und Zutrauen hält und hilft [nach ihrer Meinung] nichts. Was soll doch der gerechte, treue Gott entgelten, daß man ihm nicht auch ebensoviel oder mehr glaubt und traut als dem Menschen und dem Teufel? Sagt er uns doch nicht allein Hilfe und gewissen Beistand zu, sondern gebietet auch noch, das mit Zuversicht von ihm zu erwarten, und gibt Anlaß aller Art dazu und treibt an, solchen Glauben und Vertrauen in ihn zu setzen! Ist das nicht zu beklagen und zum Erbarmen: der Teufel oder der Mensch, der nichts gebietet, auch nicht dazu drängt, sondern nur Zusagen und Versprechungen macht, wird *über* Gott gesetzt, der zusagt, drängt und gebietet, und es wird von ihm mehr als von Gott selber gehalten? Wir sollten uns geziemenderweise schämen und uns an denen ein Beispiel nehmen, die dem Teufel oder Menschen trauen. Denn wenn der Teufel, der doch ein böser, lügenhafter Geist ist, allen denen die Treue hält, die sich mit ihm verbünden, wie viel mehr, ja allein wird der allergütigste, wahrhaftigste Gott die Treue halten,

10 *Zum Schutz gegen die teuflischen Einflüsse und zur Abwehr von drohendem Unglück machte man das Kreuzeszeichen über sich oder trug alle möglichen Gegenstände mit sich, denen man eine Zauberwirkung zuschrieb (vor allem auch Zettel mit Bibelstellen oder Gebeten). Der Gang zum Wahrsager sollte über die kommenden Gefahren aufklären und die richtigen Mittel finden lassen (z. B. durch Beschwörung der teuflischen Macht).*

wenn jemand ihm traut! Ein reicher Mann vertraut und verläßt sich auf sein Geld und Gut, und es hilft ihm; und *wir* wollen nicht auf den lebendigen Gott vertrauen und uns verlassen, daß er uns helfen wolle oder könne? Man sagt: »Gut macht Mut«, und das ist wahr. In diesem Sinn schreibt Baruch (3, 17), das Gold sei etwas, worauf die Menschen sich verlassen. Aber sehr viel größer ist der Mut, den das höchste, ewige Gut macht; darauf freilich verlassen sich nicht ›die Menschen‹, sondern allein Gottes Kinder.

3 Auch die innere Not der Sünde soll uns zum Anrufen Gottes bringen.

Siebenundzwanzigstens. Wenn nun schon keine dieser Widerwärtigkeiten uns zwänge, Gottes Namen anzurufen und ihm zu trauen, so wäre doch wohl die Sünde allein schon mehr als genug, uns in diesem Werk zu üben und anzutreiben. Denn die Sünde hat uns mit einem dreifachen starken, großen Heere umlagert. Das erste ist unser eigenes Fleisch, das zweite die Welt, das dritte der böse Geist. Durch diese werden wir ohne Unterlaß umgetrieben und angefochten. Damit gibt uns Gott Anlaß, ohne Unterlaß gute Werke zu tun, d. h. mit diesen Feinden und Sünden zu streiten. Das Fleisch sucht Lust und Ruhe, die Welt sucht Gut, Gunst, Gewalt und Ehre, der böse Geist sucht Hoffart, Ruhm, Selbstgefälligkeit und Verachtung anderer Leute.

Und zwar sind diese [drei] Größen allesamt so mächtig, daß jede von ihnen für sich selbst schon genügt, um einen Menschen niederzuringen. Können wir sie doch auf keine andre Weise überwinden, als allein dadurch, daß wir den heiligen Namen Gottes in einem festen Glauben anrufen. So sagt Salomo (Spr 18, 10): »Der Name Gottes ist ein fester Turm; der Gläubige flieht dahin und wird so über alles hinausgehoben.« Ebenso sagt David (Ps 116, 13): »Ich will den heilbringenden Kelch trinken und Gottes Namen anrufen.« Ferner Ps 18, 4: »Ich will Gott mit Loben anrufen; so werde ich von allen meinen Feinden errettet werden.« Diese Werke und die Kraft des göttlichen Namens sind uns unbekannt geworden, weil wir nicht an ihn gewöhnt waren, noch nie ernstlich mit Sünden gestritten und seinen Namen nicht nötig gehabt haben. Das kommt daher: wir sind bloß in unsern selbsterdachten Werken geübt, die wir mit unsern eigenen Kräften haben tun können.

Das vierte Werk des zweiten Gebots ist: Gottes Namen gegen allen
Mißbrauch schützen.

1 Wir sollen jeden Mißbrauch des Namens Gottes bekämpfen.

Achtundzwanzigstens. Auch das sind Werke dieses Gebotes, daß wir mit dem heiligen Namen Gottes nicht schwören, fluchen, lügen, trügen, zaubern und andern Mißbrauch treiben sollen. Das sind ja ganz grobe Stücke und jedermann wohl bekannt; es sind die Sünden, die man ganz allein bei diesem Gebot gepredigt und verkündigt hat. Darin ist auch das inbegriffen, daß wir auch andern wehren sollen zu lügen, zu schwören, zu trügen, zu fluchen, zu zaubern und in anderer Weise mit Gottes Namen zu sündigen. Damit werden abermals viele Anlässe gegeben, Gutes zu tun und Bösem zu wehren.

Aber das größte und allerschwerste Werk dieses Gebotes ist das, den heiligen Namen Gottes gegen alle zu schützen, die ihn in geistlicher Weise mißbrauchen, und ihn unter allen diesen auszubreiten. Denn es ist nicht genug, daß ich für mich selbst und in mir selbst den göttlichen Namen lobe und anrufe in Glück und Unglück: ich muß hervortreten und um der Ehre und des Namens Gottes willen die Feindschaft aller Menschen auf mich laden, wie Christus zu seinen Jüngern sprach (Matth 10, 22): »Um meines Namens willen werden euch alle Menschen feind sein.« Hier müssen wir Vater, Mutter und die besten Freunde erzürnen; hier müssen wir den geistlichen und weltlichen Obrigkeiten Widerstand leisten und uns deshalb ungehorsam schelten lassen; hier müssen wir die Reichen, Gelehrten, Heiligen und alles, was in der Welt etwas ist, wider uns erregen.

Und obwohl das besonders die Schuldigkeit derer ist, denen Gottes Wort zu predigen befohlen ist, so ist doch auch jeder Christ dazu verpflichtet, wo die Zeit und Gelegenheit es fordert. Denn wir müssen für den heiligen Namen Gottes alles einsetzen und drangeben, was wir haben und können, und müssen mit der Tat beweisen, daß wir Gott und seinen Namen, seine Ehre und sein Lob mehr als alle Dinge lieben, und daß wir auf ihn mehr als auf alle Dinge vertrauen und Gutes von ihm erwarten. Damit sollen wir bekennen, daß wir ihn für das höchste Gut achten, um dessen willen wir alle andern Güter fahren lassen und dransetzen.

Neunundzwanzigstens. Hier müssen wir erstlich allem Unrecht widerstreben, wo die Wahrheit oder Gerechtigkeit Gewalt und Not leidet, und dürfen dabei keinen Unterschied unter den Personen machen, wie es einige tun. Sie fechten gar fleißig und emsig gegen das Unrecht, das den Reichen, Gewaltigen und Freunden geschieht; aber wo es dem Armen oder Verachteten oder den Feinden geschieht, sind sie ganz still und duldsam. Diese sehen den Namen und die Ehre Gottes nicht an, wie sie an sich sind, sondern durch ein bemaltes Glas: sie messen die Wahrheit oder Gerechtigkeit nach den Personen und werden dessen nicht gewahr, daß ihr Auge falsch eingestellt ist, da es mehr auf die Person als auf die Sache sieht. Das sind verkappte Heuchler; sie geben sich nur den Anschein, als schützten sie die Wahrheit. Denn sie wissen wohl, daß es ungefährlich ist, wenn man den Reichen, Gewaltigen, Gelehrten und Freunden beisteht; man kann von diesen ja seinerseits Nutzen haben und sich von ihnen beschützen und ehren lassen.

In dieser Art ist's gar leicht, wider das Unrecht zu fechten, das Päpsten, Königen, Fürsten, Bischöfen und andern großen Herren widerfährt. Hier will jedermann der Tüchtigste sein, wo es nicht so nötig ist. O wie heimlich treibt es hier der falsche Adam mit seinem Bestreben; wie fein deckt er das eigensüchtige Streben nach seinem Vorteil mit dem Namen der Wahrheit und Gerechtigkeit und der Ehre Gottes! Wenn aber einem armen und geringen Menschen etwas widerfährt, so entdeckt sein falsch eingestelltes Auge nicht viel Vorteil,[11] dagegen sieht es wohl die Ungunst der Gewalthaber: darum läßt er den Armen wohl ohne Hilfe bleiben. Und wer könnte die Häufigkeit dieses Lasters in der Christenheit aufzählen? So spricht Gott in Ps 82, 2 ff: »Wie lange richtet ihr so unrecht und nehmt Rücksicht auf die *Person* des Ungerechten? Richtet dem Armen und Waisen seine Sache, und dem Elenden und Bedürftigen fördert sein Recht; erlöset den Armen, und dem Verlassenen helft vor der Gewalt des Ungerechten.« Aber man tut's nicht; darum heißt es auch dort weiter (Ps 82, 5): »Sie wissen nichts und verstehen auch nichts;

---

11 *Bei einem Eintreten für den Armen kommt nichts für den heraus, der auf seinen Vorteil bedacht ist; er verscherzt vielmehr die Gunst der Machthaber.*

sie wandeln in Finsternis«, d. h. die Wahrheit sehen sie nicht, sondern sie haften mit ihrem Blick allein an den Großen, so ungerecht
diese auch sind, und wollen von den Armen nichts wissen, so gerecht
diese auch sind.

3 Kann man dem Recht nicht zum Sieg helfen, so zeuge man doch dafür.

Dreißigstens. Sieh, da wären wohl viel gute Werke zu tun vorhanden; denn der größere Teil der Gewaltigen, Reichen und Freunde
tun Unrecht und üben Gewalt gegenüber den Armen, Geringen und
Widersachern, und zwar je größer sie sind, desto ärger. Wenn man
hier nicht mit Gewalt wehren und der Wahrheit zu Hilfe kommen
kann, soll man es doch offen aussprechen und [wenigstens] mit Worten etwas dazu tun; man soll den Ungerechten nicht beistimmen, ihnen nicht recht geben, sondern die Wahrheit frei heraussagen.

Was hülfe es doch, wenn der Mensch Gutes aller Art täte, wenn
er nach Rom und zu allen heiligen Stätten liefe, allen Ablaß erwürbe,
alle Kirchen und Stifte baute, – und er würde *hier*, in der Sache des
Namens und der Ehre Gottes, schuldig erfunden, daß er nämlich von
ihr geschwiegen und sie vernachlässigt und [dagegen] sein Gut, seine
Ehre, Beliebtheit und Freunde höher geachtet hätte als die Wahrheit
(die selber Gottes Namen und Ehre ist)? Oder wer ist der, dem dieses
gute Werk nicht täglich vor seine Tür und in sein Haus kommt, so
daß er es nicht nötig hätte, weit nach ›guten Werken‹ zu laufen oder
zu fragen? Und wenn wir der Menschen Leben ansehen, wie es in
diesem Stück bei allen Gelegenheiten so gar geschwind und leicht
verfährt, so müssen wir mit dem Propheten[12] (Ps 116, 11) rufen:
»Omnis homo mendax«, »Alle Menschen sind falsch, lügen und trügen«. Denn die rechten, hauptsächlichen ›guten Werke‹ lassen sie anstehen; dafür schmücken und schminken sie sich mit den geringsten;
und dabei wollen sie rechtschaffen sein und mit stiller Ruhe gen
Himmel fahren.

4 Wohl kämpft Gott selbst für das Recht, aber er will uns als Helfer.

Aber du wendest ein: »Warum übernimmt es Gott nicht allein
und selber, jedem[13] zu helfen, wo er das doch wohl kann und weiß?«
Ja, er *kann's* wohl; er *will* es aber nicht allein tun. Er will, daß wir

---

12 *Luther bezeichnet David und alle andern Psalmsänger als »Propheten«.*
13 *Gemeint ist: jedem, dem Unrecht widerfährt.*

mit ihm wirken, und er erweist uns die Ehre, daß er mit uns und durch uns sein Werk wirken will. Und wenn *wir* für uns von dieser Ehre keinen Gebrauch machen wollen, so wird *er* es doch allein ausrichten und den Armen helfen; und die Leute, die ihm nicht haben helfen wollen und die große Ehre, an seinem Werke mitzuwirken, verschmäht haben, wird er zusammen mit den Ungerechten verdammen als solche, die es mit den Ungerechten gehalten haben. Es ist geradeso, wie er auch allein selig ist, aber uns die Ehre antun will und nicht allein selig sein, sondern uns mit sich selig haben möchte. Ferner wären, wenn er es alleine täte,[14] seine Gebote vergebens für uns eingesetzt, weil dann niemand Anlaß hätte, sich in den großen Werken dieser Gebote zu üben; es würde dann auch niemand die Probe machen, ob er Gott und seinen Namen für das höchste Gut achtet und um seinetwillen alles dransetzt.

5 Wir dürfen uns dem falschen Anspruch geistlicher Gewalt nicht beugen.

Einunddreißigstens. Zu diesem Werk gehört es auch, allen falschen, verführerischen, irrigen, ketzerischen Lehren, allem Mißbrauch geistlicher Gewalt[15] Widerstand zu leisten. Das ist nun noch viel schwerer; denn diese Leute fechten eben mit dem heiligen Namen Gottes *gegen* Gottes Namen. Deshalb macht es großes Aufsehen und erscheint gefährlich, ihnen zu widerstehen; geben sie doch vor, wer ihnen widerstrebe, der widerstrebe Gott und allen seinen Heiligen. An deren Statt sitzen sie ja und üben ihre Gewalt aus; sie behaupten, daß Christus (Luk 10, 16) von ihnen gesagt habe: «Wer euch hört, der hört mich, und wer euch verachtet, der verachtet mich.» Auf diese Worte stützen sie sich ganz stark und werden sie frech und kühn, so daß sie sagen, tun und lassen, was sie wollen: sie bannen, verfluchen, rauben, töten und treiben alle ihre Bosheit, wie sie es nur gelüstet und sie es ausdenken können, ohne sich irgendwie hindern zu lassen. Nun hat Christus nicht gemeint, wir sollen sie in *allem* hören, was sie sagen und tun, sondern nur, wenn sie *sein* Wort, das Evangelium, nicht *ihr* Wort, *sein* Werk und nicht *ihr* Werk uns vorhalten. Wie könnten wir sonst wissen, ob ihre Lügen und Sünden

14 *D. h. wenn Gott selbst den ungerecht Behandelten errettete.*
15 *»Geistliche Gewalt« ist das Gegenstück zur »weltlichen Obrigkeit«; Träger dieser »Gewalt« sind alle »geistlichen« Amtspersonen, wie Papst, Bischof, Priester usw.*

zu meiden wären? Es muß wenigstens eine Regel geben, inwiefern sie zu hören sind und ihnen zu folgen ist; und diese Regel darf nicht von *ihnen,* sondern muß von *Gott* über sie festgesetzt sein, so daß wir uns darnach zu richten wissen, wie wir beim vierten Gebot hören werden.

6 Der vielfache Mißbrauch geistlicher Gewalt stellt uns Aufgaben genug.

Nun *muß* es so sein, daß auch im geistlichen Stand der größere Teil falsche Lehre predigt und die geistliche Gewalt mißbraucht;[16] denn es soll uns Anlaß gegeben werden, das Werk dieses Gebotes zu tun, und wir sollen auf die Probe gestellt werden, was wir gegen solche Gotteslästerer um der Ehre Gottes willen tun und lassen wollen.

O wenn wir hier rechtschaffen wären – wie oft müßten die Offizialschurken[17] ihren päpstlichen und bischöflichen Bann[18] vergebens fällen! Wie sollten dann die römischen Donnerschläge so matt werden! Wie oft müßte mancher das Maul halten, dem jetzt die Welt zuhören muß! Wie wenig Prediger würde man dann in der Christenheit finden! Aber es hat überhand genommen, daß alles recht sein muß, was und wie sie es nur behaupten. Hier ist niemand, der für Gottes Namen und Ehre stritte, und ich halte dafür, daß unter den äußerlichen Werken keine größere noch allgemeinere Sünde geschieht als in diesem Stück. Es ist hohe Sache, die nur wenige verstehen, dazu gefährlich anzugreifen ist, da sie mit Gottes Namen und Gewalt geschmückt ist. Aber die Propheten vorzeiten sind Meister darin gewesen, auch die Apostel, besonders S. Paulus; die ließen sich's gar nicht anfechten, ob es der oberste oder der unterste Priester gesagt, ob er es in Gottes oder in seinem eigenen Namen getan hatte. Sie faßten die Werke und Worte ins Auge und verglichen sie mit Gottes Gebot, ohne darauf zu sehen, ob es der große Hans oder der kleine

16 *1520, als Luther diese Worte schrieb, war von einer Reformation noch nicht viel zu spüren.*
17 *Offizialen heißen die kirchlichen Gerichtsbeamten, durch welche die Bischöfe bzw. der Papst ihre Gerichtsbarkeit ausüben lassen. Luther hatte in seiner eigenen Geschichte genug von den gerügten Mißbräuchen erlebt.*
18 *Der kirchliche Bann bedeutet nach katholischem Recht einen Ausschluß aus der kirchlichen Gemeinschaft, wodurch der Gebannte der kirchlichen Gnaden und Rechte verlustig geht; das widerfuhr Luther 1520.*

Nickel[19] gesagt, ob er's in Gottes oder in der Menschen Namen getan hatte; darum mußten sie auch sterben. Davon wäre zu unseren Zeiten noch viel mehr zu sagen, weil es jetzt viel ärger geworden ist. Christus aber und S. Petrus und Paulus müssen das alles mit ihren heiligen Namen decken, so daß kein schändlicherer Schanddeckel auf Erden gekommen ist als eben der allerheiligste, hochgepriesene Name Jesu Christi.

Es könnte einem vor dem Leben grauen allein wegen des Mißbrauchs und der Lästerung des heiligen Namens Gottes. Unter diesem werden wir, so fürchte ich, falls dieser Mißbrauch noch länger währen sollte, den Teufel öffentlich als einen Gott anbeten. So ganz übermäßig grob gehen die Träger der geistlichen Gewalt und die Gelehrten mit diesen Sachen um. Es ist hohe Zeit, daß wir Gott mit Ernst bitten, daß er seinen Namen heiligen wolle. Es wird aber Blut kosten, und die auf dem Gut der heiligen Märtyrer sitzen und mit ihrem Blut gewonnen sind, müssen dann ihrerseits selbst Märtyrer machen.[20] Davon ein andermal mehr.

Vom dritten Gebot

[Du sollst den Feiertag heiligen]

Einleitung: Das dritte Gebot im Zusammenhang der ersten »Tafel«.[1]

Erstens. Nun haben wir gesehen, wie viel gute Werke im zweiten Gebote enthalten sind; Werke, welche doch an sich selbst nicht gut sind, wenn sie nicht im Glauben und in der zuversichtlichen Erwartung göttlicher Huld geschehen. Wir sahen, wieviel wir zu tun haben, wenn wir allein dieses Gebot beherzigen wollen, und wie leider viele mit anderen Werken umgehen, die für dieses Gebot gar kein Ver-

19 *Mit dem »großen Hans« meint Luther einen Herrn von höherem Stande, mit dem »kleinen Nickel« (Nikolaus) einen Mann von geringerer Herkunft.*

20 *Die Voraussage, daß die kirchlichen Machthaber im Namen Gottes wieder Märtyrer schaffen würden, ist in Bälde eingetroffen. 1523 wurden die ersten Evangelischen in Brüssel verbrannt; Luther selbst war für seine Person auf ein gleiches Schicksal gefaßt.*

1 *Luther geht hier von einer Zählung nach »guten Werken« zur Zählung nach den Geboten über.*

ständnis haben. Nun folgt das dritte Gebot: »Du sollst den Feiertag heiligen.« In dem ersten ist geboten, wie sich unser Herz mit *Gedanken*, im zweiten, wie sich der Mund mit *Worten* Gott gegenüber verhalten soll; in diesem dritten wird geboten, wie wir uns Gott gegenüber *in Werken* benehmen sollen. Und das ist die erste und rechte Tafel Moses,[2] auf der diese drei Gebote geschrieben sind: sie regieren den Menschen auf der rechten Seite, d. h. in den Dingen, die Gott angehen und in denen Gott mit ihm und er mit Gott ohne Vermittlung irgendeines Geschöpfes zu tun hat.

Das erste Werk des dritten Gebots

Die gottesdienstliche Feier in Messe und Predigt.

1 Ohne Glauben ist all unser Gottesdienst nutz- und wertlos.

Die ersten Werke dieses Gebotes sind deutlich und sinnenfällig; die heißen wir gemeinhin Gottesdienst, wie z. B. Messe hören,[3] beten, Predigt hören an den heiligen Tagen.[4] Nach dieser Auffassung sind nur ganz wenig Werke in diesem Gebot vorgeschrieben; wenn sie überdies nicht in der Zuversicht und im Glauben an Gottes Huld geschehen, so sind sie nichts, wie schon oben gesagt worden ist. Darum wäre es auch wohl gut, wenn es wenig heilige Tage gäbe; denn die Werke, die zu unseren Zeiten an ihnen geschehen, sind zum größeren Teil ärger als die an den Werktagen: mit Müßiggang, Fressen und Saufen, Spielen und anderen bösen Taten. Obendrein werden die Messe und die Predigt angehört, ohne daß irgend eine Besserung

2 *Die beiden Gesetzestafeln, die Mose nach 2 Mose 31, 18 aus der Hand Gottes empfing, brachte man früh schon in Verbindung mit dem Doppelgebot der Liebe, das Jesus gab (Matth 22, 37 ff); dann war die »erste Tafel Moses« die Reihe der Gebote, welche die Liebe zu Gott einschärften, das heißt das 1., 2. und 3. Gebot (in kirchlicher Zählung). Im Unterschied von der »zweiten Tafel«, die es mit dem Nächsten zu tun hat, betrifft die erste die »rechte Seite«, d. h. das Gottesverhältnis des Menschen.*
3 *Luther hat 1520, als er diese Schrift verfaßte, den katholischen Meßgottesdienst noch unbefangen als gegebene Form vorausgesetzt, obwohl er sich vom Sinn der römischen Messe schon weit entfernt hatte.*
4 *»Heilige« Tage gab es überreichlich; neben Sonn- und Festtagen wurde eine Unzahl von Feiertagen gehalten, die der Maria, der »Mutter Gottes«, und den andern Heiligen geweiht waren.*

daraus folgen würde; das Gebet wird ohne Glauben gesprochen. Es geht weithin so zu, daß man meint, es sei genug geschehen, wenn wir die Messe mit den Augen gesehen,[5] die Predigt mit den Ohren gehört, das Gebet mit dem Mund gesprochen haben. So äußerlich gehen wir drüber hin und denken nicht daran, etwas aus der Messe ins Herz zu empfangen, etwas aus der Predigt zu lernen und zu behalten, etwas mit dem Gebet zu suchen, zu begehren und zu erwarten. Freilich, die größte Schuld haben hier die Bischöfe und Priester oder diejenigen, welchen sonst das Predigen anbefohlen ist;[6] denn sie predigen nicht das Evangelium und lehren die Leute nicht, *wie sie die Messe sehen, die Predigt hören und beten sollen.* Darum wollen wir diese drei Werke in Kürze auslegen.

2 *Es gilt, die Messe als Christi Testament im Glauben recht zu begehren.*

Zweitens. In der Messe ist es nötig, daß wir auch mit dem Herzen dabei sind. Wir sind aber dann dabei, wenn wir den Glauben im Herzen betätigen. Hier müssen wir die Worte Christi anführen, wie er die Messe[7] einsetzt und spricht (Matth 26, 26 ff): »Nehmet hin und esset; das ist mein Leib, der für euch gegeben wird.« Desgleichen den Kelch betreffend: »Nehmet hin und trinket alle daraus; das ist ein neues, ewiges Testament in meinem Blut, das für euch und für viele vergossen wird zur Vergebung der Sünden. Das sollt ihr, so oft ihr's tut, zu meinem Gedächtnis tun.« In diesen Worten hat Christus sich eine Sterbefeier oder Jahrtag[8] gestiftet, der täglich in aller Christenheit nach seinem Vorgang zu halten ist, und er hat ein herrliches, reiches, großes Testament dazu gemacht, worin nicht Zins,

5 *Soweit beim katholischen Meßgottesdienst alten Stils die Gemeinde sich nicht betätigen kann, sondern auf das Anhören unverstandener lateinischer Texte bzw. auf das Zuschauen bei der »Stillmesse« angewiesen ist, ist die Gefahr, von der hier Luther redet, besonders naheliegend.*
6 *Im späteren Mittelalter fanden am Nachmittag oder gegen Abend Predigtgottesdienste statt, die von sog. Prädikanten gehalten wurden.*
7 *Das Wort »Messe« hat Luther zeitlebens für das Abendmahl gebraucht, auch nachdem er die römische Lehre vom »Meßopfer« als teuflische Verzerrung zu beurteilen gelernt hatte.*
8 *»Jahrtag« hieß die jährliche Wiederkehr des Begräbnistages. Zu dessen Feier pflegte man gerne testamentarisch eine Stiftung zu machen; aus ihren Zinsen wurden die Kosten für eine Messe bestritten, die jedes Jahr für die verstorbene Seele zu lesen war.*

Geld oder zeitliches Gut uns vermacht und angewiesen ist, sondern Vergebung aller Sünden, Gnade und Barmherzigkeit zum ewigen Leben. Er will, daß alle, die zu dieser Sterbefeier kommen, dieses Testament zu eigen haben sollen, und er ist daraufhin gestorben, damit dieses Testament beständig und unwiderruflich geworden ist. Als Zeichen und Urkunde hierfür hat er an Stelle von Brief und Siegel seinen eigenen Leib und Blut unter der Gestalt von Brot und Wein hier gelassen.

Hier ist es nun nötig, daß der Mensch das erste Werk dieses Gebotes recht wohl übe: er zweifle ja nicht daran, daß es so sei, und lasse sich das Testament gewiß sein, damit er nicht Christus zu einem Lügner mache. Denn wenn du bei der Messe stehst und denkst oder glaubst nicht, daß dir hier Christus durch sein Testament Vergebung aller Sünden vermacht und gegeben hat, – was heißt das anderes als du sprächest: »Ich weiß nicht (oder glaub's nicht, daß es wahr ist), daß mir hier Vergebung meiner Sünden vermacht oder gegeben ist«? O, wie viele Messen gibt es zurzeit in der Welt, wie wenige Menschen aber, die sie mit solchem Glauben und Nutzanwendung hören! Dadurch wird Gott gar schwer erzürnt. Deshalb soll und kann auch niemand der Messe fruchtbringend beiwohnen, wenn er nicht in Betrübnis ist, Gottes Gnade begehrt und seine Sünde gerne los wäre; oder falls er je einen bösen Vorsatz hat, soll er doch unter der Messe sich wandeln und ein Verlangen nach diesem Testament gewinnen. (Darum ließ man früher[9] keinen offenkundigen Sünder bei der Messe dabeisein.)

Wenn es nun mit diesem Glauben recht steht, so muß das Herz durch das Testament fröhlich werden und in Gottes Liebe erwarmen und zerschmelzen; daraus folgt dann Lob und Dank aus süßem Herzen. Davon heißt die Messe auf griechisch Eucharistia, d. h. Danksagung; denn wir loben und danken Gott für dieses tröstliche, reiche, heilvolle Testament, gerade so wie der dankt, lobt und fröhlich ist, dem ein guter Freund tausend oder mehr Gulden vermacht hat. Freilich geht es Christus oftmals gerade so wie solchen, die durch ihr Testament einige Leute reich machen, welche ihrer nicht mehr ge-

---

9 *In der alten Kirche wurden die »Todsünder« (d. h. Unzüchtige, Götzendiener und Mörder) aus der Gemeinde und ihrem Gottesdienst ausgeschlossen; erst allmählich schuf man die Möglichkeit, daß sie nach einem schweren, demütigenden Bußverfahren wieder aufgenommen wurden.*

denken und ihnen weder Lob noch Dank sagen. So geht es jetzt mit unseren Messen: sie werden nur gehalten, ohne daß man weiß, wozu oder warum sie dienlich sind. Daher kommt's, daß wir auch weder danken noch lieben noch loben; wir bleiben dürr und hart dabei und lassen es bei unseren Gebetlein bewenden. Davon ein andermal mehr.

3 Auch in der Predigt sollen wir Christi Testament zeigen und hören.

Drittens. Die Predigt nun sollte nichts anderes sein als die Verkündigung dieses Testaments. Aber wer kann's hören, wenn niemand predigt? Nun wissen's ja die selber nicht, die es predigen sollen; darum gehen die Predigten spazieren in andern Geschichten, die nichts taugen, und so wird Christus vergessen. Da geschieht uns das Gleiche wie dem Mann in 2 Kön 7, 19 f: Wir sehen das Gut, das uns gehört, und kommen doch nicht dazu, es zu genießen. Davon sagt auch der Prediger (6, 2): »Das ist ein großes Übel, wenn Gott einem Menschen Reichtum gibt und läßt ihn keinen Genuß davon mehr haben.« Ebenso *sehen* wir unzählig viele Messen und wissen dabei nicht, ob es ein Testament, ob es dies oder das sei; gerade als wäre es für sich selbst irgend sonst ein gewöhnliches gutes Werk. O Gott, wie sind wir so sehr verblendet! Wo aber dies recht gepredigt wird, da ist es nötig, daß man es mit Fleiß höre, auffasse, behalte und oft daran denke; so stärke man den Glauben wider alle Anfechtungen der Sünde, mögen sie vergangen, gegenwärtig oder zukünftig sein. Sieh, das ist die einzige Zeremonie oder feierliche Handlung, die Christus eingesetzt hat; bei ihr sollen sich seine Christen versammeln, üben und einträchtig halten. Hat er sie doch nicht wie andere Zeremonien ein bloßes Werk sein lassen, sondern einen reichen, überschwenglichen Schatz darein gelegt, der allen denen auszuteilen und zuzueignen ist, die daran glauben.

4 Verachtung und Unterlassung solcher Predigt ist schwere Sünde.

Diese Predigt soll dazu aufmuntern: sie soll den Sündern ihre Sünde leid machen und die Begierde nach dem Schatz anzünden. Darum muß es eine schwere Sünde sein, wenn sie das Evangelium nicht hören und diesen Schatz, dies reiche Mahl, verachten, zu dem sie eingeladen werden. Eine noch viel größere Sünde aber muß es sein, nicht das Evangelium zu predigen und so viele Menschen, die das gerne hören würden, verderben zu lassen. Hat doch Christus so streng das

Evangelium und dieses Testament zu predigen geboten, daß er auch die Messe nicht gehalten haben will, ohne daß dabei das Evangelium gepredigt werde. So sagt er (1 Kor 11, 25): »So oft ihr das tut, so gedenkt meiner dabei«, d. h. (wie S. Paulus 1 Kor 11, 26 sagt): »Ihr sollt von seinem Tode predigen.« Deshalb ist es schrecklich und furchtbar, in unseren Zeiten Bischof, Pfarrer und Prediger zu sein; denn niemand kennt mehr dieses Testament, geschweige denn wissen sie, daß sie es predigen sollten. Und das ist doch ihre höchste und einzige Pflicht und Schuldigkeit! Wie schwer werden sie tun, Rechenschaft zu geben für so viele Seelen, die verderben müssen, weil es an solchem Predigen gefehlt hat!

Die rechte Übung des Gebets, wie sie im Glauben geschieht.
1 Der Glaubende betet um bestimmte Anliegen und in Gewißheit.

Viertens. Beim Gebet soll man nicht, wie es Gewohnheit ist, viel Blätter oder Körnlein[10] zählen, sondern man soll einige Nöte vornehmen, die einem ein Anliegen sind, diese mit ganzem Ernst begehren und darin den Glauben und die Zuversicht zu Gott so betätigen, daß wir nicht daran zweifeln, wir werden erhört. So lehrt es S. Bernhard[11] seine Brüder, wenn er sagt: »Liebe Brüder, ihr sollt euer Gebet niemals verachten, als sei es umsonst; denn ich sage euch fürwahr: Ehe ihr noch die Worte zu Ende bringt, so ist das Gebet schon im Himmel angeschrieben. Ihr sollt das Eine mit Gewißheit von Gott für euch erwarten: daß euer Gebet erfüllt werden wird oder, falls es nicht erfüllt wird, daß seine Erfüllung nicht gut und nützlich für euch gewesen wäre.«

So ist das Gebet eine besondere Übung des Glaubens; dieser macht das Gebet vor Gott gewiß so angenehm, daß es entweder gewiß erfüllt wird oder uns etwas Besseres dafür gegeben wird, als was wir bitten. In diesem Sinn spricht auch S. Jakobus (1, 6 f): »Wer Gott bittet, der soll nicht zweifeln im Glauben; denn wenn er zweifelt, so bilde sich ein solcher Mensch nicht ein, daß er etwas von Gott er-

---

10 *Viel Blätter im Gebetbuch umwenden, d. h. recht lange Gebete lesen und viel »Körnlein« (Perlen am Rosenkranz) durch die Finger gleiten lassen.*
11 *Bernhard, 1090–1153, der erste Abt des Klosters Clairvaux, Vertreter einer glühenden Jesusliebe, gewann großen Einfluß und bleibende Bedeutung in der Kirche.*

lange.« Das ist jedenfalls ein klarer Spruch, der geradeswegs zu- und absagt: Wer nicht traut, der erlangt nichts; weder das, was er bittet, noch etwas Besseres.

Um diesen Glauben auch zu erwecken, hat Christus Mark 11, 24 selbst gesagt: »Ich sage euch: alles, was ihr bittet, glaubt nur, daß ihr's empfangen werdet; so geschieht's gewiß«; und Luk 11, 9 ff: »Bittet, so wird euch gegeben; suchet, so findet ihr, klopfet an, so wird euch aufgetan. Denn wer da bittet, der empfängt; wer da sucht, der findet; wer da anklopft, dem wird aufgetan. Welcher Vater unter euch gibt seinem Sohn einen Stein, wenn er ihn ums Brot bittet? oder eine Schlange, wenn er um einen Fisch bittet? oder einen Skorpion, wenn er um ein Ei bittet? Wenn ihr aber wisset, wie *ihr* euren Kindern gute Gaben geben sollt (und ihr selbst seid doch von Natur nicht gut!), wieviel mehr wird euer himmlischer Vater einen guten Geist geben allen, die ihn bitten!«

2 Das vielgeübte, glaubenslose Beten ist nutzlos und seelengefährlich.

Fünftens. Wer ist so hart und versteinert, daß ihn solche mächtigen Worte nicht bewegen sollten, mit aller Zuversicht fröhlich und gerne zu beten? Aber wieviel Gebete müßte man auch reformieren, wenn man diesen Worten gemäß recht beten sollte! Es sind jetzt wohl alle Kirchen und Klöster voll Betens und Singens; wie kommt es aber, daß so wenig Besserung und Nutzen daraus hervorgeht und es täglich ärger wird? Das hat keine andere Ursache als die, die S. Jakobus anzeigt (4, 3), wenn er sagt: »Ihr bittet viel, und doch wird euch nichts zuteil: darum, weil ihr nicht recht bittet.« Denn wo dieser Glaube und Zuversicht im Gebet nicht da ist, da ist das Gebet tot, und nichts weiter als eine schwere Mühe und Arbeit. Wenn für diese etwas von Gott gegeben wird, so ist's doch nichts anderes als zeitlicher Nutzen ohne alle Güter und Hilfe für die Seele, ja, zu großem Schaden und Verblendung der Seele. Denn sie gehen dabei hin und plappern viel mit dem Mund, ohne darauf zu achten, ob sie es auch erlangen oder wirklich begehren oder Gott zutrauen; sie bleiben in solchem Unglauben verstockt, und damit in einer Gewohnheit, die der Übung des Glaubens und der Natur des Gebetes am schlimmsten zuwiderläuft.

Daraus folgt, daß ein rechter Beter niemals daran zweifelt, sein Gebet sei gewiß angenehm und erhört, auch wenn ihm nicht gerade das gegeben wird, was er bittet. Denn man soll Gott im Gebet die Not vorlegen, jedoch ihm nicht Maß, Weise, Ziel oder Ort vorschreiben, sondern ihm anheimgeben, ob er es besser oder anders geben will, als wir denken. Denn wir wissen oft nicht, was wir bitten, wie S. Paulus Röm 8, 26 sagt, und Gott wirkt und gibt höher, als wir begreifen, wie er Eph 3, 20 sagt. So soll also, was das Gebet betrifft, kein Zweifel dabei sein, daß es angenehm und erhört sei; und doch lasse es Gott Zeit, Ort, Maß und Ziel frei, weil er es gut machen werde, wie es sein soll. Das sind die rechten Anbeter, die ihn im Geist und in der Wahrheit anbeten (Joh 4, 24). Denn die, welche nicht glauben, daß sie erhört werden, die sündigen auf der linken Seite wider dieses Gebot: sie kommen zuweit davon ab, mit ihrem Unglauben. Die aber, die ihm ein Ziel setzen, die sündigen auf der rechten Seite: sie treten zu nahe, indem sie Gott versuchen. Deshalb hat er das beides verboten (5 Mose 5, 29 u. ö.); man soll von seinem Gebot nicht abweichen, weder zur Linken noch zur Rechten, d. h. weder mit Unglauben noch mit Versuchen; sondern man soll mit schlichtem Glauben auf der richtigen Straße bleiben, ihm vertrauen, und ihm doch kein Ziel setzen.

4 Das Gebot im Glauben zu beten zeigt uns unsres Glaubens Schwachheit.

Sechstens. So sehen wir, daß dieses Gebot, geradeso wie das zweite, nichts anderes sein soll als eine Übung und Betätigung des ersten Gebots, d. h. des Glaubens, des Vertrauens, der Zuversicht, Hoffnung und Liebe zu Gott. Denn immer soll das erste Gebot in allen Geboten der Hauptmann und der Glaube das Hauptwerk und das Leben aller anderen Werke sein; ohne ihn vermögen sie, wie gesagt, nicht gut zu sein.

Sagst du aber: »Wie, wenn ich nicht glauben kann, daß mein Gebet erhört und angenehm sei?« Antwort: Eben darum ist der Glaube, das Beten und alle andern guten Werke geboten, weil du erkennen sollst, was du kannst und nicht kannst. Und wenn du findest, daß du so nicht glauben und tun kannst, sollst du dich demütig vor Gott dessen anklagen und so mit einem schwachen Funkeln des Glaubens anfangen, um ihn dann täglich mehr und mehr zu stärken, indem du ihn in allem Leben und Wirken übst. Denn es gibt niemand auf Erden, der von diesem Mangel an Glauben (d. h. am ersten und höchsten Gebot) nicht ein großes Stück hätte. Waren doch auch die heiligen Apostel im Evangelium und vor allem S. Petrus (Matth 14, 30 ff) schwach im Glauben; sie baten sogar Christus Luk 17, 5 mit den Worten: »Herr, mehre uns den Glauben«, und er tadelte sie gar oft, daß sie einen geringen Glauben hätten (Matth 6, 30; 8, 26; 14, 31; 16, 8).

Darum sollst du nicht verzagen, nicht Hände und Füße gehen lassen, wenn du findest, daß du bei deinem Beten oder bei anderen Werken keinen so starken Glauben hast, wie du wohl solltest und wolltest. Ja, du sollst Gott aus Herzensgrund danken, daß er dir deine Schwachheit so offenbart; denn durch sie lehrt und ermahnt er dich, wie nötig du es hast, dich im Glauben zu üben und täglich zu stärken. Denn wie viele siehst du, die hingehen, beten, singen, [Messe] lesen, Werke tun, und dabei den Anschein erwecken, als wären sie große Heilige; und doch kommen sie niemals so weit, daß sie erkennen, wie es um das Hauptwerk, den Glauben, bei ihnen bestellt ist. Damit verführen sie in ihrer Verblendung sich und andere Leute; sie meinen, sie seien ganz richtig dran, und bauen so heimlich auf den Sand ihre Werke ohne allen Glauben, statt auf Gottes Gnade und Zusage durch einen festen, reinen Glauben. Darum haben wir, solange wir leben (mag das sein, solang es will), alle Hände voll zu tun, daß wir dem ersten Gebot und dem Glauben gegenüber mit allem, was wir wirken und leiden, Schüler bleiben und nicht aufhören zu lernen. Niemand weiß, wie groß es ist, Gott allein zu vertrauen, als wer es anfängt und mit Werken versucht.

5 Mit der Übung rechten geistlichen Gebets haben wir genug zu tun.

Siebtens. Nun sieh abermals: wenn kein andres gutes Werk geboten wäre, wäre nicht das Beten allein schon genug, um das ganze Leben des Menschen im Glauben zu üben? Zu diesem Werk sind denn auch die geistlichen Stände besonders eingesetzt worden, wie ja vorzeiten einige Väter Tag und Nacht beteten.[12] Ja, es gibt in der Tat keinen Christenmenschen, der nicht ohne Unterlaß zu beten Zeit hät-

12 *Diese sog. Euchiten, im 4.–6. Jahrhundert im Osten verbreitet, pflegten das ständige Gebet, um durch Überwindung des bösen Geistes in der Seele die Gemeinschaft mit Gott zu erlangen.*

te; ich meine aber das geistliche Beten. D. h. niemand wird, wenn er nur will, von seiner Arbeit so hart beschwert, er kann in seinem Herzen doch daneben mit Gott reden, ihm seine oder anderer Menschen Not vorlegen, Hilfe begehren, ihn bitten und in dem allem seinen Glauben üben und stärken.

Das meint der Herr Luk 18, 1, wo er sagt, man müsse ohne Unterlaß beten und nimmer aufhören, wo er doch Matth 6, 7 viele Worte und langes Beten verbietet. Damit rügt er nur die Heuchler; nicht als ob das mündliche lange Gebet böse wäre, sondern weil das nicht das rechte Gebet ist, das allezeit geübt werden kann, und weil es ohne das innerliche Bitten des Glaubens nichts ist. Denn das äußerliche Gebet müssen wir auch zu seiner Zeit üben, besonders in der Messe, wie es dieses Gebot fordert, und wo es sonst noch dem innerlichen Beten und Glauben förderlich ist, sei es im Haus oder auf dem Feld, bei diesem oder jenem Geschäft. Aber davon mehr zu sagen, ist jetzt nicht Zeit; denn das gehört in das Vaterunser, in welchem alle Bitten und alle mündlichen Gebete in kurze Worte gefaßt sind.

Die Bedrohung des Gebets durch den Blick auf unsre Unwürdigkeit.
1 Der Teufel sucht das glaubende Gebet des Sünders zu hintertreiben.

Achtens. Wo sind sie nun, die gute Werke zu wissen und zu tun begehren? Laß sie das Beten allein für sich vornehmen und im Glauben recht üben, so werden sie finden, daß es wahr ist, was die heiligen Väter[13] gesagt haben: es gebe keine solche Arbeit, wie es das Beten ist. Mit dem Munde murmeln ist leicht oder wird wenigstens als leicht angesehen; aber mit dem Ernst des Herzens den Worten zu folgen in wahrer Andacht, d. h. mit Begierde und Glauben (so daß das Herz ernstlich begehrt, was die Worte in sich schließen und daß es nicht an der Erhörung zweifelt), – das ist eine große Tat vor Gottes Augen.

Hier setzt sich der böse Geist mit allen Kräften zur Wehr. O, wie oft wird er hier die Lust zum Beten verhindern, nicht Zeit und Ort dazu lassen, ja auch vielmals Zweifel hervorrufen, ob der Mensch würdig sei, eine solche Majestät, wie Gott sie ist, zu bitten! Wie oft wird er so Verwirrung schaffen, daß der Mensch selbst nicht weiß, ob es ihm ernst ist mit dem, was er betet, oder nicht, ob es möglich

13 *Vgl. Seite 54, Anmerkung 4.*

ist, daß sein Gebet angenehm ist, und solcher wunderlicher Gedanken viele! Denn der böse Geist weiß wohl, wie mächtig das wahrhaft gläubige Gebet eines Menschen ist, wie wehe es ihm tut und wie es allen Menschen nützlich ist. Darum läßt er es nicht gerne aufkommen.

Hier muß fürwahr der Mensch weise sein: er darf nicht daran zweifeln, daß er und sein Gebet unwürdig ist vor solch einer unermeßlichen Majestät; er darf sich in keiner Weise auf seine eigne Würdigkeit verlassen oder seiner Unwürdigkeit wegen es aufgeben. Vielmehr muß er seinen Sinn auf Gottes Gebot richten und ihm dieses aufrücken und dem Teufel entgegenhalten und so sagen: »Um meiner Würdigkeit willen wird nichts angefangen, um meiner Unwürdigkeit willen nichts nachgelassen; ich bete und wirke allein deshalb, weil Gott aus seiner bloßen Güte allen Unwürdigen Erhörung und Gnade zugesagt hat. Ja, er hat das nicht allein zugesagt, sondern hat auch aufs strengste bei seiner ewigen Ungnade und Zorn geboten, zu beten, zu vertrauen und zu nehmen. Ist's der hohen Majestät nicht zu viel gewesen, diese seine unwürdigen Würmlein so teuer und hoch zu verpflichten, daß sie bitten, vertrauen und von ihm nehmen möchten, – wie soll es dann mir zu viel sein, dieses Gebot mit aller Freudigkeit aufzunehmen, so würdig oder unwürdig ich auch sein mag?« So muß man, was der Teufel eingibt, mit Gottes Gebot ausstoßen; so nur hört er auf, und sonst nimmermehr.

2 Gerade die Anfechtung wird dem Gebet den rechten Inhalt geben.

Neuntens. Was sind aber die Sachen und Bedürfnisse, die man dem allmächtigen Gott im Gebet vorlegen und klagen muß, um darin den Glauben zu üben? Antwort: Es sind erstens die eigenen Nöte und Bedrängnisse, wie sie jedem angelegen sind.[14] Davon sagt David Ps 32, 7: »Du bist meine Zuflucht in aller Angst, die mich umgibt, und bist mein Trost, da du mich erlösest von allem Übel, das mich umringt.« Ferner Ps 142, 2 f: »Ich habe mit meiner Stimme gerufen zu Gott dem Herrn, ich habe mit meiner Stimme Gott gebetet; ich will vor seinen Augen mein Gebet ausbreiten, und will alles vor ihm ausschütten, was mir angelegen ist.« Ebenso soll ein Christen-

---

14 *Der zweite Gebetsgegenstand – die Nöte der andern – werden unten im 11. Abschnitt beschrieben.*

mensch bei der Messe sich das vornehmen, wovon er fühlt, daß es ihm fehlt, oder wovon er zuviel hat; das alles soll er frei vor Gott ausschütten mit Weinen und lautem Seufzen, so gut er es zu klagen vermag, als vor seinem treuen Vater, der bereit ist ihm zu helfen. Und weißt du oder erkennst du deine Not nicht oder hast du keine Anfechtung, so sollst du wissen, daß du am allerübelsten dran bist. Denn das ist die größte Anfechtung, wenn du dich so verstockt, hartherzig und unempfindlich finden mußt, daß dich keine Anfechtung bewegt.

Es gibt aber keinen besseren Spiegel, worin du deine Not ersehen kannst, als eben die zehn Gebote; in ihnen findest du, was dir fehlt und was du suchen sollst. Wenn du darum bei dir findest, daß du einen schwachen Glauben, wenig Hoffnung und geringe Liebe zu Gott hast; ferner, daß du Gott nicht lobst und ehrst, sondern eigne Ehre und Ruhm lieb hast und der Menschen Gunst groß achtest; [endlich], daß du Messe und Predigt nicht gern hörst und faul bist zum Beten (und es gibt niemand, dem es in diesen Stücken nicht fehlt), – dann sollst du diese Fehler höher achten als alle leiblichen Schäden an Gut, Ehre und Leib, so daß sie auch schlimmer sind als der Tod und alle tödliche Krankheit, und sollst sie mit Ernst Gott vorlegen, klagen und Hilfe erbitten, und sollst auf diese warten in der vollen Zuversicht, daß du erhört bist und die Hilfe und Gnade erlangen wirst. Ebenso gehe dann weiter zur zweiten Tafel der Gebote[15] und siehe, wie ungehorsam du gewesen gegen Vater und Mutter und alle Obrigkeit, und wie du's noch bist; wie du mit Zorn, Haß und Scheltwort dich gegen deinen Nächsten verschuldest, wie dich Unkeuschheit, Geiz und Unrecht in Tat und Wort deinem Nächsten gegenüber anficht. Dann wirst du ohne Zweifel finden, daß du von aller Not und Elend voll bist und Ursache genug hast, sogar Blutstropfen zu weinen, wenn du könntest.

3 Der Beter darf seine Mängel nicht vor dem Gebet abstellen wollen.

Zehntens. Ich weiß aber wohl: viele Leute sind so töricht, daß sie um solche Dinge nicht bitten wollen, als bis sie sich vorher rein davon finden; sie sind der Meinung, Gott höre niemand, der in Sünden liegt. Das machen alles falsche Prediger, die nicht mit dem Glauben

15 *Vgl. Seite 151, Anmerkung 2.*

und Vertrauen zu Gottes Huld, sondern mit den eignen Werken anfangen lehren.

Sieh, du elender Mensch, wenn dir ein Bein gebrochen ist oder dich eine Gefahr leiblichen Todes überfällt, so rufst du Gott, diesen und jenen Heiligen an und wartest nicht so lange, bis dir das Bein gesund wird oder die Gefahr vorüber ist. Da bist du nicht so närrisch, daß du denkst, Gott erhöre niemand, dem das Bein gebrochen oder der in tödlicher Gefahr ist; ja, du meinst, Gott soll dann am meisten erhören, wenn du in der größten Not und Angst bist. Ei, warum bist du dann hier so närrisch, wo unermeßlich größere Not und ewiger Schaden ist, und willst nicht eher um Glauben, Hoffnung, Liebe, Demut, Gehorsam, Keuschheit, Sanftmut, Frieden, Gerechtigkeit bitten, als bis du zuvor allen Unglauben, Zweifel, Hoffart, Ungehorsam, Unkeuschheit, Zorn, Geiz und Ungerechtigkeit los bist? Du solltest doch, je mehr du in diesen Stücken einen Mangel bei dir findest, desto mehr und fleißiger beten oder schreien.

So blind sind wir: mit leiblicher Krankheit und Not laufen wir zu Gott hin; mit der Krankheit der Seele laufen wir von ihm weg und wollen nicht eher wiederkommen, als wir gesund sind. Das ist gerade, als könnte das irgend ein anderer Gott sein, der dem Leib, und ein anderer, der dem Geist zu helfen vermöchte, oder als wollten wir in geistlicher Not, die doch größer ist als die leibliche, uns selber helfen. Das ist ein teuflischer Rat und Vorsatz.

Nicht so, lieber Mensch! Willst du von Sünden gesund werden, so darfst du dich Gott nicht entziehen, sondern mußt noch viel getroster zu ihm laufen und ihn bitten, als wenn dich eine leibliche Not überfallen hätte. Gott ist keinen Sündern feind außer allein den ungläubigen. Denn diese erkennen und beklagen ihre Sünden nicht und suchen keine Hilfe dafür bei Gott, sondern wollen sich in ihrer eigenen Vermessenheit selber vorher reinigen und seiner Gnade nicht bedürfen; sie lassen ihn nicht einen Gott sein, der jedermann gibt und nichts dafür nimmt.

Die Wichtigkeit der gottesdienstlichen Fürbitte der Gemeinde.

1 Die in der Schrift gebotene Fürbitte ist eine gemeinsame Aufgabe.

Elftens. Das Gesagte gilt alles vom Gebet für ein eigenes Bedürfnis und vom Beten insgemein. Dasjenige Gebet aber, das *eigentlich* zu diesem Gebot gehört und ein Werk des Feiertags heißt, ist viel besser und größer; das soll für die Schar der ganzen Christenheit verrichtet werden, für alle Not aller Menschen, von Feind und Freund, besonders für die zur Pfarrei oder zum Bistum jedes einzelnen Gehörenden.

In diesem Sinne befahl S. Paulus seinem Schüler Timotheus (1 Tim 2, 1 ff): »Ich ermahne dich, daß du anordnest, daß man bitte und flehe für alle Menschen, für die Könige und alle, die in obrigkeitlicher Stellung sind, damit wir ein stilles, ruhiges Leben führen mögen in Gottes Dienst und Lauterkeit. Denn das ist gut und angenehm vor Gott, unserem Seligmacher.« Desgleichen gebot Jeremia (29, 7) dem Volk Israel, sie sollten Gott für die Stadt und das Land Babylonien bitten, weil ja der Friede der Stadt auch ihr eigener Friede sei. Und Bar 1, 11 f heißt es: »Bittet für das Leben des Königs von Babylonien und für das Leben seines Sohnes, damit wir im Frieden unter ihrem Regiment leben.«

Dieses allgemeine Gebet ist köstlich und ist zugleich das allerkräftigste; um seinetwillen kommen wir denn auch zusammen. Davon heißt auch die Kirche ein Bethaus (Jes 56, 7); denn dort sollen wir als ganze Schar einträchtig unsre und aller Menschen Not uns vornehmen, sie Gott vortragen und ihn um Gnade anrufen. Das muß aber mit Bewegung und Ernst des Herzens geschehen, daß uns diese Bedürftigkeit aller Menschen zu Herzen gehe und wir sollen also mit wahrhaftem Mitleid in rechtem Glauben und Vertrauen für sie bitten. Wenn es in der Messe zu einem solchen Gebet nicht kommt, so wäre es besser, die Messe zu unterlassen. Denn wie steht's und wie reimt sich's: dem *Leibe* nach kommen wir in einem Bethaus zusammen (und damit wird zum Ausdruck gebracht, daß wir für die ganze Gemeinde gemeinschaftlich rufen und bitten sollen), aber die *Gebete* verstreuen und teilen wir so auf, daß jeder nur für sich selber bittet und keiner sich um den anderen annimmt noch sich um das bekümmert, was sonst jemand nötig hat? Wie kann ein solches Gebet nützlich, gut, angenehm und allgemein, oder ein Werk des Feiertags und der Versammlung heißen? So aber tun die, die ihre eigenen Gebetlein verrichten, der für dies, jener für das; sie haben nichts als eigennützige, selbstsüchtige Gebete, denen Gott feind ist.

2 Die kraftvolle Fürbitte der Gemeinde fürchtet und hindert der Teufel.

Zwölftens. Von diesem allgemeinen Gebet ist noch auf Grund alter Gewohnheit eine Spur erhalten geblieben, wenn man am Ende der Predigt das Sündenbekenntnis spricht und für alle Christenheit auf der Kanzel Fürbitte tut. Aber damit sollte es nicht schon erledigt sein, wie es zurzeit der Brauch und die Weise ist; sondern man sollte das eine Mahnung sein lassen, während der ganzen Messe für dieses Bedürfnis zu bitten. Dazu ermuntert uns ja der Prediger, und damit wir würdig bitten, erinnert er uns vorher an unsere Sünde und demütigt uns dadurch. Dies soll jedoch nur in aller Kürze geschehen, damit nachher das Volk als ganze Schar zusammen Gott seine Sünde selber klage und für jedermann mit Ernst und Glauben Fürbitte tue.

Oh, wenn doch Gott wollte, daß irgendwo eine Schar noch in dieser Weise Messe hörte und betete, so daß gemeinsam ein ernstes Herzensgeschrei des ganzen Volkes zu Gott aufstiege, – welch unermeßliche Kraft und Hilfe müßte die Folge dieses Betens sein! Was könnte allen bösen Geistern Schrecklicheres begegnen? Was für ein größeres Werk könnte auf Erden geschehen, durch das so viel Fromme gerettet, so viel Sünder bekehrt würden?

Denn wahrlich, die christliche Kirche hat auf Erden keine größere Vollmacht und größeres Werk wider alles, was ihr zustoßen kann, als dieses allgemeine Gebet. Das weiß der böse Geist wohl; darum tut er auch alles, was er vermag, um dieses Gebet zu verhindern. Da läßt er uns hübsch Kirchen bauen, viel stiften, musizieren, lesen und singen, viel Messen halten und ein ganz maßloses Gepränge treiben; davor ist's ihm nicht leid. Ja, er hilft noch dazu, daß wir ein solches Tun und Wesen für das Beste ansehen und uns einbilden, wir hätten damit etwas Rechtes ausgerichtet; dieses allgemeine, starke, fruchtbringende Gebet dagegen soll über dem untergehen und um dieses äußeren Glanzwerkes willen unmerklich unterbleiben. Damit hat er, was er sucht. Denn wo dieses Beten darniederliegt, wird ihm niemand etwas nehmen, auch niemand Widerstand leisten; wenn er aber gewahr wird, daß wir dieses Gebet üben wollten (auch wenn es unter einem Strohdach oder in einem Saustall wäre), so würde er es wahrlich nicht hingehen lassen, sondern sich weit mehr vor diesem Saustall fürchten als vor allen hohen, großen, schönen Kirchen, Türmen und Glocken, die es irgend geben kann, wenn in diesen nicht so gebetet würde. Es liegt fürwahr nicht an den Plätzen und Gebäuden, wo wir zusammenkommen, sondern allein an diesem unüberwindlichen Gebet; das sollen wir in rechter Weise zusammen verrichten und vor Gott kommen lassen.

Dreizehntens. Die Kraft dieses Gebets erkennen wir daraus, daß vorzeiten Abraham für die fünf Städte Sodom und Gomorra usw. Fürbitte einlegte (1 Mose 18, 32); da brachte er es so weit, daß wenn nur zehn rechtschaffene Menschen darinnen gewesen wären, zwei in jeder, Gott sie nicht vertilgt hätte. Was wollten erst die vielen ausrichten, wenn sie unter einer Schar von Herzen und mit ernstem Vertrauen Gott anriefen! Auch Jakobus sagt (5, 16): »Liebe Brüder, bittet für einander, daß ihr selig[16] werdet. Denn gar viel vermag eines frommen Menschen Gebet, das anhält oder nicht abläßt« d. h. das nicht so, wie manche weichen Gemüter es machen, aufhört, weiterhin mehr zu bitten, ob ihm nicht bald zuteil wird, was er bittet. Jakobus nennt als Beispiel dafür den Propheten Elias: »Der war ein Mensch«, fährt er fort (Jak 5, 17 f), »wie wir es sind, und betete, daß es nicht regnen sollte, und es regnete nicht in drei Jahren und sechs Monaten. Wiederum betete er, und es hat geregnet und alles ist fruchtbar geworden.«

4 Wirksame Fürbitte muß ernsthaft, mit bestimmten Anliegen geschehen.

Solche Sprüche und Beispiele, die uns zum Bitten treiben, stehen sehr viele in der Heiligen Schrift; doch soll es mit Ernst und im Glauben geschehen. So sagt David (Ps 33, 18): »Gottes Augen sehen auf die Frommen, und seine Ohren hören auf ihre Gebete.« Ferner Ps 145, 18: »Gott ist nahe bei denen, die ihn so anrufen, daß sie ihn in Wahrheit anrufen.« Warum setzt er hinzu ›in Wahrheit anrufen‹? Weil es nämlich nicht gebetet noch angerufen heißt, wenn allein der Mund etwas murmelt.

Was sollte denn Gott tun, wenn du so daherkommst mit deinem Maul, deinem Gebetbuch oder Rosenkranz und denkst dabei an nichts weiter, als wie du mit den Worten fertig wirst und die Zahl erfüllst?[17] Wenn dich also jemand fragen würde, um was für eine Sa-

---

16 *Luther übersetzt die Stelle aus dem Lateinischen; ut salvemini kann heißen:* »daß ihr gerettet d. h. selig werdet« *und* »daß ihr gerettet d. h. geheilt, gesund werdet«.

17 *Die Anzahl der gebeteten Vaterunser oder* »Ave Maria« *usw. spielt in der katholischen Frömmigkeit bis heute noch eine große Rolle; man erwirbt dadurch* »Verdienste« *oder leistet nach Anweisung des Priesters im Beichtstuhl* »Genugtuung« *für begangene Sünden.*

che es sich handle oder was du dir vorgenommen habest bei deiner Bitte, so würdest du es selbst nicht wissen. Denn du bist nicht darauf bedacht gewesen, dies oder das Gott vorzulegen oder von ihm zu begehren; dein einziger Anlaß zum Beten ist der, daß dir so und so viel zu beten auferlegt worden ist: das willst du halten und erledigen. Ist's ein Wunder, daß Blitz und Donner oft Kirchen anzünden, solange wir so aus dem Bethaus ein Spotthaus machen und etwas gebetet heißen, bei dem wir nichts vorbringen und begehren?

Wir sollten es aber so machen wie die, welche vor großen Fürsten etwas erbitten wollen. Die nehmen sich nicht vor, nur eine gewisse Anzahl von Worten daherzuplaudern; der Fürst würde sonst meinen, sie verspotteten ihn oder wären toll. Vielmehr fassen sie es ganz sachgemäß zusammen und legen ihre Not angelegentlich dar, stellen es jedoch seiner Gnade anheim in der guten Zuversicht, es werde erhört. Ebenso müssen wir mit Gott über bestimmte Sachen uns unterreden, einiges, was uns als Not anliegt, ausdrücklich anführen, seiner Gnade und gütigem Willen es anheimgeben und nicht zweifeln, es sei erhört. Denn er hat solchem Bitten Erhörung zugesagt, was kein irdischer Herr je getan hat.

Vierzehntens. Diese Weise zu beten können wir meisterlich, wenn wir leibliche Not leiden, wenn wir krank sind. Da ruft man S. Christophorus[18] an, da S. Barbara,[19] da gelobt man eine Wallfahrt nach S. Jakob,[20] hierhin und dahin; da ist ernsthaftes Bitten und gute Zuversicht und alles, was zu einer guten Art des Betens gehört. Aber wenn wir während der Messe in den Kirchen sind, dann stehen wir da wie die Ölgötzen,[21] wissen nichts vorzubringen noch zu klagen; da klappern die Steine, da rauschen die Blätter[22] und das Maul plappert. Mehr wird da nicht draus.

18 *S. Christophorus, ein besonders volkstümlicher Heiliger mit sagenhafter Legende, wurde als Nothelfer in Pestzeiten verehrt.*
19 *S. Barbara, eine sagenhafte syrische Märtyrerin, galt als Nothelferin gegen Blitzgefahr und plötzlichen Tod.*
20 *Vgl. Seite 37, Anmerkung 5.*
21 *Mit »Ölgötzen« bezeichnet Luther spöttisch die mit Ölfarbe gestrichenen Heiligenbilder in den Kirchen und die ihnen ähnlichen Christen.*
22 *Die »Steine« des Rosenkranzes und die »Blätter« des Gebetbuches; vgl. zu oben Seite 74, Anmerkung 2 und Seite 123, Anmerkung 18.*

Die geistlichen Schäden als Hauptgegenstand der Fürbitte.

1 Die Übelstände in der Christenheit schreien nach Fürsprechern.

Fragst du aber, was du beim Beten vorbringen und klagen sollst, so bist du leicht zu belehren aus den zehn Geboten und dem Vaterunser. Tu die Augen auf und blicke in dein und aller Christenheit Leben, besonders in den geistlichen Stand,[23] so wirst du finden, wie Glaube, Hoffnung, Liebe, Gehorsam, Keuschheit und alle Tugenden darniederliegen und allerlei greuliche Laster regieren; wie es an guten Predigern und geistlichen Führern fehlt, und wie lauter Buben, Kinder, Narren und Weiber regieren. Da wirst du finden, daß es nötig wäre, diesen schrecklichen Zorn Gottes betend anzugehen mit lauter blutigen Tränen Stunde für Stunde ohne Unterlaß in aller Welt, und es ist wirklich wahr, daß noch nie die Notwendigkeit zu bitten größer gewesen ist, als in dieser unserer Zeit und hinfort weiter bis ans Ende der Welt.

Bewegen dich jene schrecklichen Übelstände nicht zu Jammer und Klage, so laß dich durch deinen Stand, deinen Orden, deine guten Werke oder deine Gebete nicht irreführen: es wird keine christliche Ader und nichts von christlicher Art an dir sein, bist du auch so fromm, wie du magst. Es ist aber alles schon verkündigt: zu der Zeit, wenn Gott am schwersten zürnen und die Christenheit am meisten notleiden wird, dann sollen keine Fürbitter und Fürsprecher vor Gott zu finden sein. So sagt Jesaja weinend (64, 7): »Du bist erzürnt über uns und leider ist niemand da, der aufstünde und dich abhielte.« Ferner sagt Hesekiel (22, 30): »Ich habe unter ihnen gesucht, ob nicht jemand da wäre, der doch einen Zaun zwischen uns machte und mir gegenüberträte und mir wehrte; ich habe aber keinen solchen gefunden. Darum habe ich meinen Zorn über sie gehen lassen und habe sie in der Hitze meines Grimms verschlungen.« Mit diesen Worten zeigt Gott, wie es sein Wille ist, daß wir ihm widerstehen und füreinander seinem Zorn wehren sollen. So steht vom Propheten Mose oft geschrieben (2 Mose 32, 11 ff; 4 Mose 14, 13 ff; 21, 7), er habe Gott zurückgehalten, daß nicht sein Zorn das Volk Israel überschüttete.

23   Der geistliche Stand lag im ausgehenden Mittelalter in schlimmer Weise darnieder; die Klosterzucht war vielfach zerfallen, die Priester und Prediger waren oft genug ungebildete und unfromme Pfründenjäger.

Fünfzehntens. Wo wollen aber die bleiben, die dieses Unheil in der Christenheit nicht bloß nicht beachten und keine Fürbitte einlegen, sondern die dazu lachen und ein Wohlgefallen daran haben, die über ihres Nächsten Sünden richten, afterreden, singen und sagen, und die dennoch sich getrauen, unerschrocken und unverschämt in die Kirche zu gehen, Messe zu hören, Gebete zu sprechen und sich für fromme Christen zu halten und halten zu lassen? Die hätten es wohl nötig, daß man zweifach für sie bittet, wenn man einfach für die bittet, welche von ihnen gerichtet, verschwätzt und belacht werden. Daß derartige Leute kommen werden, ist auch [zuvor] verkündigt durch die Gestalt des linken Schächers (Luk 23, 39), der Christus in seinem Leiden, in seiner hilflosen Lage und Not lästerte, und durch alle, die Christus am Kreuz schmähten, wo sie ihm doch am meisten hätten helfen sollen.

O Gott, wie blind, ja toll sind wir Christen geworden! Wann will der Zorn ein Ende haben, himmlischer Vater? Daß wir spotten, lästern und richten über das Unheil in der Christenheit, obwohl wir uns doch in der Kirche und Messe versammeln, um dagegen zu beten, – das macht unser toller Sinn. Wenn der Türke[24] Städte, Land und Leute verderbt und Kirchen verwüstet, so meinen wir, der Christenheit sei großer Schaden geschehen. Da klagen wir und bewegen Könige und Fürsten zum Streit; aber wenn der Glaube untergeht, die Liebe erkaltet, Gottes Wort unterbleibt, allerlei Sünde überhandnimmt, – da denkt niemand daran, den Streit aufzunehmen; ja Päpste, Bischöfe, Priester und Geistliche, die in diesem geistlichen Streit wider diese vielmal ärgeren geistlichen Türken unsre Herzöge, Hauptleute und Bannerträger sein sollten, die sind geradezu selbst Fürsten und Anführer dieser Türken und dieses Teufelsheeres, so wie es Judas für die Juden war, als sie Christus gefangennahmen. Es mußte ein Apostel, ein Bischof, ein Priester, der Besten einer sein, der den Anfang machte, als man Christus umbrachte. So muß auch die Christenheit von niemand anders verstört werden als von denen, die sie beschirmen sollten; und doch bleiben sie dabei so wahnwitzig, daß sie trotzdem den Türken fressen wollen. So zünden sie das Haus

24 *Die Türken bedrohten, nachdem sie auf europäischem Boden Fuß gefaßt hatten (1357), ständig die Völker der abendländischen Christenheit; 1453 hatten sie Konstantinopel erobert.*

und den Schafstall daheim selbst an und lassen ihn mit den Schafen und allem, was darin ist, brennen; nichtsdestoweniger trachten sie [währenddem] dem Wolf in den Büschen nach. Das ist die Zeit, das ist der Lohn, den wir verdient haben durch unsere Undankbarkeit gegenüber der unendlichen Gnade, die uns Christus umsonst erworben hat mit seinem teuren Blut, mit seiner schweren Mühsal und seinem bitteren Tod.

3 Fürbittend haben wir den Kampf gegen die Schäden aufzunehmen.

Sechzehntens. Sieh da, wo sind die Müßigen, die nicht wissen, wie sie gute Werke tun sollen? Wo sind sie, die nach Rom, nach S. Jakob, hierin und dahin laufen? Nimm dir dies einzige Werk der Messe vor, sieh deines Nächsten Sünde und Fall an, erbarme dich seiner, laß dich's jammern, klag's Gott und lege Fürbitte ein. Dasselbe tu für alle andere Not der Christenheit, besonders für die der Obrigkeit, welche Gott, uns allen zur unerträglichen Strafe und Plage, so greulich fallen und verführt werden läßt. Tust du das mit Fleiß, so sei gewiß, du bist einer der besten Streiter und Herzöge, nicht allein wider die Türken, sondern auch wider die Teufel und die höllische Gewalt. Tust du es aber nicht, was hülfe es dir, wenn du alle Wunderzeichen aller Heiligen tätest und alle Türken erwürgtest, und würdest doch schuldig erfunden als einer, der auf seines Nächsten Notlage nicht geachtet und dadurch wider die Liebe gesündigt hätte? Denn Christus wird am Jüngsten Tage nicht fragen, wieviel du für dich selber gebetet, gefastet, gewallfahrtet und sonst dies oder das getan hast, sondern wieviel du den andern, den Allergeringsten, wohlgetan hast (Matth. 25, 31 ff). Nun sind ohne Zweifel auch die unter den Geringsten, die in Sünden und in geistlicher Armut, Gefangenschaft und Notlage sind; von diesen gibt es zurzeit weit mehr als von den andern, welche leibliche Not leiden.

4 Fürbittend dem Nächsten helfen ist besser als selbsterwählte ›Werke‹.

Darum sieh dich vor: Unsere selbsterwählten ›guten Werke‹ führen uns auf und in uns selbst, daß wir allein unsern eignen Nutzen und Seligkeit suchen; Gottes Gebote dagegen drängen uns zu unsrem Nächsten hin, daß wir dadurch nur andern zu ihrer Seligkeit nützlich seien. Wie Christus am Kreuz nicht für sich selbst allein, sondern vielmehr für uns betete, als er sprach (Luk 23, 34): »Vater, vergib ihnen, denn sie wissen nicht, was sie tun«, ebenso müssen wir auch füreinander bitten. Daraus kann jedermann erkennen, was für ein verkehrtes, böses Volk die üblen Nachreder, Frevelrichter und Verächter anderer Leute sind: sie tun nichts weiter, als daß sie bloß die schmähen, für die sie beten sollten. In diesem Laster steckt niemand so tief drin als gerade diejenigen, welche viel eigne ›gute Werke‹ tun, und welche vor den Menschen als etwas Besonderes glänzen und geachtet werden um ihres schönen Wesens willen, das in mancherlei ›guten Werken‹ Eindruck macht.

Das zweite Werk des dritten Gebots

Das Wesen des geistlichen Feierns für Gottes Werk in uns.

1 Sinn des Sabbats ist leibliches und geistliches Ruhen oder Feiern.

Siebzehntens. In geistlichem Sinn schließt dies Gebot noch ein viel höheres Werk in sich, welches die ganze Natur des Menschen umfaßt. Hier muß man wissen, daß »Sabbat« auf Hebräisch »Feier« oder »Ruhe« heißt. Weil Gott am siebten Tag ruhte und aufhörte von allen seinen Werken, die er geschaffen hatte (1 Mose 2, 3), darum gebot er auch, daß man am siebten Tag feiern sollte; da sollen wir von unsern Werken aufhören, die wir in den sechs Tagen wirken. Dieser Sabbat ist nun für uns in den Sonntag verwandelt, und die andern Tage heißen Werktage; der Sonntag heißt Ruhetag oder Feiertag oder heiliger Tag. Und wollte Gott, daß es in der Christenheit keinen Feiertag gäbe als den Sonntag, daß man die Feste unsrer lieben Frau und der Heiligen alle auf den Sonntag legte! Dann unterbliebe viel böses untaugliches Wesen, und durch das Arbeiten an den Werktagen würden auch die Länder nicht so arm und ausgezehrt. Aber nun sind wir mit vielen Feiertagen geplagt zum Verderben für Seelen, Leiber und Güter; darüber wäre viel zu sagen.

Dieses Ruhen oder Aufhören von den Werken ist doppelter Art, leiblich und geistlich: darum ist dieses Gebot auch in doppelter Weise zu verstehen.

2 Das leibliche Feiern ist christliche Ordnung, nicht Gottes Gebot.

Das leibliche Feiern oder Ruhen besteht, wie oben gesagt, darin, daß wir unser Handwerk und Arbeit anstehen lassen, um uns zur

Kirche zu versammeln, die Messe zu sehen, Gottes Wort zu hören und einträchtig miteinander zu beten. Dieses Feiern ist freilich nur leiblich und von Gott in der Christenheit hinfort nicht mehr geboten. In diesem Sinn sagt der Apostel Kol 2, 16 f: »Laßt euch von niemand zu irgend einem Feiertag verpflichten, denn diese sind vorzeiten ein Sinnbild gewesen. Nun aber ist die volle Wahrheit da, so daß sogar alle Tage Feiertage sind (wie Jes 66, 23 sagt: »Es wird ein Feiertag am andern sein) und umgekehrt alle Tage Werktage. Aber doch ist dieses Feiern nötig und von der Christenheit so angeordnet um der unvollkommenen Laien [25] und Arbeitsleute willen, damit sie auch zum Worte Gottes kommen können. Denn die Priester und Geistlichen halten, wie wir sehen, alle Tage Messe, beten alle Stunden und üben sich im Worte Gottes mit Studieren, Lesen und Hören.[26] Darum sind sie auch vor andern von der Arbeit befreit, durch Zinsabgaben versorgt und haben alle Tage Feiertag; sie tun auch alle Tage die Werke des Feiertags, und es gibt für sie keinen Werktag, sondern ein Tag ist wie der andere. Und wenn wir alle vollkommen und des Evangeliums kundig wären, könnten wir alle Tage wirken, wenn wir wollten, oder feiern, wenn wir könnten. Denn das Feiern ist jetzt aus keinem andern Grunde nötig und geboten, als nur dazu, um das Wort Gottes zu lernen und zu beten.

3 Gottes Wille ist das geistliche Feiern von allen eignen Werken.

Das geistliche Feiern, das Gott in diesem Gebot vor allem meint, besteht darin, daß wir nicht bloß die Arbeit und das Handwerk anstehen lassen, sondern daß wir vielmehr allein Gott in uns wirken lassen und mit allen unsern Kräften nichts Eigenes mehr wirken. Wie aber geht das zu? Das geht so zu: der Mensch, durch die Sünde verderbt, hat viel böse Liebe und Neigung zu allen Sünden, und des Menschen Herz und Sinne stehen, wie die Schrift (1 Mose 8, 21) sagt, allezeit nach dem Bösen, d. h. nach Hoffart, Ungehorsam, Zorn,

---

25 »Unvollkommene Laien« sagt Luther hier noch vom Standpunkt des Mönchtums aus, das als das »vollkommene Leben« galt, da es sich von der Welt abwenden und ganz mit dem Dienste Gottes beschäftigen sollte.
26 Den Gliedern des geistlichen Standes war die tägliche Feier der Messe, die Einhaltung des siebenmaligen »Stundengebets« und die Beschäftigung mit der Bibel vorgeschrieben; freilich war das vielfach zu einer rein äußerlichen Übung geworden.

Haß, Geiz, Unkeuschheit usw. Kurz und gut, in allem, was der Mensch tut und läßt, sucht er mehr seinen eignen Nutzen, Willen und Ruhm als den Gottes und seines Nächsten. Darum sind alle seine Werke, all seine Worte, all seine Gedanken, all sein Leben böse und nicht göttlich.

Soll nun Gott in ihm wirken und leben, so müssen alle diese Laster und Untugenden erwürgt und ausgerottet werden. Hier muß ein Ruhen und Aufhören von allen unsren eignen Werken, Worten, Gedanken und Leben eintreten, daß hinfort (wie Paulus Gal 2, 20 sagt) nicht wir, sondern Christus in uns lebe, wirke und rede. Das geschieht nun nicht mit süßen, guten Tagen, sondern hier muß man der Natur wehtun und wehtun lassen; hier erhebt sich der Streit zwischen dem Geist und dem Fleisch, hier wehrt der Geist dem Zorn, der Wollust, der Hoffart, während das Fleisch in Lust, Ehren und Bequemlichkeit sein will. Davon sagt S. Paulus (Gal 5, 24): »Welche unsrem Herrn Christus gehören, die haben ihr Fleisch gekreuzigt samt seinen Lastern und Lüsten.« Hieraus folgen nun jene ›guten Werke‹ wie Fasten, Wachen, Arbeiten, von denen manche so viel sagen und schreiben[27], obwohl sie doch weder deren Anfang noch Ende wissen. Darum wollen wir nun auch davon reden.

Die Übung im ›geistlichen Feiern‹ durch Kampf mit dem Fleisch.

Achtzehntens. Dieses Feiern, daß unsere Werke aufhören und Gott allein in uns wirkt, kommt auf zweierlei Weise zustande: erstens indem wir uns selbst darin üben; zweitens indem andere und Fremde uns darin üben oder dazu treiben:

1 Wir sollen Vernunft und Willen unter Gottes Herrschaft stellen.

Unsre eigne Übung soll folgendermaßen beschaffen und geordnet sein: in erster Linie sollen wir, wenn wir sehen, wozu uns unser Fleisch, Sinn, Wille und Denken reizt, dem widerstehen und nicht folgen, wie der Weise Sirach (18, 30) sagt: »Folge deinen Begierden nicht«, und wie es 5 Mose 12, 8 heißt: »Du sollst nicht tun, was dir selber recht scheint.« Hier muß der Mensch die Gebete in täg-

27 *Das mit diesen Fragen sich beschäftigende »asketische« Schrifttum hat fast zu allen Zeiten in der katholischen Kirche einen großen Raum eingenommen.*

licher Übung haben, welche David Ps 119, 35. 37 betete: »Herr, führe mich auf deinem Wege, und laß mich nicht meine eignen Wege gehen«, und dergleichen viele, die alle in der Bitte zusammengefaßt sind: »Zu uns komme dein Reich.«

Die Begierden sind ja so vielfach, so mancherlei; dazu sind sie bisweilen infolge der Einflüsterung des Bösen so behend, so raffiniert und so wohlgestaltet, daß es einem Menschen nicht möglich ist, sich selbst zu regieren auf seinem Wege. Er muß Hände und Füße gehen lassen, sich Gottes Regiment anbefehlen und darf seiner eignen Vernunft nichts zutrauen. So sagt Jeremia (10, 23): »Herr, ich weiß, daß des Menschen Wege nicht in seiner Gewalt sind.« Das ist dargestellt, als die Kinder Israel aus Ägypten durch die Wüste gingen; da war kein Weg, keine Speise, kein Trank, kein Behelf vorhanden. Darum ging ihnen Gott voran am Tage mit einer lichten Wolke, in der Nacht mit einer feurigen Säule; er speiste sie vom Himmel mit Himmelsbrot und bewahrte ihnen Kleider und Schuhe, daß sie nicht zerrissen, wie wir in den Büchern Mose lesen (2 Mose 13, 21; 16, 4 f; 5 Mose 19, 5 f). Deshalb bitten wir: »Es komme dein Reich, daß du uns regierest und nicht wir selbst«; denn es ist nichts Gefährlicheres in uns, als unsere Vernunft und unser Wille. Und dies ist das höchste und erste Werk Gottes in uns und die beste Übung darin, unser eignes Wirken zu unterlassen: wenn wir der Vernunft und dem Willen müßig gehen, feiern und uns Gott in allen Dingen anbefehlen, besonders, wenn sie geistlich sind und einen schönen Schein haben.

2 Kasteiung ist nicht Selbstzweck; sie soll des Fleisches Lust töten helfen.

Neunzehntens. Darauf folgen die Übungen des Fleisches, um seine grobe, böse Lust zu töten und so das Ruhen und Feiern herzustellen. Sie müssen wir mit Fasten, Wachen und Arbeiten töten und stillen. Aus diesem Grund lehren wir, wieviel und warum wir fasten, wachen oder arbeiten sollen.

Es gibt leider viele blinde Menschen, die ihr Kasteien[28] (ob Fasten, Wachen oder Arbeiten) nur dazu üben, um sich damit viele Verdienste zu erwerben, weil sie meinen, es seien gute Werke. Darum fahren sie zu und tun daran zuweilen so viel, daß sie ihren Leib drüber verderben und ihren Kopf toll machen. Noch viel blinder sind

28 *Ihre Bußübungen zur Tötung der Lust des »Fleisches«.*

die andern, welche das Fasten nicht bloß nach der Menge oder Länge messen wie jene, sondern auch nach der Speise; sie meinen, es sei viel mehr wert, wenn sie kein Fleisch, Eier oder Butter essen. Außer diesen gibt es solche, die das Fasten nach den Heiligen richten und nach den Tagen auswählen; der fastet am Mittwoch, der am Sonnabend, der an S. Barbara,[29] der an S. Sebastian[30] usw. Diese suchen allesamt beim Fasten nichts weiter als das Werk an sich selbst; wenn sie das getan haben, meinen sie, es sei wohl getan. Ich will jetzt davon schweigen, daß manche so ›fasten‹, daß sie sich dennoch voll saufen, daß manche so reichlich mit Fischen und anderen Speisen ›fasten‹, daß sie mit Fleisch, Eiern und Butter dem Fasten viel näher kämen, dazu einen viel besseren Gewinn von ihrem Fasten hätten. Denn solches ›Fasten‹ ist nicht Fasten, sondern heißt des Fastens und Gottes spotten.

Darum lasse ich's hingehen, wenn sich jeder Tage, Speisen und Menge fürs Fasten auswählt wie er will, vorausgesetzt, daß er es nicht dabei bewenden läßt, sondern Achtung auf sein Fleisch hat. So viel, als dieses lüstern und übermütig ist, so viel lege er ihm an Fasten, Wachen und Arbeit auf und nicht mehr, auch wenn Papst, Kirche, Bischof, Beichtvater oder wer will, es geboten hätte. Denn Maß und Regel des Fastens, des Wachens und der Arbeit soll man nie von der Speise, der Menge oder den Tagen sich geben lassen, sondern vom Abnehmen oder Zunehmen des fleischlichen Gelüstens und Mutwillens. Denn allein um diese zu töten und zu dämpfen ist das Fasten, Wachen und Arbeiten eingesetzt; wenn diese Lust nicht da wäre, so gälte Essen so viel als Fasten, Schlafen so viel als Wachen, Müßigsein so viel als Arbeiten, und es wäre eins so gut wie das andere, ohne allen Unterschied.

3 Kein kirchliches Gebot darf uns zu schädlicher Kasteiung zwingen.

Zwanzigstens. Wenn nun jemand fände, daß auf Fische hin sich mehr Mutwillen in seinem Fleisch regte als auf Eier und Fleisch hin, so soll er Fleisch und nicht Fisch essen. Andrerseits, wenn er fände, daß ihm vom Fasten der Kopf wüst und toll oder der Leib und der Magen verderbt würde, oder daß es zum Töten seines Übermuts im

29 S. Barbaras Tag war der 4. Dezember; vgl. Seite 166, Anmerkung 19.
30 S. Sebastian, Märtyrer unter Diokletian († etwa 288), soll als Heiliger in Pestgefahr helfen; sein Tag ist in der römischen Kirche der 20. Januar.

Fleisch nicht nötig und erforderlich wäre, so soll er das Fasten ganz gehen lassen, und essen, schlafen, müßig gehen, so viel ihm zur Gesundheit nötig ist, ohne Rücksicht darauf, ob es dem Gebot der Kirche oder den Ordens- oder Standesgesetzen zuwider ist. Denn kein Gebot der Kirche, kein Gesetz irgend eines Ordens kann das Fasten, Wachen und Arbeiten höher setzen oder mehr betreiben als soviel und soweit es dazu dient, das Fleisch und seine Lust zu dämpfen oder zu töten. Wo über dies Ziel hinausgegangen wird und das Fasten und die Speise, das Schlafen und das Wachen weiter getrieben wird, als das Fleisch es ertragen kann oder zur Tötung der Lust nötig ist, und wo damit die Natur verderbt und der Kopf verstört wird, da bilde sich niemand ein, daß er ›gute Werke‹ getan habe oder sich mit einem Kirchengebot oder einem Ordensgesetz entschuldigen könne. Er wird als einer angesehen werden, der sich selbst verwahrlost hat und, so viel an ihm liegt, sein eigner Mörder geworden ist. Denn der Leib ist uns nicht dazu gegeben, daß wir ihm sein natürliches Leben oder Wirken töten; sondern allein seinen Mutwillen sollen wir töten, außer wenn der Mutwille so stark und groß wäre, daß ihm ohne Vernichtung und Schädigung des natürlichen Lebens nicht genug widerstanden werden könnte. Denn wie gesagt, bei den Übungen des Fastens, Wachens und Arbeitens soll man das Auge nicht auf die Werke an und für sich richten, nicht auf die Tage, nicht auf die Menge, nicht auf die Speise, sondern allein auf den leidenschaftlichen und lüsternen Adam; dem soll der Kitzel dadurch verwehrt werden.

4 Wir haben alle Freiheit, dürfen sie aber nicht mißbrauchen.

Einundzwanzigstens. Hieraus können wir ermessen, wie weise oder närrisch manche Weiber tun, wenn sie schwanger sind, und wie man sich bei den Kranken verhalten soll. Diese Närrinnen hängen nämlich so sehr am Fasten, daß sie lieber ihre Leibesfrucht und sich selbst in große Gefahr hineinwagen, als daß sie nicht mit den andern in gleicher Weise fasten sollten. Sie machen sich ein Gewissensbedenken, wo keines ist, und wo eines vorliegt, machen sie sich keines. Das ist alles die Schuld der Prediger, weil man vom Fasten so daherplaudert, ohne jemals seinen rechten Gebrauch, Maß, Frucht, Ursache und Ende aufzuzeigen. Ebenso sollte man die Kranken alle Tage essen und trinken lassen, was sie nur wollen; kurz, wo der Mutwille des Fleisches aufhört, da hat schon aller Anlaß zum Fasten, Wachen und Arbeiten oder zum Essen von dem oder jenem aufgehört. Dann ist überhaupt kein Gebot mehr da, das binden würde.

Andrerseits soll man sich vorsehen, daß aus dieser Freiheit nicht eine nachlässige Faulheit im Töten des fleischlichen Mutwillens erwachse. Denn der heimtückische Adam ist sehr listig darin, sich Urlaub zu suchen und das Hinfälligwerden des Leibes oder Kopfes vorzuschützen. So kommen manche ganz plump daher und sagen, es sei weder nötig noch geboten, zu fasten oder sich zu kasteien; sie wollen dies und das ohne Scheu essen, gerade als hätten sie sich lange Zeit im Fasten sehr geübt, während sie es doch nie versucht haben.

Nicht weniger sollen wir uns davor hüten, daß wir denen kein Ärgernis geben, die nicht verständig genug sind und es für eine große Sünde ansehen, wenn man nicht auf ihre Weise mit ihnen fastet oder ißt. Hier soll man sie in Güte belehren und sie nicht dreist verachten oder ihnen zum Trotz dies oder das essen, sondern man soll ihnen den Grund aufzeigen, warum es mit Recht so geschehe, und sie so auch nach und nach zur selben Einsicht führen. Sind sie aber halsstarrig und lassen sich nichts sagen, so soll man sie fahren lassen und selber tun, wie wir wissen, daß es recht ist.

Die Übung im ›geistlichen Feiern‹ durch das, was uns andere tun.
1 Gott will unser altes Wesen durch fremde Anstöße töten.

Zweiundzwanzigstens. Die zweite Übung kommt von seiten andrer über uns. Sie tritt dann ein, wenn wir von Menschen oder Teufeln beleidigt werden, wenn uns Besitz genommen wird, der Leib erkrankt und die Ehre genommen wird, und wenn das alles uns zu Zorn, Ungeduld und Unruhe bewegen möchte. Denn mit Gottes Werk ist es so: es regiert in uns nach seiner Weisheit und nicht nach unsrer Vernunft, und nach seiner Reinheit und Keuschheit und nicht nach unsres Fleisches Mutwillen; denn Gottes Werk ist Weisheit und Reinheit, unser Werk ist Torheit und Unreinheit; die sollen feiern. Ebenso soll es auch in uns regieren nach seinem Frieden und nicht nach unsrem Zorn, unsrer Ungeduld und Unfrieden. Denn Frieden ist ebenfalls Gottes Werk, Ungeduld dagegen ist unsres Fleisches Werk; das soll feiern und tot sein. So sollen wir also in jeder Hinsicht einen geistlichen Feiertag feiern, unsrer eignen Werke müßig gehen und Gott in uns wirken lassen.

247

Darum schickt uns Gott, um diese unsre Werke und den Adam[31] zu töten, viele Anstöße auf den Hals, die uns zum Zorn bewegen, viele Leiden, die zur Ungeduld reizen, zuletzt auch Tod und Schmach von seiten der Welt. Damit sucht er nichts anderes als Zorn, Ungeduld und Unfrieden auszutreiben und zu seinem Werk d. h. zum Frieden in uns zu kommen. In diesem Sinn sagt Jesaja (28, 21): »Er gibt sich mit einem fremden Werke ab, um zu seinem eignen Werk zu kommen.« Was heißt das? Er schickt uns Leiden und Unfrieden zu, um uns zu lehren, Geduld und Frieden zu haben; er heißt sterben, um lebendig zu machen, so lange bis der Mensch gründlich geübt ist und so friedsam und still wird, daß er nicht davon bewegt wird, ob es ihm wohl oder übel gehe, ob er sterbe oder lebe, ob er geehrt werde oder geschändet. Da wohnt dann Gott selber allein; da gibt es keine Menschenwerke mehr. Das heißt dann den Feiertag recht gehalten und geheiligt. Da führt der Mensch sich nicht selber; da gelüstet es ihn nicht selber; da betrübt ihn nichts; sondern Gott führt ihn selber, lauter göttliche Lust, Freude und Friede ist da mit allen anderen Werken und Tugenden.

2 Gott gebietet uns, solche Leiden von seiten andrer heilig zu achten.

Dreiundzwanzigstens. Diese Werke schätzt Gott so hoch, daß er den Feiertag nicht bloß zu halten, sondern auch zu ›heiligen‹ oder heilig zu achten gebietet. Damit zeigt er an, daß es keine köstlicheren Dinge gibt als Leiden, Sterben und allerlei Unglück. Denn sie sind sein Heiligtum und heiligen den Menschen von seinen Werken zu Gottes Werken, so wie eine Kirche von natürlichen Werken zu Gottes Diensten geweiht wird. Darum soll der Mensch sie auch als ein Heiligtum erkennen, und froh werden und Gott danken, wenn sie an ihn kommen. Denn wenn sie kommen, so machen sie ihn heilig, daß er dieses Gebot erfüllt und selig wird; sie erlösen ihn von seinen sündlichen Werken. In diesem Sinne sagt David (Ps 116, 15): »Der Tod seiner Heiligen ist ein köstliches Ding vor seinen Augen.«

3 Gott gibt solchem Leiden durch andre seine tröstliche Verheißung.

Und um uns dazu zu stärken, hat Gott uns diese Feier nicht bloß geboten; denn die Natur stirbt und leidet höchst ungern und es ist ein bitterer Feiertag für sie, von ihren Werken zu lassen und tot zu sein.

31 *Die unserem Menschenwesen von Anfang angeborene Art (»Adam«).*

Sondern er hat uns in der Heiligen Schrift mit mannigfaltigen Worten getröstet und uns sagen lassen (Ps 91, 15): »Ich bin bei ihm in allem seinem Leiden und will ihm heraushelfen.« Ferner Ps 34, 19: »Der Herr ist nahe allen den Leidenden und wird ihnen helfen.«

Damit nicht genug, hat er ein kräftiges, starkes Vorbild dazu gegeben: seinen einzigen lieben Sohn, Jesus Christus unsern Herrn. Der ist am Sabbat[32] den ganzen Feiertag los von allen seinen Werken [im Grabe] gelegen, und hat als der erste dieses Gebot erfüllt, obwohl er es für sich selbst nicht nötig hatte, allein uns zum Trost, daß wir auch in allem Leiden und Sterben stille sein und Frieden haben sollen. Und zwar im Blick darauf: Wie Christus, nach seinem Ruhen und Feiern auferweckt, hinfort nur mehr allein in Gott und Gott in ihm lebt, so werden auch wir durch die Tötung unsres Adams, die freilich erst durch den Tod der Natur und das Begräbnis vollkommen geschieht, in Gott erhoben, daß Gott auf ewig in uns lebe und wirke.

Sieh, das sind die drei dem Menschen eignenden Stücke: die Vernunft, die Lust und die Unlust; darin haben alle seine Werke ihren Gang. Die müssen also durch jene drei Übungen erwürgt werden: durch Gottes Regierung, durch unsere eigne Kasteiung und durch das Leiden, das uns von andern widerfährt; so müssen sie geistlich für Gott ›feiern‹ und ihm zu seinen Werken Raum geben.

Rückblick auf die ersten drei Gebote.

1 Die Werke des dritten Gebots fließen aus dem Werk des ersten Gebots.

Vierundzwanzigstens. Diese Werke und Leiden aber sollen im Glauben und in guter Zuversicht zu Gottes Huld geschehen, damit, wie gesagt alle Werke im ersten Gebot, im Glauben, bleiben und der Glaube sich in ihnen übe und stärke; denn um seinetwillen sind alle andern Gebote und Werke verordnet. Darum siehe, was für ein schöner goldener Ring sich aus diesen drei Geboten und ihren Werken von selber bildet, und wie aus dem ersten Gebot, dem Glauben, das zweite fließt bis ins dritte hinein, und wie das dritte umgekehrt durchs zweite hindurch bis ins erste treibt. Denn das erste Werk ist: Glauben, [d. h.] ein gutes Herz und Zuversicht zu Gott haben. Aus ihm fließt das zweite gute Werk: Gottes Namen preisen, seine Gnade bekennen, ihm alle Ehre allein geben. Darnach folgt das dritte:

32 *Am Samstag zwischen Karfreitag und Ostern, dem jüdischen Sabbattag.*

Gottesdienst üben mit Beten und Predigthören, das Denken und Trachten auf Gottes Wohltat richten, dazu sich kasteien und sein Fleisch zwingen.

2 Die Leiden nach dem dritten Gebot treiben zum Werk des ersten.

Wenn nun der böse Geist solchen Glauben, solche Ehrung Gottes und solchen Gottesdienst gewahr wird, so tobt er und hebt die Verfolgung an; er greift Leib, Gut, Ehre und Leben an, und treibt Krankheit, Armut, Schande und Sterben auf uns, so wie es Gott verhängt und verordnet. Sieh, da fängt das zweite Werk oder die zweite ›Feier‹ des dritten Gebotes an. Dadurch wird der Glaube gar hart versucht wie das Gold im Feuer (Sir 2, 5); denn es ist ein großes Ding, eine gute Zuversicht zu Gott zu behalten, auch wenn er uns Tod, Schmach, Ungesundheit und Armut zugefügt, und ihn in diesem furchterregenden, zornigen Aussehen für den allergütigsten Vater zu halten, wie es bei diesem Werk des dritten Gebotes geschehen muß. Da drängt dann das Leiden den Glauben, daß er in solchen Leiden Gottes Namen anrufen und loben muß, und so kommt er durch das dritte Gebot wieder in das zweite. Durch dieses Anrufen und Loben des göttlichen Namens wächst der Glaube, kommt zu sich selbst und stärkt sich so selber durch die zwei Werke des dritten und zweiten Gebotes. Und so geht er aus in die Werke, und kommt wieder durch die Werke zu sich selbst, wie die Sonne aufgeht bis zu ihrem Niedergang und wieder bis zu ihrem Aufgang kommt. Darum wird in der Heiligen Schrift der Tag dem friedlichen Leben in den Werken zugeordnet, die Nacht dem leidenden Leben in der Widerwärtigkeit, und der Glaube lebt und wirkt so in beiden und geht in beiden aus und ein, wie Christus Joh 9, 4 sagt.

3 Die Ordnung der Gebote entspricht der Ordnung der Vaterunserbitten.

Fünfundzwanzigstens. Nach dieser Ordnung der guten Werke [in den Geboten] gehen unsre Bitten im Vaterunser.[33] Das erste ist, daß wir sagen: »Vater unser, der du bist im Himmel.« Dies sind Worte des ersten Werkes, des Glaubens; laut dem ersten Gebot zweifelt er nicht daran, daß er einen gnädigen Gott und Vater im Himmel habe. Das zweite ist: »Dein Name sei heilig«; darin begehrt der

---

33 *Luther versucht, die Reihenfolge der Gebote in der Reihenfolge der Sätze des Vaterunsers wiederzufinden.*

Glaube, daß Gottes Name, Lob und Ehre gepriesen werde, und er ruft ihn an in allen Notlagen, wie das zweite Gebot lautet. Das dritte ist: »Es komme dein Reich«; darin bitten wir um den Sabbat und die Feier rechter Art, um das Stillruhen unsrer Werke, damit allein Gottes Werk in uns sei und so Gott in uns als in seinem eignen Reich regiere, wie er sagt (Luk 17, 21): »Nehmet wahr, Gottes Reich ist nirgends als in euch selbst.« Viertens beten wir: »Dein Wille geschehe.« Darin bitten wir, daß wir die sieben Gebote der zweiten Tafel,[34] halten und haben können; auch in ihm wird der Glaube geübt, und zwar dem Nächsten gegenüber, so wie er in diesen drei ersten in Werken geübt wird, die sich allein auf Gott beziehen. Und das sind die Bitten, in welchen das Wörtlein ›Du‹, ›Dein‹, ›Dein‹, ›Dein‹ steht, weil diese nur suchen, was Gott angehört. Die anderen sagen alle: ›Unser‹, ›Uns‹, ›Unsern‹ usw.; da bitten wir dann um Güter und um Seligkeit für uns.

So viel sei von der ersten Tafel Moses gesagt; damit seien in großen Zügen den einfachen Leuten die höchsten ›guten Werke‹ gezeigt. Es folgt die zweite Tafel.

Vom vierten Gebot
(Das erste Gebot der zweiten Tafel Mose)

Du sollst deinen Vater und deine Mutter ehren

Vorbemerkung.

Aus diesem Gebot lernen wir, daß es nach den hohen Werken der ersten drei Gebote keine besseren Werke gibt als Gehorsam und Dienst allen denen gegenüber, die uns zur Obrigkeit gesetzt sind. Darum ist auch Ungehorsam eine größere Sünde als Totschlag, Unkeuschheit, Stehlen, Betrügen und alles, was darunter begriffen werden kann. Denn den Unterschied unter den Sünden (welche Sünde größer ist als die andere) können wir nirgends besser erkennen als aus der Anordnung der Gebote Gottes. Freilich hat auch jedes Gebot für sich selbst Unterschiede in seinen Werken; denn wer weiß nicht, daß Fluchen schlimmer ist als Zürnen, Schlagen schlimmer als Fluchen,

---

34 *Vgl. oben Seite 151, Anmerkung 2.*

Vater und Mutter schlagen schlimmer als sonst einen gewöhnlichen Menschen schlagen? Nun, so lehren uns die sieben folgenden Gebote, wie wir uns den Menschen gegenüber in guten Werken betätigen sollen; und zwar zuerst denen gegenüber, die über uns sind.

Das erste Werk des vierten Gebots

Die Pflichten der Kinder zur rechten Ehrung ihrer Eltern.

Das erste Werk ist: Wir sollen unsern leiblichen Vater und Mutter ehren. Dieses Ehren besteht nicht allein darin, daß man sich mit äußeren Gebärden so zeigt, sondern darin, daß man ihnen gehorsam ist: man soll ihre Worte und Werke vor Augen haben, hoch achten und etwas darauf geben; man soll sie recht haben lassen in dem, was sie angeben, und stillschweigen und ertragen, wie sie auch mit uns handeln, falls es nicht wider die drei ersten Gebote geht; ferner soll man sie, wenn sie es bedürfen, mit Speise, Kleidung und Wohnung versorgen. Denn Gott hat nicht umsonst gesagt: »Du sollst sie ehren«; er sagt nicht: »Du sollst sie lieb haben«, obwohl das auch sein soll. Jedoch ist das ›Ehren‹ etwas Höheres als das einfache Liebhaben; es hat eine Furcht bei sich, die sich mit der Liebe vereinigt, und bringt den Menschen dazu, daß er sich mehr davor fürchtet, die Eltern zu betrüben, als vor der Strafe. Es ist wie bei einem Heiligtum: wir ehren es mit Furcht und fliehen doch nicht davor wie vor einer Strafe, sondern drängen uns vielmehr dazu hin; eine solche Furcht mit Liebe vermischt ist das rechte Ehren. Die andere Art von Furcht – ohne Liebe – findet sich den Dingen gegenüber, die wir verachten oder fliehen; so fürchtet man den Henker oder die Strafe. Da handelt es sich nicht um ein Ehren; denn es ist Furcht ohne alle Liebe, ja, Furcht mit Haß und Feindschaft. Davon redet ein Sprichwort des S. Hieronymus:[1] »Was wir fürchten, das hassen wir auch.« Nicht mit dieser Art von Furcht will Gott gefürchtet und geehrt sein und die Eltern geehrt haben, sondern mit der ersten Art, die mit Liebe und Zuversicht gemischt ist.

---

1 *Hieronymus, ein gefeierter, durch seine Gelehrsamkeit berühmter Kirchenvater und Vorkämpfer des Mönchtums, lebte in Bethlehem († 420).*

Zweitens. Dieses Werk scheint leicht; aber wenige haben recht acht darauf. Denn wenn die Eltern in rechter Art fromm sind und ihre Kinder nicht nach fleischlicher Weise lieb haben, sondern (wie sie sollen) sie mit Worten und Werken zum Dienst Gottes nach den ersten drei Geboten anweisen und anleiten, so wird dem Kinde ohne Unterlaß sein Eigenwille gebrochen und es muß tun, lassen und leiden, was es seiner Natur nach so gerne anders täte. Dadurch bekommt es dann Anlaß, seine Eltern zu verachten, wider sie zu murren oder noch ärgere Dinge zu tun; da geht die Liebe und die Furcht verloren, wenn nicht Gottes Gnade da ist. Ebenso, wenn sie strafen und züchtigen, wie sich's gebührt (zuweilen auch mit Unrecht, was doch der Seelen Seligkeit nicht schadet), so nimmt es die böse Natur mit Unwillen auf. Über dies alles hinaus sind manche Kinder so böser Art, daß sie sich ihrer Eltern schämen wegen ihrer Armut, ihres unadligen Standes, ihrer Mißgestalt oder weil sie keine Ehren genießen; sie lassen sich durch diese Mängel mehr bestimmen als durch das hohe Gebot Gottes, der über alle Dinge ist und ihnen solche Eltern mit Bedacht nach seinem Wohlgefallen gegeben hat, um sie in seinem Gebot zu üben und zu erproben. Aber das macht sich noch stärker geltend, wenn das Kind wieder Kinder hat; da steigt die Liebe nach unten, und das ist dem Lieben und Ehren der Eltern sehr abträglich.

Was aber von den Eltern geboten und gesagt wird, hat man auch von denen zu verstehen, die ihre Stelle vertreten, wenn die Eltern gestorben oder nicht anwesend sind, wie z. B. von Verwandten, Gevattern, Paten, weltlichen Herren und geistlichen Vätern. Denn es muß jeder Mensch regiert werden und anderen Menschen untertan sein. Deshalb sehen wir auch hier wieder, wie viele ›gute Werke‹ in diesem Gebot gelehrt werden, weil darin unser ganzes Leben andern Menschen unterworfen wird. Und daher kommt es, daß der Gehorsam so hoch gepriesen wird und daß alle Tugenden und guten Werke in ihm eingeschlossen sind.

Drittens. Es gibt noch ein anderes Nichtehren der Eltern, viel gefährlicher und raffinierter als dieses erste; denn es beschönigt sich und läßt sich für ein rechtes Ehren ansehen. Das ist dann der Fall, wenn das Kind seinen Willen bekommt und die Eltern aus fleischlicher Liebe ihn zulassen. Hier ehrt man sich, hier liebt man sich, und es ist auf allen Seiten ein köstliches Ding: Vater und Mutter gefällt wohl, umgekehrt gefällt das Kind wohl.

Dieser Übelstand ist so allgemein verbreitet, daß ganz selten Beispiele von der ersten Art des Nichtehrens zu sehen sind. Das kommt alles davon her, daß die Eltern in ihrer Verblendung Gott in den ersten drei Geboten nicht erkennen und ehren; deshalb können sie auch nicht sehen, was den Kindern fehlt und wie sie diese lehren und erziehen sollen. Darum erziehen sie diese zu weltlichen Ehren, Lust und Gütern, damit sie nur gewiß den Menschen wohlgefallen und ja hochkommen. Das ist den Kindern lieb und sie sind recht gern gehorsam ohne allen Widerspruch.

So geht dann Gottes Gebot heimlich unter gutem Schein ganz zugrunde und es wird erfüllt, was im Propheten Jesaja und Jeremia geschrieben steht (Jes 57, 5; Jer 7, 31; 32, 35), daß die Kinder von ihren eigenen Eltern verzehrt werden. Sie machen es wie der König Manasse, der sein Kind dem Abgott Moloch opfern und verbrennen ließ (2 Kön 21, 6). Was heißt es anders, als sein eigenes Kind dem Abgott opfern und verbrennen, wenn die Eltern ihre Kinder mehr der Welt als Gott zuliebe erziehen und sie so dahingehen lassen, daß sie in weltlicher Lust, Liebe, Freude, Besitz und Ehre verbrennen, während die Liebe zu Gott und seine Ehre und die Lust an den ewigen Gütern in ihnen ausgelöscht werden?

O wie gefährlich ist es, Vater und Mutter zu sein, wenn nur Fleisch und Blut regiert. Denn fürwahr, es liegt ganz und gar an diesem [vierten] Gebot, daß die ersten drei und die letzten sechs erkannt und gehalten werden; denn den Eltern ist es befohlen, die Kinder solches zu lehren, wie es Ps 78, 5 f steht: »Wie eindringlich hat er unsern Eltern geboten, daß sie Gottes Gebote ihren Kindern bekannt machen! Denn ihre Nachkommen sollen sie kennen und sie Kind und Kindeskindern weiter verkündigen.« Das ist auch der Grund, warum Gott die Eltern ehren d. h. mit Furcht lieben heißt; denn jene [fleischliche] Liebe ist ohne Furcht; darum ist's mehr ein Verunehren als ein Ehren. Nun sieh, ob nicht jedermann gute Werke genug zu tun habe, er sei Vater oder Kind! Aber wir Blinden lassen das anstehen und suchen daneben mancherlei andere Werke, die nicht geboten sind.

Viertens. Wenn nun die Eltern so närrisch sind, daß sie ihre Kinder weltlich erziehen, sollen die Kinder ihnen keineswegs gehorsam sein; denn Gott ist gemäß den ersten drei Geboten höher zu achten als die Eltern. Weltlich erziehen aber heiße ich das, wenn sie lehren, nichts weiter zu suchen als Lust, Ehre und Gut oder Gewalt von dieser Welt. Geziemenden Schmuck zu tragen und redliches Auskommen zu suchen, ist notwendig und keine Sünde. Im Herzen jedoch muß sich ein Kind dabei so eingestellt finden oder sich wenigstens so einstellen dazu, daß es ihm leid ist, daß dieses elende Leben auf Erden nicht gut angefangen oder geführt werden kann, ohne daß mehr von Ausstattung und Besitz mit unterläuft als nötig ist, um den Leib zu bedecken, dem Frost zu wehren und Nahrung zu haben. Es muß also, ohne daß es sein eigner Wille wäre, der Welt den Willen tun und mit ein Narr sein und dieses Übel ertragen: nämlich um Ärgeres zu vermeiden um eines Besseren willen. So trug die Königin Esther ihre königliche Krone, und sprach doch zu Gott (Stücke zu Esther 3, 11): »Du weißt es: mein Prunkzeichen auf meinem Haupte hat mir noch nie gefallen und ich achte es wie einen schlechten Lumpen; ich trage es nie, wenn ich allein bin, sondern nur, wenn ich's tun muß und unter die Leute zu gehen habe.« Ein Herz, das so gesinnt ist, trägt ohne Gefahr Schmuck; denn es trägt, und trägt doch nicht, tanzt und tanzt doch nicht, lebt gut und lebt doch nicht gut. Das sind die heimlichen Seelen, verborgene Bräute Christi, aber sie sind selten; denn es ist schwer, an großem Schmuck und Prangen keine Lust zu haben. So trug S. Cäcilia[2] auf das Gebot ihrer Eltern hin goldgewirkte Kleider, aber darunter auf dem Leibe trug sie ein härenes Hemd.

Hier sagen manche: »Ja, wie wollte ich mein Kind unter die Leute bringen und mit Ehren aus dem Haus geben? Ich *muß* solche Pracht entfalten.« Sage mir, ob das nicht Worte eines Herzens sind, das an Gott verzweifelt und mehr auf sein eigenes Sorgen als auf Gottes Sorgen traut? Demgegenüber lehrt und sagt doch S. Petrus (1 Petr 5, 7): »Werfet alle eure Sorge auf ihn, und seid gewiß, daß er für euch sorgt.« Es ist ein Zeichen davon, daß sie noch nie Gott für ihre

---

2 *S. Cäcilia, eine christliche Jungfrau aus vornehmem römischem Geschlecht, als Märtyrerin gestorben (vielleicht um 200 n. Chr.).*

Kinder gedankt, noch nie recht für sie gebetet, noch nie sie ihm anbefohlen haben; sonst würden sie es wissen und erfahren haben, wie
sie auch das Hinausgeben ihrer Kinder von Gott erbitten und erwarten sollen. Darum läßt er sie auch in ihrem Eigensinn mit Sorgen und
Ängsten hingehen und doch nichts Rechtes ausrichten.

Die Verantwortung der Eltern für die Erziehung der Kinder.

1 An den Kindern können sich Eltern die Seligkeit verdienen.

Fünftens. Somit ist's wahr, was man sagt: die Eltern können, auch
wenn sie sonst nichts zu tun hätten, an ihren eigenen Kindern die
Seligkeit erlangen; wenn sie diese recht zum Dienste Gottes erziehen, so haben sie an ihnen fürwahr beide Hände voll guter Werke
vor sich. Denn was sind in diesem Fall die ›Hungrigen, Durstigen,
Nackten, Gefangenen, Kranken, Fremdlinge‹ (Matth 25, 35 f) anderes, als die Seelen deiner eigenen Kinder? Mit ihnen macht dir Gott
aus deinem Hause ein Spital, und setzt dich ihnen zum Spitalver-
walter; *du* sollst sie pflegen, speisen und tränken mit guten Worten und Werken; denn sie sollen lernen Gott vertrauen, glauben und
fürchten und ihre Hoffnung auf ihn setzen, seinen Namen ehren,
nicht schwören noch fluchen, sich kasteien mit Beten, Fasten, Wachen und Arbeiten, Gottes Dienst und Wort pflegen und ihm den
Sabbat feiern; sie sollen lernen zeitliche Dinge verachten, Unglück
gelassen tragen, den Tod nicht fürchten und dies Leben nicht lieb
haben.

2 Auf schlichter Pflichterfüllung im Hause würde Gottes Segen ruhen.

Sieh, welch große Lektion ist das; wie viel ›gute Werke‹ hast du
vor dir in deinem Hause an deinem Kinde, das alle diese Dinge
braucht, wie eine hungrige, durstige, bloße, arme, gefangene, kranke
Seele! O welch ein glücklicher Ehe- und Hausstand wäre das, wo
solche Eltern drin wären! Fürwahr, es wäre eine rechte Kirche, ein
auserwähltes Kloster, ja ein Paradies! Davon sagt Ps 128, 1 ff: »Selig sind die, die Gott fürchten und in seinen Geboten wandeln! Du
wirst dich ernähren mit der Arbeit deiner Hände; darum wirst du
glücklich sein und es wird dir wohl gehen. Dein Weib wird sein
wie ein volltragender Weinstock in deinem Hause, und deine Kinder
werden um deinen Tisch sein wie die jungen Sprosse der vollen Öl-
bäume. Sehet, so wird gesegnet sein, wer Gott fürchtet usw.« Wo

sind solche Eltern? Wo sind die Leute, die nach »guten Werken« fragen? Hier will niemand heran. Warum? Gott hat es geboten; da zieht der Teufel Fleisch und Blut davon weg. Es glänzt nicht, darum gilt es nicht. Da läuft der nach S. Jakob,[3] die tut unserer Frau[4] ein Gelübde; niemand gelobt, daß er, Gott zur Ehre, sich und sein Kind wohl leiten und lehren wolle; er läßt die sitzen, die ihm Gott anbefohlen hat, daß er sie an Leib und Seele bewahre, und will Gott an einem anderen Ort dienen, was ihm doch nicht befohlen ist. Diesem verkehrten Wesen wehrt kein Bischof, das rügt kein Prediger; ja sie bestärken es noch aus Habgier und erdenken täglich nur noch mehr an Wallfahrten, an Heiligsprechungen und Ablaßverkäufen. Gott erbarme sich über solche Blindheit!

3 *An ihren Kindern können sich Eltern auch die Hölle verdienen.*

Sechstens. Ebenso können umgekehrt die Eltern nicht leichter die Hölle verdienen als an ihren eigenen Kindern, in ihrem eigenen Hause, wenn sie diese versäumen und die Dinge nicht lehren, die oben genannt wurden. Was hülfe es, wenn sie sich zu Tode fasten, beten, wallfahrten und alle Werke tun wollten? Gott wird sie beim Tode und am Jüngsten Tage doch nicht darnach fragen, sondern wird die Kinder von ihnen fordern, die er ihnen anbefohlen hat. Das bekundet Christi Wort Luk 23, 28 f: »Ihr Töchter von Jerusalem, weinet nicht über mich, sondern über euch und eure Kinder. Es werden die Tage kommen, da sie sagen werden: ›Selig sind die Leiber, die nicht geboren haben, und die Brüste, die nicht gesäugt haben‹.« Warum werden sie so klagen wenn nicht deshalb, weil ihre ganze Verdammnis von ihren eigenen Kindern herkommt? Hätten sie diese nicht gehabt, so wären sie vielleicht selig geworden. Fürwahr, mit Recht sollten diese Worte den Eltern die Augen auftun, daß sie auf die Seele ihrer Kinder in geistlicher Weise ihr Augenmerk richten; sonst werden durch ihre falsche, fleischliche Liebe die armen Kinder zu dem Trugschluß verleitet, als hätten sie ihre Eltern wohl geehrt, solang sie nicht mit ihnen zürnen oder ihnen in der Entfaltung weltlichen Prangens gehorsam seien. So wird doch nur ihr Eigenwille gestärkt, wäh-

3 S. Jago di Compostela, spanischer Wallfahrtsort, vgl. Seite 37, Anm. 5.
4 »Unsre Frau« oder »unsre liebe Frau« hieß in der mittelalterlichen Frömmigkeit die Mutter Jesu, Maria, welche als »Mutter Gottes« verehrt und als Nothelferin angerufen wurde.

rend das Gebot den Eltern darum die Ehre zuteilt, daß der Kinder Eigenwille gebrochen werden soll und sie demütig und sanftmütig werden sollen.

4 Gottgefällig ist die Erziehung nur, wenn sie im Glauben geschieht.

Wie nun schon bei den andern Geboten gesagt wurde, daß sie im Hauptwerk vor sich gehen sollen, ebenso gilt es auch hier: Niemand darf meinen, sein eignes Erziehen und Belehren bei den Kindern genüge schon an sich selbst, wenn es nicht im Vertrauen auf die göttliche Huld geschieht. Denn der Mensch darf nicht daran zweifeln, daß er Gott in seinen Werken wohlgefalle; er lasse sich diese Werke nichts anderes sein als eine Ermunterung und Übung seines Glaubens, daß er auf Gott vertraue und Gutes und einen gnädigen Willen von ihm erwarte. Ohne diesen Glauben lebt kein Werk und ist keines gut und angenehm. Viele Heiden haben ja ihre Kinder schön erzogen, aber es ist alles verloren um des Unglaubens willen.

Das zweite Werk des vierten Gebots

Die Zustände auf dem Gebiet der kirchlichen Obrigkeit.

Siebtens. Das zweite Werk dieses Gebotes ist, daß man Ehre und Gehorsam der geistlichen Mutter, der heiligen christlichen Kirche, der geistlichen Gewalt erweist. Was sie gebietet, verbietet, festsetzt, anordnet, bannt,[5] löst, darnach sollen wir uns richten, und wie wir leibliche Eltern ehren, fürchten und lieben sollen, so auch die geistliche Obrigkeit; wir sollen sie recht haben lassen in allen Dingen, die nicht wider die ersten drei Gebote sind.

1 Die geistliche Obrigkeit versagt leider bei dem ihr befohlenen Werk.

Nun geht es bei diesem Werk weit schlimmer zu als bei dem ersten. Die geistliche Obrigkeit sollte die Sünde durch Bannen und Gesetze strafen und so ihre geistlichen Kinder antreiben, rechtschaffen zu sein, damit sie Anlaß hätten, dieses Werk zu tun und sich in

---

5 Der »Bann« ist das hauptsächlichste Mittel der Kirchenzucht; oftmals mißbraucht, besonders im Mittelalter. Bis zur »Lösung« des Bannes war der Sünder von den Sakramenten (so beim »kleinen Bann«) bzw. aus der Gemeinde (so beim »großen Bann«) ausgeschlossen.

Gehorsam und Ehrerbietung ihr gegenüber zu üben. In dieser Art aber sieht man zurzeit kein Bemühen; sie stellen sich zu ihren Untertanen wie die Mütter, die von ihren Kindern weg zu ihren Buhlen laufen, wie Hos 2, 5 sagt; sie predigen nicht, lehren nicht, wehren nicht, strafen nicht, und so gibt es doch eigentlich gar kein geistliches Regiment mehr in der Christenheit.

Was kann ich dann von diesem Werk sagen? Es sind noch ein paar Fasttage und Feiertage übriggeblieben (und die wären wohl besser abgeschafft worden!); darauf achtet aber niemand. Es ist nicht mehr in Gang und Brauch als der Bann, der wegen Geldschulden verhängt wird; und den sollte es auch nicht geben. Dagegen müßte die geistliche Gewalt darauf aus sein, daß Ehebruch, Unkeuschheit, Wucher, Fressen, weltlicher Prunk, überflüssiger Schmuck und dergleichen offenbare Sünde und Schande aufs strengste bestraft und gebessert würden. Dazu sollte sie in den Stiftern, Klöstern, Pfarreien und Schulen für gute Ordnung sorgen und in ihnen den Gottesdienst mit Ernst erhalten; sie sollte die jungen Leute, Knaben und Mädchen, in Schulen und Klöstern mit gelehrten, frommen Männern versorgen, damit sie alle gut erzogen würden; so würden die Alten ein gutes Vorbild geben und die Christenheit mit feinem jungem Volk erfüllt und geziert werden. So lehrt S. Paulus seinen Schüler Titus (2, 1 ff), er solle alle Stände, jung und alt, Mann und Weib, recht unterweisen und anleiten. Aber nun geht her, wer da will; wer sich selbst regiert und lehrt, der hat's gewonnen; ja es ist leider dahin gekommen, daß die Stätten, an denen man Gutes lernen sollte, Schulen für Bubenstücke geworden sind und überhaupt niemand auf die wilde Jugend achtet.

2 Die geistliche Obrigkeit läßt allen Dingen ihren bösen Lauf.

Achtens. Wenn diese Ordnungen im Gang wären, so könnte man sagen, wie es mit dem Ehren und dem Gehorsam gehalten werden sollte. Nun geht es aber wie mit den leiblichen Eltern, die ihren Kindern den Willen lassen. Die geistliche Obrigkeit läßt jetzt die Zügel hängen, dispensiert,[6] nimmt Geld dafür, und läßt mehr nach als sie

6 *Wo alles durch rechtliche Ordnungen geregelt ist, spielt naturgemäß auch die Befreiung (Dispens) von den Verpflichtungen eine große Rolle. Die Möglichkeit, sich dispensieren zu lassen bzw. Dispense zu erteilen, verführte im Mittelalter zu vielem Mißbrauch.*

kann. Ich will hier schweigen, um nicht mehr zu sagen; wir sehen mehr davon, als gut ist. Die Habgier sitzt im Regiment, und eben das, was sie wehren sollte, das lehrt sie, und es liegt vor Augen, wie der geistliche Stand in allen Dingen weltlicher ist als der weltliche selber. Darüber muß die Christenheit verderben und dies Gebot untergehen.

Wäre ein solcher Bischof da, der für alle diese Stände mit Fleiß sorgte, sie beaufsichtigte, visitierte und drauf bedacht wäre, wie er es schuldig ist: fürwahr, es würde ihm eine einzige Stadt zu viel werden. Auch zur Zeit der Apostel, als es mit der Christenheit am besten stand, hatte ja jede Stadt einen Bischof, obschon die Stadt nur zum kleineren Teil aus Christen bestand. Wie kann es gut gehen, wenn der eine Bischof so viel, der andere so viel, der die ganze Welt,[7] der die Hälfte haben will? Es ist Zeit, daß wir Gott um Gnade bitten. An geistlicher Obrigkeit haben wir viel, aber an geistlicher Regierung nichts oder nur wenig. Einstweilen mag, wer kann, dazu helfen, daß Stifter, Klöster, Pfarreien und Schulen wohl bestellt und geleitet werden; und zwar wäre es auch eines der Werke für die geistliche Obrigkeit, daß sie die Zahl der Stifter, Klöster und Schulen verringerte, wenn man sie nicht [mit rechten Leitern und Lehrern] versorgen könnte. Viel besser ist es, kein Kloster oder Stift, als ein böses Regiment darin; denn damit wird Gott nur mehr erzürnt.

3 Die geistliche Obrigkeit mißbraucht die ihr gegebene Gewalt.

Neuntens. Solange nun die Obrigkeit ihr eigenes Werk so ganz dahinfallen läßt und verkehrt ist, so muß mit Gewißheit daraus folgen, daß sie ihre Gewalt mißbraucht und fremde, böse Werke vornimmt, gerade wie die Eltern, wenn sie etwas gebieten, das wider Gott ist. Da müssen wir weise sein. Denn der Apostel hat gesagt (1 Tim 4, 1 ff; 2 Tim 3 ff), solche Zeiten würden gefährlich sein, in welchen eine solche Obrigkeit regieren werde; denn es hat den Anschein, als widerstrebe man ihrer Gewalt, wenn man nicht alles tut oder allem wehrt, was sie angeben. So müssen wir nun die drei ersten Gebote und die rechte Tafel[8] zur Hand nehmen, und dessen sicher sein, daß kein Mensch, weder Bischof und Papst, noch ein En-

---

7 Hier meint Luther den römischen Bischof, d. h. den Papst mit seinem universalen Anspruch.
8 Vgl. Seite 151, Anmerkung 2.

gel etwas gebieten oder festsetzen kann, was diesen drei Geboten mit ihren Werken entgegen, hinderlich oder auch nur nicht förderlich ist. Und wenn sie schon Derartiges unternehmen, so hält es nicht stand und gilt nichts, und wir versündigen uns auch daran, wenn wir darin folgen und gehorsam sind oder es uns gefallen lassen.

Daraus ist leicht zu verstehen, wie die gebotenen Fastenzeiten[9] nicht Bezug haben auf die Kranken, die schwangeren Weiber, oder die sonst nicht fasten können, ohne sich damit zu schaden. Und, um höher zu greifen, so kommt ja zu unsren Zeiten aus Rom nichts anderes als ein Jahrmarkt von geistlichen Gütern, die man öffentlich und schamlos kauft und verkauft:[10] Ablässe,[11] Pfarreien, Klöster, Bistümer, Propsteien, Pfründen und alles, was nur jemals weit und breit zum Dienst Gottes gestiftet worden ist. Dadurch wird nicht bloß alles Geld und Gut der Welt nach Rom gezogen und getrieben (was der geringste Schaden wäre), sondern die Pfarreien, Bistümer und Prälaturen werden dadurch zerrissen, verlassen, verwüstet; und so wird das Volk vernachlässigt, Gottes Wort, Gottes Name und Ehre geht unter, der Glaube wird vernichtet. Zuletzt kommt es dahin, daß solche Stiftungen und Ämter nicht bloß ungelehrten und untauglichen Leuten zuteil werden, sondern meistenteils den römischen Hauptbuben, den größten, die es auf der Welt gibt. Was also zum Dienste Gottes gestiftet ist, um dem Volk zu predigen, es zu regieren und zu bessern, muß jetzt den Stallbuben, Maultiertreibern, ja um es nicht gröber zu sagen, den römischen Huren und Buben dienen und dann doch nicht mehr Dank davon tragen, als daß sie uns obendrein als Narren verspotten.

---

9 *Solche gebotenen Fastenzeiten sind vor allem die Werktage zwischen Aschermittwoch und Karsamstag, die Quatembertage (d. h. Mittwoch, Freitag und Samstag zu Anfang der vier Jahreszeiten) und die Vigiltage bzw. Samstage vor den Fest- und Sonntagen. An diesen Tagen soll man sich nur einmal sattessen. Daneben gibt es dann noch die fleischlosen Tage (die Freitage, der Aschermittwoch und der halbe Karsamstag). Die Regelung ist z. T. verschieden.*

10 *Mit der Verleihung von kirchlichen Ämtern, Pfründenstellen, Rechten und Abgaben wurde damals ein schwungvoller und einträglicher Handel getrieben, der zu unerträglichen Mißständen führte.*

11 *Vgl. Seite 125, Anmerkung 20.*

Zehntens. Wenn dann solche unerträglichen Ungebührlichkeiten alle unter dem Namen Gottes und Sankt Peters geschehen (gerade als wäre Gottes Name und die geistliche Gewalt dazu eingesetzt, Gottes Ehre zu lästern und die Christenheit an Leib und Seele zu verderben), so sind wir fürwahr dazu verpflichtet, dem mit Fug und Recht zu widerstehen, so viel wir können; wir müssen hier so handeln wie rechtschaffene Kinder, denen ihre Eltern toll oder wahnsinnig geworden sind. Und zwar müssen wir zu allererst sehen, wo das Recht dazu herkommt: das, was zum Dienste Gottes in unseren Ländern gestiftet oder zur Versorgung unserer Kinder vermacht worden ist, das soll man in Rom Zinsen tragen lassen und hier, wo es [von Rechts wegen] sein soll, nachlassen! Wie sind wir so unsinnig!

Weil denn Bischöfe und geistliche Vorgesetzte sich hier still verhalten, [dem Übel] nicht wehren oder sich fürchten und so die Christenheit verderben lassen, sollen wir zuerst Gott demütig um Hilfe anrufen, daß er der Sache wehre; sodann sollen wir Hand dabei anlegen und den Herrn von der Kurie und römischen Sendboten die Straße versperren und ihnen in vernünftiger, gütlicher Art Bescheid sagen. Wollen sie die Pfründen redlich versorgen, so sollen sie den Sitz einnehmen, um mit Predigen oder [wenigstens] gutem Beispiel das Volk zu bessern; wenn sie das nicht wollen und in Rom oder anderswo sitzen und die Kirchen verderben und schwächen,[12] so lasse man den Papst in Rom sie speisen, dem sie dienen. Es gehört sich nicht, daß wir dem Papst seine Knechte, sein Volk, ja seine Buben und Huren ernähren zum Verderben und Schaden unserer Seelen.

2 Die Fürsten müßten zur Selbsthilfe greifen, da die Konzilien versagen.

Sieh, das wären die rechten Türken;[13] die müßten die Könige, die Fürsten und der Adel zuerst angreifen, nicht um ihren eigenen Nutzen dabei zu suchen, sondern allein um die Christenheit zu bessern und die Lästerung und Schmähung des göttlichen Namens zu verhindern. Sie müßten also mit einer solchen Geistlichkeit verfahren wie mit dem Vater, der seine Besinnung und Verstand verloren hat:

12 *Indem sie ihren Dienst nicht ausüben, sondern die Zinsen der Stelle anderswo verzehren, werden notwendige Dienste nicht getan.*
13 *Vgl. oben Seite 34, Anmerkung 1.*

wenn man den nicht (jedoch mit Demut und allen Ehren) gefangen nimmt und ihm wehrt, so wäre er imstand, Kinder, Erbe und jedermann zu verderben. Ebenso sollen wir die römische Gewalt in Ehren halten als unseren obersten Vater und ihnen doch, solange sie toll und wahnsinnig geworden sind, ihr Vorhaben nicht gestatten, damit nicht dadurch die Christenheit verderbt werde.[14]

Elftens. Es meinen manche, man solle das einem allgemeinen Konzil vorlegen. Dazu sage ich nein. Denn wir haben viele Konzilien[15] gehabt, wo das vorgebracht worden ist, nämlich das in Konstanz, das in Basel und das letzte in Rom; es ist aber nichts ausgerichtet worden und nur immer ärger geworden. Auch sind solche Konzilien nichts nütze, weil die Schlauheit der Römischen eine List erdacht hat: die Könige und Fürsten müssen sich vorher[16] eidlich verpflichten, sie bleiben zu lassen, wie sie sind, und behalten zu lassen, was sie haben. So haben sie einen Riegel vorgeschoben, um sich aller Reformation zu erwehren und für alle Büberei Schutz und Freiheit zu erhalten, obwohl dieser Eid wider Gott und wider das Recht gefordert, erzwungen und geleistet wird und obwohl dem heiligen Geist, der die Konzilien regieren soll, eben damit die Türe zugesperrt wird.

Das Beste (und zugleich das einzige Mittel, das übrigbleibt) wäre vielmehr das, daß Könige, Fürsten, Adel, Städte und Gemeinden selber anfingen und in die Sache eine Bresche schlügen, damit die Bischöfe und Geistlichen, die sich jetzt noch fürchten, Anlaß bekämen, sich anzuschließen. Denn hier soll und muß man nichts anderes ansehen als Gottes erste drei Gebote; denen zuwider kann weder Rom noch Himmel, noch Erde etwas gebieten oder verwehren, und es liegt

14 *Luther hat später auf Grund seiner Erfahrungen noch wesentlich schärfer über das Papsttum geurteilt; vgl. Die Schmalkaldischen Artikel (Siebenstern-Taschenbuch 7, Seite 189 f).*
15 *Die sogenannten Reformkonzilien wollten es unternehmen, die offenkundigen Schäden der Kirche abzustellen und das Papsttum selber zu reformieren. Sie scheiterten im letzten Grunde an der Politik der römischen Kurie. Die wichtigsten waren das von Pisa (1409), das von Konstanz (1414–1418) und das von Basel (1431–1449). Auch das schon wieder ganz päpstlich geleitete Laterankonzil in Rom (1512–1517), das Luther den Reformkonzilien anreiht, hat Wesentliches nicht ausgerichtet. Vgl. Luthers Urteil in der Vorrede zu den Schmalkaldischen Artikeln (Siebenstern-Taschenbuch 7, Seite 175 ff).*
16 *Vor Beginn des Konzils; diese Forderung hatte schon Papst Martin V. 1418 in Konstanz in einer Bulle verkündet.*

nichts an dem Bann[17] oder Drohen, womit sie sich dagegen zu wehren suchen, ebensowenig wie etwas daran liegt, ob ein toller Vater seinem Sohn hart droht, falls dieser ihm wehrt oder ihn einfängt.

Das dritte Werk des vierten Gebots

Der Anspruch der weltlichen Obrigkeit auf unsern Gehorsam.

1 Die Obrigkeit trägt das Schwert von Gott; darum ist ihr zu gehorchen.

Zwölftens. Das dritte Werk dieses Gebots ist: der weltlichen Obrigkeit gehorsam zu sein, wie Paulus (Röm 13, 1 ff; Tit 3, 1) lehrt, und S. Petrus (1 Petr 2, 13 f): »Seid untertan dem König als dem Obersten und den Fürsten als seinen Gesandten und allen Ordnungen weltlicher Gewalt.« Aufgabe der weltlichen Gewalt[18] aber ist es, die Untertanen zu schützen und Dieberei, Räuberei, Ehebrecherei zu strafen; in diesem Sinne sagt S. Paulus Röm 13, 4: »Sie trägt nicht umsonst das Schwert; sie dient Gott damit, den Bösen zur Furcht, den Frommen zugute.«

Hier sündigt man auf zweierlei Weise: erstens, wenn man sie belügt, betrügt und untreu ist, wenn man nicht folgt und tut, wie sie befohlen und geboten hat, ob es sich um Leib oder Gut handelt. Denn auch wenn sie unrecht tun wie der König von Babylonien dem Volk Israel, so will Gott (Jer 27, 6 ff; Bar 2, 21 f) dennoch ihnen Gehorsam gehalten wissen, ohne sie irgend zu hintergehen und zu gefährden. Zweitens wenn man übel von ihnen redet, sie verflucht und, wo man sich nicht rächen kann, sie mit Murren und bösen Worten öffentlich oder heimlich schilt.

2 Auch wenn die Obrigkeit unrecht tut, kann sie der Seele nicht schaden.

Bei dem allem sollen wir das bedenken, was uns S. Petrus (1 Petr 2, 9 f) bedenken heißt: mag die Gewalt der Obrigkeit recht oder unrecht tun, – der Seele kann sie nicht schaden, sondern allein dem Leib und dem Gut; außer wenn sie uns offenkundig zwingen wollte, gegen Gott oder Menschen Unrecht zu tun, wie es vorzeiten der

---

17 *Vgl. Seite 187, Anmerkung 5.*
18 *Den Ausdruck »Gewalt« (»weltliche« oder »geistliche Gewalt«) gebraucht Luther wie das Wort »Regiment« immer zugleich für das Amt der Obrigkeit und für seine Träger.*

Fall war, als sie noch nicht christlich war, und wie man es dem Türken heute noch nachsagt. Unrecht leiden verderbt ja niemand an der Seele, ja es bessert die Seele, auch wenn es dem Leib und dem Gut Eintrag tut; aber Unrecht tun, das verderbt die Seele, auch wenn es aller Welt Gut einbrächte.

Dreizehntens. Das ist auch der Grund, warum es bei der weltlichen Gewalt nicht so sehr gefährlich ist, wenn sie Unrecht tut, wie bei der geistlichen. Denn die weltliche Gewalt kann damit keinen Schaden anrichten, weil sie nichts mit dem Predigen, dem Glauben und den ersten drei Geboten zu schaffen hat. Die geistliche Gewalt dagegen richtet nicht bloß dann Schaden an, wenn sie Unrecht tut, sondern auch schon, wenn sie ihr Amt vernachlässigt und etwas anderes treibt, auch wenn das etwas Besseres wäre als die allerbesten Werke der weltlichen Gewalt. Gegen die geistliche Gewalt muß man sich darum sträuben, wenn sie nicht recht tut, nicht jedoch gegen die weltliche, auch wenn diese unrecht tut. Denn das arme Volk glaubt und tut so, wie es von der geistlichen Gewalt sieht und hört; sieht und hört es nichts, so glaubt und tut es auch nichts, weil diese Gewalt zu keinem andern Zweck eingesetzt ist, als um das Volk im Glauben zu Gott zu führen. Alles das gibt es bei der weltlichen Gewalt nicht; denn sie mag tun und lassen wie sie will, – mein Glaube geht seinen Weg zu Gott und hat sein Wirken für sich, weil ich ja nicht glauben muß, wie die weltliche Obrigkeit glaubt. Darum ist auch die weltliche Gewalt vor Gott eine ganz geringfügige Sache, die von ihm für viel zu gering geachtet wird, als daß man um ihretwillen sich sperren, ungehorsam und uneinig werden müßte, ob sie nun recht oder unrecht tue. Umgekehrt ist die geistliche Gewalt ein ganz großes, überschwengliches Gut, das von Gott für viel zu kostbar geachtet wird, als daß der allergeringste Christenmensch es leiden und dazu schweigen dürfte, wenn sie auch nur ein Haarbreit von ihrem eigentlichen Amt abweicht, geschweige denn, wenn sie sich ganz in Widerspruch zu ihrem Amte setzt, wie wir es jetzt alle Tage sehen.

Der Mißbrauch der obrigkeitlichen Gewalt.

1 Die erste Gefahr ist, daß ein Regent Schmeichlern folgend böse regiert.

Vierzehntens. Bei der weltlichen Gewalt gibt es auch mancherlei Mißbrauch. Erstens, wenn sie den Schmeichlern folgt. Das ist eine allgemein verbreitete und besonders schädliche Plage bei dieser Gewalt; gegen sie kann sich niemand genug wehren und vorsehen. Da wird sie an der Nase herumgeführt und geht über das arme Volk hinweg; es wird ein Regiment, wo, wie ein heidnischer Schriftsteller sagt, die Spinnweben wohl die kleinen Fliegen fangen, während die Mühlsteine hindurchfallen. Da binden also die Gesetze, die Ordnung und Regierung der betreffenden Herrschaft wohl die Geringen, aber sind die Großen frei, und wo der Herrschende nicht selbst so vernünftig ist, daß er seiner Leute Rat nicht bedarf, oder wo er nicht wenigstens so viel gilt, daß sie sich vor ihm fürchten, da wird und muß es (außer es wollte Gott ein besonderes Zeichen setzen) ein kindisches Regieren geben.

Darum hat Gott böse, untaugliche Regenten als die größten Plagen unter den andern angesehen; er droht damit Jes 3, 1 ff: »Ich will alle tapferen Männer von ihnen nehmen und will ihnen Kinder und Kindische als Herren geben.« Vier Plagen hat Gott in der Heiligen Schrift genannt (Hes 14, 13 ff). Die erste, die geringste, die auch David 2 Sam 24, 13 f wählte, ist die Pestilenz; die zweite ist die teure Zeit; die dritte ist der Krieg; die vierte sind allerlei böse Bestien, wie Löwen, Wölfe, Schlangen, Drachen, d. h. böse Regenten. Denn wo die sind, kommt das Land ins Verderben, nicht allein an Leib und Gut wie bei den andern Plagen, sondern auch an der Ehre, an Zucht, Tugend und der Seelen Seligkeit. Denn Pestilenz und teure Zeit macht die Leute fromm und reich, aber Krieg und böse Herrschaft macht alles zunichte, was zeitliches und ewiges Gut betrifft.

2 Die zweite Gefahr ist, daß ein Regent sein Recht durchsetzen will.

Fünfzehntens. Es muß ein Herr auch klug genug sein, um sich's nicht vorzunehmen, allezeit mit dem Kopf durch die Wand zu wollen, auch wenn er kostbare, gute Rechte und die allerbeste Sache zu vertreten hätte. Denn vorausgesetzt, daß es den Untertanen nützlich ist, ist es eine viel edlere Tugend, am Rechte Schaden zu dulden, als am Gut oder Leib, da ja weltliche Rechte nur an zeitlichen Gütern hängen. Darum ist's ganz närrisch, wenn einer sagt: »Ich habe ein Recht darauf; darum will ich's im Sturm holen und festhalten, auch wenn alles Unglück für die andern[19] daraus entspringen sollte.« Da-

19 *Für die Untertanen, die unter dem Krieg ihrer rechthaberischen Herren zu leiden haben.*

gegen lesen wir von dem Kaiser Oktavian,[20] daß er keinen Krieg anfangen wollte, auch wenn er noch so gerecht wäre, außer es läge ein sicheres Anzeichen vor, daß der Nutzen größer sei als der Schaden, oder daß der Schaden tragbar sei. Er sagte: »Mit dem Kriegführen verhält sich's so, wie wenn jemand mit einem goldenen Netze fischt: er fängt niemals so viel, als er zu verlieren wagt.« Denn wer einen Wagen führt, der muß seinen Weg ganz anders zurücklegen, als wenn er für sich selbst allein ginge. Hier kann er gehen, springen und es machen, wie er will; aber wenn er Fuhrmann ist, muß er sich nach dem richten und schicken, daß ihm der Wagen und das Pferd folgen kann, und muß mehr darauf achthaben, als auf das, was er selber will. Ebenso ist's auch bei einem Herren, der einen Haufen von Leuten mit sich führt: er darf nicht wandeln und handeln, wie er selber will, sondern wie der Haufe es vermag; er muß mehr auf ihren Bedarf und Nutzen als auf seinen eignen Willen und Gelüsten Rücksicht nehmen. Denn wenn ein Herr nach seinem tollen Kopf regiert und seinem eigenen Gutdünken folgt, so gleicht er einem tollen Fuhrmann, der mit Pferd und Wagen geradewegs zufährt durch Busch und Hecken, Gräben und Wasser, Berg und Tal, ohne auf Wege und Brücken zu achten; ein solcher wird nicht lange fahren, so wird alles in Trümmer gehen.

3 Das Studium der Geschichte sollte die Lehrmeisterin der Regenten sein.

Darum wäre es für die Herrschaften das Allernützlichste, wenn sie von Jugend auf die Geschichten sowohl der heiligen als auch der heidnischen Bücher lesen würden oder sich vorlesen ließen. Darin fänden sie mehr Vorbilder und Kenntnisse für das Regieren als in allen Rechtsbüchern. So haben es, wie man liest, die Könige vom Perserland gemacht (Esth 6, 1 f). Denn Vorbilder und Geschichten geben und lehren allezeit mehr, als die Gesetze und das Recht; dort lehrt die gewisse Erfahrung, hier lehren die unbewährten, ungewissen Worte.

20 *Kaiser Octavianus Augustus (63 v. Chr. bis 14 n. Chr.) förderte, nachdem er die Herrschaft mit Gewalt errungen hatte, die Werke des Friedens.*

Die der weltlichen Obrigkeit jetzt gestellten Aufgaben.

1 Die Obrigkeit sollte dem Luxus in Essen und Trinken wehren.

Sechzehntens. Drei besonders nötige Werke hätte zu unseren Zeiten alle Herrschaft zu tun, zumal in diesen Landen. Erstens hätten sie das greuliche Unwesen des Fressens und Saufens abzuschaffen; nicht bloß wegen seines Übermaßes, sondern auch wegen seiner Kostspieligkeit. Denn mit der Anwendung von Gewürzen, Spezereien und dergleichen (Dinge, ohne welche man gut leben könnte!) ist ein nicht kleiner Verbrauch von zeitlichen Gütern ins Land gekommen, und kommt noch täglich. Um nur diesen beiden großen Schäden[21] vorzubeugen, die gar sehr tief und weit eingerissen sind, hätte fürwahr die weltliche Gewalt genug zu schaffen; und wie könnten die Gewalthaber Gott einen besseren Dienst tun und für sich selbst ihrem Lande besser aufhelfen?

2 Die Obrigkeit sollte dem überflüssigen Aufwand in Kleidung steuern.

Zweitens hätten sie dem übermäßigen Aufwand für die Kleidung zu wehren; damit wird so viel Gut vertan, und doch nur der Welt und dem Fleische gedient. Es ist zum Erschrecken, wenn man bedenkt, daß solche Mißbräuche bei dem Volk gefunden werden, das dem gekreuzigten Christus zugeschworen, getauft und zugeeignet ist, das sein Kreuz mit ihm tragen und sich täglich durch Sterben zum andern Leben bereiten soll. Wenn es nur infolge von Unwissenheit bei Vereinzelten falsch gemacht würde, wäre es eher zu ertragen; aber daß es so offen, ungestraft, und ungehindert betrieben wird, ja daß Lob und Ruhm darin gesucht wird, das ist wahrlich ein unchristliches Wesen.

3 Die Obrigkeit sollte den Zinskauf unmöglich machen.

Drittens hätten sie den wuchersüchtigen Zinskauf abzustellen[22]. Dieser verderbt, verzehrt und vernichtet in aller Welt alle Lande, Leute und Städte durch den Schein, den er sich bösartig gibt. Er bringt es damit fertig, daß er nicht als Wucher gilt, während er doch

21 *Dem Vielessen und dem Luxusessen.*
22 *Über diesen Gegenstand verbreitet sich Luther ausführlich in seinem Sermon vom Wucher 1519. Vgl. unten beim 7. Gebot Seite 214, Anmerkung 3.*

eben damit wahrhaftig ärger als Wucher ist, weil man sich vor ihm nicht wie vor dem offenkundigen Wucher in acht nimmt.

Sieh, das sind drei Juden (wie man sagt), welche die ganze Welt aussaugen. Hier sollten die Herren nicht schlafen noch faul sein, wenn sie Gott eine gute Rechenschaft von ihrem Amt geben wollten.

4 Die Obrigkeit sollte die kirchlichen Amtleute in Schranken halten.

Siebzehntens. Hier wäre auch auf die Bübereien hinzuweisen, welche von den Offizialen[23] und anderen bischöflichen und geistlichen Amtleuten getrieben werden. Es ist eine große Belastung, wie sie das arme Volk bannen, vorladen, jagen und treiben, so lange ein Pfennig da ist. Das sollte man mit dem weltlichen Schwert wehren, weil es dagegen keine andere Hilfe und kein anderes Mittel gibt.

5 Die Obrigkeit sollte auch das öffentliche Dirnenwesen abschaffen.

O wollte Gott vom Himmel, es würde auch einmal eine solche Regierung anfangen, daß die öffentlichen Frauenhäuser abgeschafft würden, wie es in dem Volk Israel war! Es ist wahrlich ein unchristliches Bild, wenn bei den Christen ein öffentliches Sündenhaus unterhalten wird; das war vorzeiten ganz unerhört. Es sollte eine Ordnung geben, daß man Burschen und Mädchen beizeiten zusammengäbe und damit solchen unguten Zuständen zuvorkäme. Nach einer solchen Ordnung und Sitte sollten sowohl die geistliche als auch die weltliche Gewalt trachten. Ist's bei den Juden möglich gewesen, warum sollte es bei den Christen nicht auch möglich sein? Ja, wenn es in Dörfern, Marktflecken und einigen Städten möglich ist (wie vor Augen ist), warum sollte es nicht überall möglich sein?

6 Die Obrigkeit sollte für eine strenge Arbeitsordnung sorgen.

Das kommt wieder daher, daß kein Regiment in der Welt ist; niemand will arbeiten. Darum müssen die Handwerksleute ihren Knechten schön tun; die sind dann frech und niemand kann sie im Zaum halten. Wenn es aber eine Ordnung gäbe, daß sie im Gehorsam [von ihrem Meister]weggehen, und daß niemand sie [ohne solche ordnungsgemäße Entlassung] an andern Orten aufnähme, so hätte man diesem Übel ein großes Loch gestopft. Helf Gott, ich

23 Vgl. Seite 149, Anmerkung 17.

fürchte, daß hier der Wunsch das größte ist; die Hoffnung ist gering. Doch sind wir damit nicht entschuldigt.

7 Mit dem allem hätte die Obrigkeit genug Werke im Glauben zu tun.

Nun sieh, damit sind nur einige wenige Aufgaben für die Obrigkeit gezeigt; aber es sind doch so gute und so viele, daß sie damit im Überfluß gute Werke zu tun und Gott alle Stunden zu dienen hat. Diese Werke aber sollen wie die anderen auch im Glauben gehen, ja den Glauben betätigen, daß es möge niemand sich vornehmen, um der Werke willen Gott zu gefallen, sondern er tue solche Werke seinem gnädigen lieben Gott nur zur Ehre und zum Lobe, in der Zuversicht zu seiner Huld, um darin seinem Nächsten zu dienen und nützlich zu sein.

Das vierte Werk des vierten Gebots

Die Pflicht von Gesinde und Herrschaft.

1 Das Gesinde ist zum Gehorsam gegenüber seiner Herrschaft berufen.

Achtzehntens. Das vierte Werk dieses Gebotes ist der Gehorsam des Gesindes und der Handwerksleute gegen ihre Herren und Frauen, gegen Meister und Meisterin. Davon sagt S. Paulus (Tit 2, 9 f): »Du sollst den Knechten (oder Dienern) predigen, sie sollen ihre Herren in allen Ehren halten, ihnen gehorsam sein, tun, was ihnen gefällt, sie nicht betrügen noch ihnen widerstreben; und dies auch darum: sie machen ja damit der Lehre Christi und unsrem Glauben einen guten Namen, so daß die Heiden nicht über uns klagen und an uns Anstoß nehmen können.« Auch S. Petrus spricht (1 Petr 2, 18 f): »Ihr Knechte sollt euren Herren gehorsam sein aus Gottesfurcht, nicht allein den gütigen und sanften, sondern auch den wunderlichen und groben; denn das ist vor Gott etwas Wohlgefälliges, wenn jemand Widerwärtigkeit erduldet, ohne schuldig zu sein.«

Nun ist die größte Klage in der Welt über das Gesinde und die Arbeitsleute, wie ungehorsam, untreu, ungezogen und nur auf ihren Vorteil bedacht sie seien. Das ist eine Plage von Gott. Und fürwahr, das ist doch für das Gesinde das einzige Werk, womit sie selig werden können; sie brauchen ja fürwahr nicht viel zu wallfahrten und dies oder das zu tun! Haben sie doch genug zu tun, wenn ihr Herz nur darauf gerichtet ist, daß sie gern tun und lassen, wovon sie wissen, daß es ihren Herren und Frauen gefällt, und das alles in einem schlichten Glauben. Sie sollen nicht durch diese Werke sich große Verdienste erwerben wollen, sondern das alles tun in der Zuversicht zu Gottes Huld (worin alle Verdienste bestehen), rein umsonst aus Liebe und Zuneigung zu Gott, wie sie aus solcher Zuversicht erwachsen; und sie sollen alle diese Werke sich eine Übung und Mahnung sein lassen, daß sie diesen Glauben und diese Zuversicht stets mehr und mehr stärken. Denn wie nun schon vielmals gesagt worden ist: dieser Glaube macht alle Werke gut; ja er selber muß sie tun und der Werkmeister dabei sein.

2 Die Herrschaft hat dem Gesinde gegenüber gelinde zu verfahren.

Neunzehntens. Umgekehrt sollen die Herren und Frauen nicht in herrischer Weise über ihre Knechte, Mägde und Arbeitsleute das Regiment führen. Sie sollen es nicht mit allen Dingen so sehr genau nehmen, zuweilen etwas hingehen lassen und um des Friedens willen durch die Finger sehen. Denn es können in keinem Stand alle Dinge allezeit nach der Schnur gehen, solang wir auf Erden in der Unvollkommenheit leben. Davon sagt S. Paulus (Kol 4, 1): »Ihr Herren sollt mit eurem Gesinde gerecht und billig handeln und bedenken, daß ihr auch einen Herrn habt im Himmel.« Wollen daher die Herren von Gott, daß mit ihnen nicht in der strengsten Weise verfahren, sondern bei vielen Dingen in Gnaden Nachsicht geübt werde, so sollen sie dementsprechend auch gegen ihr Gesinde um so gelinder sein und etwas hingehen lassen, und doch Fleiß dran wenden, daß sie recht tun und Gott fürchten lernen.

Sieh da abermals, was für gute Werke kann ein Hausherr und eine Hausfrau tun! Wie fein legt uns Gott alle guten Werke vor, so naheliegend, so vielgestaltig, so ständig zu tun! So brauchen wir nicht nach guten Werken zu fragen, und können wohl die andern, in die Augen fallenden, umständlichen, selbsterfundenen Menschenwerke vergessen, wie zum Beispiel Wallfahrten, Kirchenbauen, Ablaßsuchen und dergleichen.

3 Auch Ehegatten stehen im Verhältnis von Über- und Unterordnung.

Hier müßte ich auch wohl davon reden, wie ein Weib ihrem Mann als ihrem Obersten gehorsam und untertan sein, wie sie nachgeben, schweigen und ihn recht haben lassen soll, sofern es nicht wider Gott ist; und umgekehrt davon, wie der Mann sein Weib liebhaben, ihr etwas hingehen lassen und nicht zu genau ihr gegenüber verfahren soll. Davon haben S. Petrus (1 Petr 3, 5 ff) und Paulus (Eph 5, 22 ff; Kol 3, 18 f) viel gesagt; aber das gehört in die weitere Auslegung der zehn Gebote und ist aus diesen Stücken leicht zu erkennen.

Schlußzusammenfassung.

1 Die Grundpflicht der Oberherren ist Fürsorge für ihre Untergebenen.

Zwanzigstens. Alles aber, was von diesen Werken gesagt worden ist, ist in dem Doppelten begriffen: in Gehorsam und Fürsorgepflicht. Gehorsam gebührt den Untertanen, Fürsorglichkeit den Oberherren; sie sollen sich befleißen, ihre Untertanen wohl zu regieren, liebevoll mit ihnen umzugehen, und alles tun, um ihnen nützlich und behilflich zu sein. Das ist ihr Weg zum Himmel, und das sind ihre besten Werke, die sie auf Erden tun können; mit ihnen sind sie angenehmer vor Gott, als wenn sie sonst lauter Wunderzeichen täten. So sagt S. Paulus (Röm 12, 8): »Wer ein obrigkeitliches Amt hat, der mache die Fürsorge zu seinem Werke.«[24] Das ist, als wollte er sagen: ›Er lasse sich nicht beirren durch das, was andere Leute oder Stände tun, er sehe nicht nach diesem oder jenem andern Werk, mag es glänzen oder finster sein; sondern er habe acht auf seinen eignen Stand und überlege nur, wie er denen nützlich sein kann, die unter ihm sind. Dabei bleibe er, und lasse sich nicht davon abziehen, wenn auch der Himmel vor ihm aufstünde, noch davon wegjagen, wenn auch die Hölle ihm nachliefe. Das ist die richtige Straße, die ihn zum Himmel trägt.‹

O, wer so auf sich und seinen Stand Achtung hätte, daß er allein ihm nachkommen wollte, wie reich an guten Werken sollte ein solcher Mensch in kurzer Zeit werden, so still und heimlich, daß niemand als Gott allein es gewahr würde! Aber nun lassen wir das alles bleiben, und einer läuft in die Kartause[25], einer hierhin, der andere dahin, gerade als wären die guten Werke und Gottes Gebote

---

24 *Luther legt hier in das paulinische Wort, das vom Eifer oder der Sorgfalt redet, den Gedanken der Sorgfalt für andere, der Fürsorge, hinein, der an sich nicht drinliegt.*

25 *Die 1084 gegründete Einsiedelei Chartreuse (die »Karthause«) bei Grenoble wurde zum Ausgangspunkt des Karthäuserordens, der mit seinem Schweigegebot als ein besonders strenger und heiliger Klosterorden gilt.*

in die Winkel geworfen und versteckt. Und dabei steht doch Spr
1, 20 f geschrieben, die göttliche Weisheit schreie ihre Gebote öffentlich aus, auf den Straßen, mitten unter dem Volk und in den Toren
der Städte; damit wird darauf hingewiesen, daß sie an allen Orten,
in allen Ständen und zu allen Zeiten im Überfluß vorhanden sind
und nur wir sie nicht sehen, sondern verblendet sie anderswo suchen.
Das hat Christus verkündigt Matth 24, 23 ff: »Wenn sie euch sagen
werden: ›Siehe, hier ist Christus, oder da‹, so sollt ihr's nicht glauben. Wenn sie sagen werden: ›Sieh da, in der Wüste ist er‹, so gehet
nicht hinaus! ›Sieh da, in der Verborgenheit der Häuser ist er‹, so
glaubt es nur nicht. Es sind falsche Propheten und falsche Christusse.«

2 Die Grundpflicht der Untergebnen ist Gehorsam gegen die Vorgesetzten.

Einundzwanzigstens. Umgekehrt gehört sich für die Untertanen
der Gehorsam. Sie sollen alle ihren Fleiß und Aufmerksamkeit darauf richten, zu tun und zu lassen, was ihre Oberherren von ihnen
begehren, und sich davon nicht abziehen noch wegtreiben lassen.
Mag ein anderer tun, was er tun mag, – er lasse sich aber ja nicht
dünken, daß er richtig lebe oder gute Werke tue (sei's Beten oder
Fasten oder was für einen Namen es haben mag), wenn er nicht in
diesem Werk sich ernstlich und fleißig übt.

Kommt es aber dazu (wie es oft geschieht), daß die weltliche Gewalt und Obrigkeit, wie immer sie heißen, einen Untertanen wider
die Gebote Gottes nötigen oder ihn dran hindern wollten, so hört der
Gehorsam auf und ist die Verpflichtung schon aufgehoben. Hier muß
man sagen, wie S. Petrus zu den Führern der Juden sagte (Apg 5, 29):
»Man muß Gott mehr gehorsam sein als den Menschen.« Er sprach
nicht: »Man darf den Menschen nicht gehorsam sein«; denn das
wäre falsch, sondern »Gott mehr als den Menschen«. Wenn zum Beispiel ein Fürst Krieg anfangen wollte und hätte dabei eine offenkundig ungerechte Sache, so soll man ihm keineswegs folgen und helfen;
denn Gott hat geboten, wir sollen unseren Nächsten nicht töten noch
ihm Unrecht tun. Ferner: Wenn er gebőte, ein falsches Zeugnis zu
geben, zu rauben, zu lügen oder zu betrügen und dergleichen, so soll
man hier eher Gut, Ehre, Leib und Leben fahren lassen, damit Gottes
Gebot bleibe.

Du sollst nicht töten

Überleitung: Ausblick auf das fünfte und die folgenden Gebote.

Die vier vorhergehenden Gebote haben ihre Wirkung im Gebiet der Vernunft, d. h. sie nehmen den Menschen gefangen, regieren ihn und machen ihn untertan: er soll nicht sich selber regieren, nicht sich selber gut dünken, nicht von sich selber etwas halten, sondern sich demütig selber erkennen und führen lassen; damit wird der Hoffart gewehrt. Die jetzt folgenden Gebote haben es mit den Begierden und Gelüsten des Menschen zu tun, damit auch sie getötet werden.

Das Wesen der im fünften Gebot geforderten Sanftmut.

Erstens geht es um die Begierde des Zorns und der Rachsucht, wovon das fünfte Gebot sagt: »Du sollst nicht töten.« Dieses Gebot hat nur *ein* Werk, das jedoch viel in sich begreift und viele Laster vertreibt und Sanftmut heißt.

1 Falsche Sanftmut heißt es, nur den Freunden gegenüber nicht zu zürnen.

Die Sanftmut nun ist von zweierlei Art. Die eine glänzt sehr schön und ist doch nichts dahinter. Wir haben sie den Freunden und Leuten gegenüber, die uns nützlich und von Vorteil sind in Beziehung auf Gut, Ehre und Gunst; oder denen gegenüber, die uns kein Leid zufügen, weder mit Worten noch mit Werken. Solche Sanftmut haben auch unvernünftige Tiere, Löwen und Schlangen; ferner Heiden, Juden und Türken; Spitzbuben, Mörder und böse Weiber: diese sind allesamt friedlich und sanft, wenn man tut, was sie wollen oder sie im Frieden läßt. Und doch lassen sich nicht wenige durch solche wertlose Sanftmut betrügen; sie bemänteln und entschuldigen ihren Zorn mit den Worten: »Ich wollte gewiß nicht zürnen, wenn man mich im Frieden ließe.« Ja, lieber Mensch, so wäre der böse Geist auch sanftmütig, wenn es ihm nach seinem Willen ginge. Die Störung des Friedens und die Beleidigung kommen deshalb über dich, weil sie dich dir selber zeigen wollen, wie voll von Zorn und Bosheit du steckst; du sollst dadurch gemahnt werden, dich um Sanftmut zu bemühen und den Zorn auszutreiben.

Die zweite Art von Sanftmut ist von Grund aus gut; sie zeigt sich den Widersachern und Feinden gegenüber. Sie fügt ihnen keinen Schaden zu, rächt sich nicht, verflucht nicht, lästert nicht, führt keine üble Nachrede, erdenkt nichts Übles wider sie, selbst wenn sie Gut, Ehre, Leib, Freunde und alles genommen hätten. Ja, wenn sie's vermag, tut sie ihnen Gutes für das Böse, sagt ihnen das Beste nach, gedenkt ihrer im Besten, betet für sie. Davon sagt Christus Matth 5, 44: »Tut wohl denen, die euch ein Leid antun, bittet für eure Verfolger und Lästerer.« Und Paulus Röm 12, 14: »Segnet die, die euch verfluchen, und verfluchet sie ja nicht, sondern tut ihnen wohl.«

Die Betätigung des fünften Gebots in der Sanftmut.

1 Über den selbsterdachten Werken vergaß man das Werk der Sanftmut.

Zweitens. Nun sieh dieses köstliche hohe Werk: wie ist es unter den Christen in Abgang gekommen! Mit voller Gewalt regiert über alle nichts mehr als Hader, Krieg, Zank, Zorn, Haß, Neid, Afterreden, Fluchen, Lästern, Schadenstiften, Rachenehmen und Zorneswerke und -worte aller Art; und trotzdem gehen wir daneben hin und glänzen mit viel Feiertagen, Messehören, Gebetleinsprechen, mit Kirchenstiften und geistlichem Schmuckwerk (was Gott doch nicht geboten hat) so prächtig und überschwenglich, als wären wir die heiligsten Christen, die es überhaupt je gegeben hat. So lassen wir durch diese Vorspiegelungen und Vortäuschungen das Gebot Gottes ganz zugrundegehen, so daß niemand sich auch nur darüber Gedanken macht oder beobachtet, wie nahe oder fern er von der Sanftmut und damit von der Erfüllung dieses Gottesgebotes ist. Und doch hat Gott (Joh 14, 15. 21) gesagt, nicht der, welcher derartige Werke tue, sondern wer seine Gebote halte, der werde ins ewige Leben eingehen.

2 Jedermann hat Anlaß genug, sich in der Sanftmut zu üben.

Nun lebt ja niemand auf Erden, dem Gott nicht einen Anzeiger für seinen eignen Zorn und Bösartigkeit beigäbe in Gestalt seines Feindes und Widersachers, der ihm Leid an Gut, Ehre, Leib oder Freund antun muß. Gott prüft damit, ob auch noch Zorn da sei, ob er dem Feinde freundlich sein, wohl von ihm reden und ihm wohltun könne und nichts Übles wider ihn vorhabe. So komme nun her, wer fragt, was er tun soll, um gute Werke zu tun, Gott zu gefallen und selig zu werden! Um sich darin zu üben, nehme er sich seinen Feind vor und stelle dessen Bild beständig vor seines Herzens Augen; damit tue er sich Abbruch und gewöhne sein Herz daran, freundlich von ihm zu denken, ihm das Beste zu gönnen, für ihn zu sorgen und Fürbitte zu tun, und dann auch, wenn sich Gelegenheit gibt, gut von ihm zu reden und ihm wohlzutun. Diese Aufgabe mag versuchen wer will: wird er nicht sein Lebtag genug damit zu schaffen bekommen, so strafe er mich Lügen und sage, diese Rede sei falsch gewesen. Wenn aber Gott dies haben und sich sonst mit nichts abfinden lassen will, was hilft es doch, wenn wir uns mit andern großen Werken beschäftigen, die nicht geboten sind, und dieses Werk unterlassen? Darum spricht Gott (Matth 5, 22): »Ich sage euch: wer mit seinem Nächsten zürnt, der ist des Gerichts schuldig; wer zu seinem Bruder sagt: ›Racha‹ (d. h. wer ihm ein abstoßendes, zorniges, hämisches Zeichen macht), der ist des Rates schuldig; wer aber zu seinem Bruder spricht: ›Du Narr‹ (d. h. Scheltworte, Fluchworte, Lästerungen, Nachreden aller Art), der ist des ewigen Feuers schuldig.« Wo bleibt dann die Tat mit der Hand, wie zum Beispiel schlagen, verwunden, töten, schädigen usw., wenn schon die zornigen Gedanken und Worte so schwer verurteilt sind?

Die Grenzen der im fünften Gebot geforderten Sanftmut.

1 Auch wer als Obrigkeit zu strafen hat, kann sanftmütig bleiben.

Drittens. Wo aber echte Sanftmut ist, da jammert das Herz alles Übels, das seinem Feind zustößt; und das sind die rechten Kinder und Erben Gottes und Brüder Christi, der am heiligen Kreuz für uns alle so getan hat. So sehen wir, daß ein rechtschaffener Richter mit Schmerzen ein Urteil über den Schuldigen fällt und daß ihm der Tod leid ist, den das Recht über diesen erzwingt. Hier bei diesem Werk hat es den Anschein, als sei es Zorn und Ungnade; aber die Sanftmut ist etwas so ganz von Grund aus Gutes, daß sie auch bei solchen zornigen Werken bleibt, ja sie quillt dann am allerheftigsten im Herzen, wenn sie so zürnen und den Ernst zeigen muß.

Doch müssen wir hier darauf achten, daß wir nicht sanftmütig sind im Gegensatz zu Gottes Ehre und Gebot. Es steht ja von Mose geschrieben (Sir 45, 4), daß er der allersanftmütigste Mensch auf Erden war; und doch schlug er, als die Juden das goldene Kalb angebetet und Gott erzürnt hatten, viele von ihnen tot und versöhnte damit Gott wieder (2 Mose 32, 25 ff). Ebenso ziemt sich's in gleicher Weise nicht, wenn die Obrigkeit nichts tun und die Sünde regieren lassen wollte, und wir dazu stillschwiegen. Mein Gut, meine Ehre, meinen Schaden soll ich nicht achten und nicht darum zürnen, aber Gottes Ehre und Gebot müssen wir achten und dem Schaden oder Unrecht, die unserem Nächsten widerfahren, müssen wir wehren: die Obrigkeit mit dem Schwert, die andern mit Worten und Rügen, und doch alles mit Erbarmen über die, welche die Strafe verdient haben.

Schluß: Die Kraft der Sanftmut ist der Glaube an Gottes Huld.

Dies hohe, feine, süße Werk wird sich leicht lernen lassen, wenn wir es im Glauben tun und ihn daran üben. Denn wenn der Glaube nicht zweifelt an der Huld Gottes (daß er einen gnädigen Gott hat), so wird's ihm ganz leicht werden, auch seinem Nächsten gnädig und günstig zu sein, so schwer sich dieser auch verschuldet haben mag; denn wir haben Gott gegenüber gar viel Größeres verwirkt. Sieh da, das ist ein kurzes Gebot; aber eine lange, große Übung in guten Werken und im Glauben wird darin angegeben.

Vom sechsten Gebot

Du sollst nicht ehebrechen

Das mit dem sechsten Gebot geforderte Werk der Keuschheit.

1 Trotz vielen Predigens liegt das Werk der Keuschheit im Argen.

[Erstens.] In diesem Gebot wird gleichfalls ein gutes Werk geboten, das viel in sich begreift und viele Laster vertreibt; es heißt Reinheit oder Keuschheit. Davon ist viel geschrieben und gepredigt worden, und es ist jedermann recht wohl bekannt; nur daß man es nicht so fleißig betreibt und übt, wie man das bei anderen Werken tut, die nicht geboten sind. So sehr sind wir bereit zu tun, was nicht geboten ist, und zu lassen, was geboten ist! Wir sehen, daß die Welt voll ist von schändlichen Werken der Unkeuschheit, von schandbaren Worten, Geschichten und Liedlein; dazu reizt man sich täglich mehr mit Fressen und Saufen, mit Müßiggang und überflüssigem Schmuck. Und doch gehen wir hin, als wären wir Christen; wenn wir nur in der Kirche gewesen sind, unsere Gebetlein, Fastenübungen und Feiertage eingehalten haben, so soll damit alles schon erfüllt sein.

2 Das sechste Gebot trägt uns den Kampf gegen ein böses Laster auf.

Nun, wenn nicht mehr Werke geboten wären als allein die Keuschheit, so hätten wir daran alle genug zu schaffen; um ein so gefährliches, wütendes Laster handelt es sich hier. Denn es tobt in allen Gliedern, im Herzen mit den Gedanken, in den Augen mit dem Sehen, in den Ohren mit dem Hören, im Munde mit Worten, in den Händen, Füßen und dem ganzen Leib mit den Werken. Das alles zu bezwingen erfordert Arbeit und Mühe; und so lehren uns die Gebote Gottes, was für ein großes Ding es um rechtschaffene gute Werke ist, ja daß es unmöglich ist, aus unseren Kräften ein gutes Werk auch nur auszudenken, geschweige denn anzufangen und zu vollbringen. S. Augustin[1] sagt, unter allen Kämpfen der Christen sei der Kampf der Keuschheit der härteste, schon allein darum, weil er täglich ohne Aufhören währt, und sie selten dabei die Oberhand behält. Es haben alle Heiligen darüber geklagt und geweint, wie S. Paulus Röm 7, 18: »Ich finde in mir, d. h. in meinem Fleisch, nichts Gutes.«

Die uns gegebenen Hilfsmittel im Kampf um die Keuschheit.

1 Fasten, Wachen und Arbeiten helfen die Unkeuschheit dämpfen.

Zweitens. Soll dies Werk der Keuschheit Bestand gewinnen, so treibt es zu viel andern guten Werken, zum Fasten und zur Mäßigkeit wider das Fressen und die Trunkenheit, zum Wachen und Frühaufstehen wider die Faulheit und den überflüssigen Schlaf, zur Arbeit und Anstrengung wider den Müßiggang. Denn Fressen, Saufen, Viel-schlafen, Faulenzen und Müßiggehen sind Waffen der Unkeusch-

1 *Vgl. Seite 72, Anmerkung 11.*

heit, mit denen die Keuschheit behend überwunden wird. Umgekehrt nennt der heilige Apostel S. Paulus (Röm 13, 12 f) das Fasten, Wachen und Arbeiten göttliche Waffen, mit denen die Unkeuschheit bezwungen wird; doch sollen dabei, wie oben gesagt, diese Übungen nicht weiter gehen als bis zur Dämpfung der Unkeuschheit, nicht zur Vernichtung der Natur.

2 Die beste Wehr gegen Unkeuschheit ist aber Gebet und Wort Gottes.

Dies alles übertreffend ist die stärkste Wehr das Gebet und das Wort Gottes. Wenn die böse Lust sich regt, so fliehe der Mensch zum Gebet, rufe Gottes Gnade und Hilfe an, lese und betrachte das Evangelium und sehe darin Christi Leiden an. In diesem Sinn sagt Ps 137, 9: »Selig ist, der die Jungen Babyloniens ergreift und sie an dem Felsen zerschmettert!« d. h. [wohl uns,] wenn das Herz mit den bösen Gedanken, solange sie noch ›jung‹ und im Anfang begriffen sind, zum Herrn Christus läuft, der ein ›Fels‹ ist, an dem sie zerrieben werden und vergehen.

3 Die Mittel der Askese dürfen nicht zum Selbstzweck werden.

Sieh, da wird ein jeder mit sich selbst weit mehr als genug zu tun finden und in sich selbst viele gute Werke zu tun bekommen. Aber jetzt geht es so zu, daß niemand das Beten, Fasten, Wachen und Arbeiten hiezu gebraucht, sondern sie lassen die Werke für sich bleiben, während sie doch dazu bestimmt sein sollten, das Werk dieses Gebotes zu erfüllen und täglich mehr und mehr zur Reinheit zu helfen.

Es haben auch einige noch weitere Dinge angegeben, die zu meiden seien wie z. B. weiche Lager und weiche Kleider, überflüssigen Schmuck, die Person, Gesellschaft, Gespräch und Anblick von Weib oder Mann, und was dergleichen mehr zur Keuschheit förderlich ist. In dem allem kann niemand eine bestimmte Regel und ein Maß festsetzen. Jeder muß auf sich selber achtgeben, welche dieser Stücke und wie viele und v   lange sie ihm zur Keuschheit förderlich sind, und dementsprechend muß er sie sich selber auswählen und einhalten; wenn er das nicht kann, soll er sich eine Weile der Leitung eines anderen unterstellen, der ihn dazu anhalten möge, bis er fähig wird, daß er sich selber regieren kann. Dazu nämlich sind vorzeiten die

Klöster gestiftet worden, um junge Leute Zucht und Reinheit zu lehren.

Die Voraussetzung und der Erfolg des Kampfs um die Keuschheit.

1 Ein fester Glaube ist die beste Voraussetzung zum guten Kampf.

Drittens. Bei diesem Werke hilft sehr ein guter, starker Glaube,
spürbarer als fast bei irgend einem anderen, weshalb auch Jesaja
(11, 5) sagt, der Glaube sei ein Gurt der Nieren, d. h. eine Bewah-
rung der Keuschheit. Denn wer so lebt, daß er von Gott alle Gnade
erwartet, dem gefällt die geistliche Reinheit wohl; darum kann er
so viel leichter der fleischlichen Unreinheit widerstehen. Wenn er in
dieser Weise glaubt, sagt ihm gewiß der Geist, wie er böse Gedanken und alles, was der Keuschheit zuwider ist, meiden soll. Mit dem
Glauben an Gottes Huld ist es nämlich so: wie er ohne Unterlaß lebendig ist und alle Werke wirkt, so läßt er auch nicht ab, seine Mahnung zu geben in allen Dingen, die Gott angenehm oder ärgerlich
sind. In diesem Sinn sagt S. Johannes in seiner Epistel (1 Joh 2, 27):
»Ihr bedürft dessen nicht, daß euch jemand lehre; denn die göttliche
Salbung (d. h. der Geist Gottes) lehrt euch alle Dinge.«

2 Doch endet der Kampf mit der Anfechtung nicht, solange wir leben.

Doch dürfen wir nicht verzagen, wenn wir die Anfechtung nicht
schnell loswerden; ja, wir dürfen uns nicht einbilden, Ruhe vor ihr
zu bekommen, so lange wir leben. Wir sollen sie nicht anders auffassen als wie einen Anreiz und Mahnung zum Beten, Fasten, Wachen, Arbeiten und andern Übungen, um das Fleisch zu unterdrücken
und besonders den Glauben an Gott zu treiben und zu üben. Denn
nicht das ist eine wertvolle Keuschheit, welche stille Ruhe hat, sondern eine solche, die gegen die Unkeuschheit zu Felde liegt und strei-
tet, die ohne Unterlaß alles Gift austreibt, welches das Fleisch und
der böse Geist einstreut. So sagt S. Petrus (1 Petr 2, 11): »Ich ermahne euch, daß ihr euch der fleischlichen Begierden und Lüste enthal-
tet, die allezeit wider die Seele streiten«, und S. Paulus (Röm 6, 12):
»Ihr sollt dem Leib nicht nach seinen Lüsten folgen« usw. In diesen
und ähnlichen Sprüchen wird deutlich, daß niemand ohne böse Lust
ist, daß aber jeder täglich damit streiten soll und muß. Das aber ist,
obwohl es Unruhe und Unlust bringt, doch vor Gott ein angenehmes
Werk; damit sollen wir uns trösten und genügen lassen. Denn die

Leute, die meinen, sie könnten dieser Anfechtung mit Erfolg steuern, entzünden sich nur noch mehr; und wenn sie eine Weile still steht, so kommt sie doch zu einer anderen Zeit in verstärkter Weise wieder und findet die Natur mehr geschwächt als vorher.

Das siebte Gebot

Du sollst nicht stehlen

Das mit dem siebten Gebot geforderte Werk der Mildtätigkeit.

1 *Das siebte Gebot richtet sich gegen alles Suchen des eignen Vorteils.*

[Erstens.] Auch dieses Gebot hat ein Werk, welches gar viele gute Werke in sich begreift und vielen Lastern zuwider ist; es heißt auf deutsch Mildtätigkeit. Dieses Werk besteht darin, daß jedermann willig ist, mit seinem Gut zu helfen und zu dienen; es richtet sich nicht allein gegen das Stehlen und Rauben, sondern auch gegen alle Verkürzung, wie sie einer beim zeitlichen Gut dem andern gegenüber herbeiführen kann. Dazu gehört z. B. Geiz, Wucher, Überteuerung, Übervorteilung, der Gebrauch von falscher Ware, falschem Maß, falschem Gewicht; und wer könnte es alles aufzählen, die gewandten, neuen, spitzfindigen Machenschaften, die sich täglich bei allen Gewerben mehren, wobei jedermann seinen eigenen Vorteil zum Nachteil des andern sucht und das Gesetz vergißt, das (Matth 7, 12) sagt: »Was du willst, daß dir andere tun, das tu du ihnen auch.« Wenn einer diese Regel sich vor Augen hielte – jeder in seinem Handwerk, Geschäft und Handel seinem Nächsten gegenüber, so würde er leicht herausfinden, wie er es halten solle mit Kaufen und Verkaufen, Nehmen und Geben, Leihen und Umsonstgeben, Versprechen und Halten und dergleichen. Wenn wir die Welt in ihrem Tun und Treiben beobachteten, wie der Geiz bei allem Handel das Regiment hat, so würden wir nicht genug zu tun finden, wenn wir uns mit Gott und in Ehren ernähren wollten, sondern würden auch ein Grauen und einen Schrecken bekommen vor diesem gefährdeten, elenden Leben, das mit Sorgen um die zeitliche Nahrung und unredlichem Streben nach ihrem Erwerbe so sehr belastet, verstrickt und gefesselt ist.

Zweitens. Nicht umsonst sagt darum der weise Mann (Sir 31, 8 f): »Selig ist der Reiche, der ohne Makel erfunden ist: der dem Gold nicht nachgelaufen ist und seine Zuversicht nicht auf die Schätze von Geld gesetzt hat. Wer ist ein solcher? Wir wollen ihn loben, daß er eine Wundertat getan habe in seinem Leben.« Das klingt, als wollte er sagen: »Man findet keinen oder nur sehr wenige.« Ja, es sind ganz wenige, die eine solche Goldsucht an sich selbst bemerken und erkennen; denn der Geiz hat hier einen sehr hübschen, feinen Schanddeckel, der heißt: Leibesnahrung und natürliches Bedürfnis. Unter diesem geht er maßlos und unersättlich zu Werke; wer sich hierin rein halten will, muß deshalb fürwahr, wie Sirach (31, 9) sagt, ›Wunderzeichen‹ oder ›Wundertaten‹ in seinem Leben tun.

3 Wir sollen unser Herz nicht an Geld und Gut hängen lassen.

Nun sieh, wenn einer nicht bloß gute Werke, sondern sogar ›Wunderzeichen‹ tun will, die Gott loben und sich gefallen lassen kann, was braucht der viel anderswohin zu denken? Er habe acht auf sich selbst und sehe zu, daß er dem Gold nicht nachlaufe; er setze seine Zuversicht nicht aufs Geld, sondern lasse das Gold sich nachlaufen und das Geld auf seine Gnade warten; er lasse sich nichts davon lieb sein noch sein Herz daran kleben: So ist er der rechte mildherzige, wundertätige, glückliche Mann. In diesem Sinne sagt Hiob 31, 24: »Ich habe mich noch nie aufs Gold verlassen, und noch nie das Geld meinen Trost und meine Zuversicht sein lassen«; und Ps 62, 11 heißt es: »Wenn euch Reichtümer zufließen, sollt ihr ja euer Herz nicht dran hängen.« Ebenso lehrt auch Christus Matth 6, 31 f, wir sollen nicht besorgt sein, was wir essen, trinken und wie wir uns kleiden sollen, da doch Gott dafür sorgt und weiß, daß wir dessen bedürfen.

4 Wir sollen wohl arbeiten, aber nicht sorgen und geizig sein.

Aber manche sagen: «Ja, verlaß dich drauf, sorge nicht und sieh, ob dir ein gebratenes Huhn ins Maul fliegt!» Jedoch ich sage nicht, daß jemand nicht arbeiten und Nahrung suchen soll, sondern er soll nur nicht sorgen, nicht geizig sein und nicht dran verzagen, daß er genug haben werde. Wir sind ja in Adam alle zur Arbeit verurteilt, als Gott I Mose 3, 19 sagte: »Im Schweiß deines Angesichtes sollst du dein Brot essen.« Und Hiob 5, 7 heißt es: »Wie der Vogel zum Fliegen, so ist der Mensch zur Arbeit geboren.« Nun fliegen die Vögel ohne Sorge und Geiz; ebenso sollen wir auch arbeiten ohne Sorge und Geiz. Wenn du aber sorgst und geizig bist, damit dir das gebratene Huhn ins Maul fliege, so sorge und sei geizig, und sieh zu, ob du so Gottes Gebot erfüllen und selig werden wirst.

Die Voraussetzung der im siebten Gebot geforderten Mildtätigkeit.

1 Wer Gott vertraut, braucht nicht zu sorgen und geizig zu sein.

Drittens. Dieses Werk lehrt der Glaube von selbst. Denn wenn das Herz der Huld Gottes gewiß ist und sich darauf verläßt, wie ist's möglich, daß dann ein Mensch noch geizig und sorgenvoll sein soll? Er muß doch ohne Zweifel dessen gewiß sein, daß Gott sich seiner annehme. Darum klebt er an keinem Geld; er gebraucht es auch mit fröhlicher Mildtätigkeit zum Nutzen des Nächsten und weiß wohl, daß er genug haben werde, wieviel er auch hergibt. Denn sein Gott, dem er vertraut, wird ihm nicht lügen noch ihn verlassen, wie Ps 37, 25 steht: »Ich bin jung gewesen und alt geworden und habe noch nie gesehen, daß ein gläubiger Mensch, der Gott vertraut (das ist ›ein Gerechter‹), verlassen gewesen wäre oder sein Kind nach Brot hätte gehen müssen.« Darum heißt (Kol 3, 5) der Apostel keine andere Sünde Abgötterei als den Geiz, weil der sich's am allerdeutlichsten anmerken läßt, daß er Gott nichts zutraut und mehr Gutes von seinem Geld als von Gott erwartet. Und doch wird durch solches Zutrauen, wie schon gesagt [je nachdem] Gott wahrhaftig geehrt oder verunehrt.

2 Der Zusammenhang von Glauben und Mildtätigkeit ist offenbar.

Und fürwahr, an diesem Gebot kann man am klarsten erkennen, wie alle guten Werke im Glauben gehen und geschehen müssen; denn hier spürt es ja jeder ganz deutlich, daß des Geizes Ursache Mißtrauen ist, während die Ursache der Mildtätigkeit der Glaube ist. Denn ein Mensch ist darum mildtätig, weil er Gott vertraut, und zweifelt nicht daran, daß er immer genug habe. Umgekehrt ist er darum geizig und sorgenvoll, weil er Gott nicht vertraut. Wie nun der Glaube bei diesem Gebot der Werkmeister und Anstifter des guten Werkes der Mildtätigkeit ist; ebenso ist er's auch bei allen andern Geboten. Ohne solchen Glauben ist die Mildtätigkeit nichts nütze, sondern eher ein unachtsames Vergeuden des Geldes.

Die Schwierigkeit des im siebten Gebot geforderten Werkes.

1 Die Mildtätigkeit hat sich auch an den Feinden zu erweisen.

Viertens. Hiebei muß man auch wissen, daß diese Mildtätigkeit sich bis zu den Feinden und Widersachern hin erstrecken soll. Denn was ist das für eine gute Tat, wenn wir nur gegen die Freunde mildtätig sind (wie Christus Luk 6, 32 ff lehrt)? Tut das doch auch ein böser Mensch dem andern gegenüber, der sein Freund ist! Überdies sind sogar die unvernünftigen Tiere gegen ihresgleichen gefällig und mildtätig. Darum muß ein Christenmensch auf etwas Höheres kommen: er muß seine Mildtätigkeit auch denen zugute kommen lassen, die sie nicht verdient haben, den Übeltätern, Feinden und Undankbaren, und muß auch wie sein himmlischer Vater seine Sonne aufgehen lassen über Rechtschaffene und Böse und regnen lassen über die Dankbaren und Undankbaren (Matth 5, 45).

2 Mit dieser Forderung ist unsrer Natur ein schweres Werk auferlegt.

Hier wird sich's abermals zeigen, wie schwer ›gute Werke‹ Gottes Gebot nach zu tun sind, wie sich die Natur dagegen aufbäumt, krümmt und windet, während sie doch ihre selbsterwählten ›guten Werke‹ leicht und gern tut. Nimm dir also einmal deine Feinde vor, die dir keinen Dank wissen, und tu ihnen wohl, so wirst du finden, wie nah oder fern du diesem Gebot bist und wie du dein Leben lang immer zu schaffen haben wirst mit der Übung dieses Werks. Denn wenn dein Feind deiner bedarf und du hilfst ihm nicht, wenn du kannst, so ist das ebensoviel, als hättest du ihm das Seine gestohlen. Denn du bist verpflichtet gewesen ihm zu helfen. In diesem Sinne sagt S. Ambrosius[1]: »Speise den Hungrigen; speisest du ihn nicht, so hast du ihn erwürgt, soviel es auf dich ankommt.«

3 Nur der Bettel soll nicht durch Mildtätigkeit großgezogen werden.

Unter dieses Gebot fallen die Werke der Barmherzigkeit, die Christus am Jüngsten Tage fordern wird (Matth 25, 35 f). Doch sollten die Herrschaften und Städte darauf aus sein, daß den Landstrei-

---

1 Ambrosius, seit 374 Bischof in Mailand, 397 gestorben, ein großer Prediger, Seelsorger, Schriftsteller und Leiter der Kirche.

chern, Jakobsbrüdern[2] und allen fremden Bettlern ihr Treiben verboten oder jedenfalls nur mit Maß und Ordnung zugelassen würde, um nicht den Spitzbuben zu gestatten, daß sie unter dem Vorwand des Bettelns umherstreichen und ihre Büberei verüben, wie sie zur Zeit so vielfältig ist. Weiteres von den Werken dieses Gebotes habe ich im Sermon vom Wucher[3] gesagt.

Das achte Gebot

Du sollst nicht falsches Zeugnis ablegen wider deinen Nächsten

Einleitung: Das mit dem achten Gebot geforderte Werk der Wahrheit.

Dieses Gebot erscheint klein und ist doch so groß, daß einer, der es recht halten will, Leib und Leben, Gut und Ehre, Freunde und alles, was er hat, dranwagen und dransetzen muß; und dabei schließt es doch nicht mehr in sich als das Werk der Zunge, dieses kleinen Gliedes. Es heißt auf deutsch: die Wahrheit sagen und der Lüge widersprechen, wo es nötig ist.

Das Zeugnis für die Wahrheit in zeitlichen, irdischen Dingen.

1 Verboten ist im achten Gebot das falsche Reden vor Gericht.

Somit werden hierin viel böse Werke der Zunge verboten: erstens solche, die durchs Reden, sodann die andern, die durchs Schweigen geschehen. Durchs Reden: wenn einer vor Gericht eine böse Sache hat und er will sie auf Grund von falschen Angaben beweisen und betreiben, will seinen Nächsten mit Gewandtheit fangen, will alles vorbringen, was seine eigene Sache schön erscheinen läßt und fördert, hingegen alles verschweigen und als geringfügig darstellen, was die gute Sache seines Nächsten fördert. Damit tut er seinem

---

2 »Jakobsbrüder« hießen die wirklichen und noch mehr die angeblichen Pilger, die nach S. Jago di Compostela in Spanien wallfahrteten.

3 Ende 1519 gab Luther erstmals seine später mehrfach überarbeitete Abhandlung über den Wucher heraus, in welcher er dem Christen den rechten Umgang mit den Gütern der Welt zeigt und sich gegen den üblichen »Zinskauf« — das Ausleihen von Kapitalien gegen einen festen, am Risiko nicht beteiligten Zinsfuß — wendet.

Nächsten nicht, wie er wollte, daß ihm selber getan würde. So machen es manche um des Vorteils willen, manche um Schaden oder Schande zu vermeiden. Damit suchen sie das Ihre mehr als Gottes Gebot; sie sagen dabei zu ihrer Entschuldigung: »Vigilanti jura subveniunt«, »Wer wachsam ist, dem hilft das Recht«, gerade als wären sie nicht ebensogut verpflichtet, für des Nächsten Sache zu wachen wie für ihre eigene. So lassen sie absichtlich des Nächsten Sache unterliegen, von der sie doch wissen, daß sie recht ist. Dieses Übel ist jetzt so allgemein, daß ich fürchte, es komme keine Gerichtssitzung oder Prozeß vor, wo nicht eine Partei wider dieses Gebot sündigt; und wenn sie es auch nicht zu vollbringen vermögen, so haben sie doch die Absicht und den Willen zum Unrecht: sie wollten gerne, daß des Nächsten *gute* Sache unterliege und ihre eigene, *böse* vorangehe. Besonders geschieht diese Sünde, wenn der Gegner ein großer Herr oder persönlicher Feind ist. Denn an dem Feind will man sich damit rächen, den großen Herren aber will niemand gegen sich aufbringen. Da fängt dann das Schmeicheln und Liebreden an oder wenigstens das Verschweigen der Wahrheit; da will niemand um der Wahrheit willen Ungnade und Ungunst, Schaden und Gefahr gewärtigen, und so muß das Gebot Gottes untergehen. Und das ist die Art, wie fast gar die ganze Welt regiert. Wer hier aufpassen wollte, würde damit wohl alle Hände voll guter Werke haben, die allein mit der Zunge zu vollbringen sind.

2 Verboten ist im achten Gebot auch das verheimlichende Schweigen.

Wie viele gibt es außerdem, die sich durch Geschenke und Gaben zum Schweigen bringen und von der Wahrheit abtreiben lassen! So ist es fürwahr in jeder Hinsicht ein hohes, großes, seltenes Werk, nicht ein falscher Zeuge wider seinen Nächsten zu sein.

Das Zeugnis für die Wahrheit des Evangeliums und des Glaubens.
1 Ein solches Zeugnis erfordert einen Kampf gegen Teufel und Welt.

Außerdem gibt es noch ein anderes Zeugnis für die Wahrheit, das noch größer ist, da wir mit ihm gegen die bösen Geister fechten müssen. Das erhebt sich nicht wegen zeitlicher Dinge, sondern wegen des Evangeliums und der Wahrheit des Glaubens. Denn die hat der böse Geist noch nie leiden können, und er fügt es immer so, daß die Größten im Volk wider sie sind und sie verfolgen müssen. Ihnen aber kann nur schwer Widerstand geleistet werden. Davon steht Ps 82, 4: »Erlöset den Armen aus der Gewalt des Ungerechten und helft dem Verlassenen seine rechte Sache behalten.« Nun ist zwar diese Verfolgung selten geworden; aber das ist die Schuld der geistlichen Vorgesetzten, die das Evangelium nicht aufwecken, sondern untergehen lassen. Sie haben so die Sache beseitigt, um welcher willen solches Zeugentum und solche Verfolgung sich erheben sollte; sie lehren uns dafür ihre eigenen Gesetze und was ihnen wohlgefällt. Darum bleibt der Teufel auch still sitzen, weil er durch die Beseitigung des Evangeliums auch den Glauben an Christus beseitigt hat und somit alles geht, wie er will. Sollte aber das Evangelium aufgeweckt werden und sich wieder hören lassen, würde ohne Zweifel sich wieder die ganze Welt erregen und bewegen; die Mehrzahl der Könige, Fürsten, Bischöfe, Doktoren, Geistlichen und alles dessen, was groß ist, würde sich ihm widersetzen und zu wüten beginnen, wie es denn allezeit geschehen ist, wo das Wort Gottes an den Tag gekommen ist. Denn die Welt kann das nicht ertragen, was von Gott kommt. Das hat sich an Christus erwiesen. Er war und ist das Allergrößte, -liebste und -beste, was Gott hat; dennoch hat ihn die Welt nicht nur nicht aufgenommen, sondern hat ihn furchtbarer verfolgt als alles, was je von Gott gekommen ist. Darum sind's, wie zu seiner Zeit, so zu aller Zeit nur wenige, die der göttlichen Wahrheit beistehen, und Leib und Leben, Gut und Ehre und alles, was sie haben, dransetzen und dranwagen, wie Christus vorausgesagt hat (Matth 24, 9): »Ihr werdet um meines Namens willen von allen Menschen gehaßt werden.« Ferner Matth 24, 10: »Gar viele von ihnen werden sich an mir stoßen.« Ja, wenn diese Wahrheit von den Bauern, Hirten, Stallknechten und andern kleinen Leuten angefochten würde, wer wollte und könnte sie nicht bekennen und bezeugen? Aber wenn der Papst, die Bischöfe samt den Fürsten und Königen sie anfechten, da fliehen, da schweigen, da heucheln alle Leute, um nicht ihre Güter, ihre Ehre, ihre Gunst und ihr Leben zu verlieren.

2 *Ein solches Zeugnis kann nur aus dem Glauben an Christus kommen.*

Warum tun sie das? Darum, weil sie keinen Glauben an Gott haben und ihm nichts Gutes zutrauen. Denn wo dieses Zutrauen und Glaube vorhanden ist, da ist ein mutiges, trotziges, unerschrockenes Herz, das etwas dransetzt und der Wahrheit beisteht, gleichviel ob es Hals oder Mantel gilt, gegen Papst oder Könige geht; so haben es, wie wir sehen, die lieben Märtyrer getan. Einem solchen Herzen genügt's ja und tut's wohl, daß der Mensch einen gnädigen, ihm günstigen Gott hat. Darum verachtet ein solcher aller Menschen Gunst, Gnade, Gut und Ehre und läßt fahren und kommen was nicht bleiben will, wie Ps 15, 4 geschrieben steht: »Er verachtet die Gottesverächter und ehrt die Gottesfürchtigen.« D. h. die Tyrannen, die Gewalthaber, welche die Wahrheit verfolgen und Gott verachten, fürchtet er nicht; er sieht sie nicht an, er verachtet sie. Umgekehrt hängt er denen an, die um der Wahrheit willen verfolgt werden und Gott mehr fürchten als die Menschen; er steht ihnen bei, beschirmt sie, ehrt sie, es verdrieße, wen es wolle. So steht von Mose Hebr 11, 24 ff geschrieben, daß er seinen Brüdern beistand, ohne Rücksicht auf den mächtigen König von Ägypten.

Sieh da, bei diesem Gebot siehst du es abermals in Kürze, daß der Glaube der Werkmeister dieses Werkes sein muß; daß ohne ihn niemand so kühn ist, solch ein Werk zu tun. So ganz und gar liegt es bei allen Werken am Glauben, wie denn nun schon oft gesagt wurde. Darum sind ohne den Glauben alle Werke tot, mögen sie glänzen und so gut heißen als sie können. Denn wie das Werk dieses Gebotes niemand tut, der nicht fest und unerschrocken ist in der Zuversicht zu Gottes Huld, so tut auch niemand ein Werk aller anderen Gebote ohne denselben Glauben. So kann jeder an diesem Gebot leicht eine Gewichtsprobe daraufhin machen, ob er ein Christ sei und recht an Christus glaube, und ebenso ob er gute Werke tue oder nicht. Nun sehen wir: der allmächtige Gott hat uns unsern Herrn Jesus Christus nicht nur dazu vor die Augen gestellt, daß wir an ihn mit solcher Zuversicht glauben, sondern er hält uns in ihm auch ein Vorbild dieser Zuversicht und solcher guten Werke vor, damit wir an ihn glauben, ihm folgen und ewig in ihm bleiben, wie er Joh 14, 6 gesagt hat: »Ich bin der Weg, die Wahrheit und das Leben«; ›der Weg‹: da wir ihm darauf folgen; ›die Wahrheit‹: daß wir an ihn glauben; ›das Leben‹: daß wir ewig in ihm leben.

Abschließender Rückblick auf die durch die Gebote geforderten Werke.

Aus dem allem ist nun offenbar, daß alle andern Werke, die nicht geboten sind, gefährlich und [als solche] leicht zu erkennen sind; so z. B. Kirchen bauen und ausschmücken, wallfahrten und alles, was in den geistlichen Rechtsbüchern so mannigfaltig beschrieben ist und die Welt verführt und belastet hat; was verderbte, unruhige Gewissen gemacht, den Glauben zum Schweigen gebracht und geschwächt hat. Und ebenso wird offenbar, daß der Mensch an den Geboten Gottes, wenn er auch alles andere unterläßt, mit allen seinen Kräften genug zu schaffen hat und niemals die guten Werke alle zu tun vermag, die ihm geboten sind. Warum sucht er dann andere, die ihm nicht nötig und geboten sind, und unterläßt die nötigen und gebotenen?

Die letzten zwei Gebote

[Du ſollſt nicht begehren deines Nächſten Hauſes

Du ſollſt nicht begehren ſeines Weibes, ſeines Knechtes, ſeiner Magd, ſeines Viehs, oder was ihm ſonſt gehört]

Das Werk des neunten und zehnten Gebots ist der stete Kampf gegen fleischliches Begehren.

Die letzten zwei Gebote, welche die bösen Begierden des Leibes nach Lust und zeitlichen Gütern verbieten, sind an sich selbst klar. Und zwar bleiben die Begierden ohne Schaden für den Nächsten;[1] auch währen sie bis in das Grab hinein, und es bleibt der Streit in uns wider sie bis in den Tod. Darum sind diese zwei Gebote von S. Paulus Röm 7, 7 in eins zusammengezogen und uns zu einem Ziel gesetzt, das wir nicht erreichen und auf das wir nur unsre Gedanken richten können bis in den Tod. Denn niemand ist je so heilig gewesen, daß er keine böse Neigung in sich gefühlt hätte, besonders, wenn der Anlaß und Anreiz dazu zur Stelle gewesen ist. Ist uns doch die Erbsünde von Natur angeboren; und sie läßt sich wohl dämpfen, aber nicht ganz ausrotten, außer durch den leiblichen Tod, der auch um ihretwillen nützlich und zu wünschen ist. Dazu helfe uns Gott. Amen.

1 *Da es sich bei diesen Geboten um innere Regungen handelt, hat ihr »Werk« zunächst keinen unmittelbaren Bezug auf den Mitmenschen. »Sie (= die Begierden; Subjektwechsel!) bleiben«, d. h. entweder: sie bleiben in Kraft unbeschadet des Nächsten, oder sie unterbleiben »ohne Schaden für den Nächsten«, sie tun dem Nächsten direkt keinen Schaden.*

Nachbemerkung

Den äußeren Anstoß zur Abfassung des »Sermons von den guten Werken« gab Georg Spalatin, der Sekretär des sächsischen Kurfürsten Friedrich. Er erinnerte im Februar 1520 Luther daran, daß er einmal in einer Predigt versprochen hatte, über die »guten Werke« zu schreiben, und er gab ihm auch den Rat, die Schrift dem Bruder des Kurfürsten, dem Herzog Johann, zu widmen, der Luther wohlwollte. Luther saß mit immer wachsender Freude an der Arbeit; von März bis Ende Mai 1520 arbeitete er den Sermon aus, der nach seinem eigenen Urteil das Beste wurde, was er bis dahin geschrieben hatte. Wie er in der (von uns nicht wiedergegebenen) Widmung an den Herzog Johann ausführt, standen ihm bei der Abfassung dieser Schrift die ungelehrten Laien vor Augen; ihnen zeigte er hier in leicht faßlicher Form, wie aus dem glaubenden Vertrauen zu Gottes Huld in Christus ein Leben des Gehorsams im Alltag erwachse.

Die Aufnahme des Buches in der deutschen Christenheit war erstaunlich. Noch im selben Jahre wurden acht Ausgaben nötig, und das, obwohl gleichzeitig Luthers große Reformationsschriften (»An den christlichen Adel deutscher Nation von des christlichen Standes Besserung« und »Von der babylonischen Gefangenschaft der Kirche«) zusammen mit dem Sendschreiben »Von der Freiheit eines Christenmenschen« das Interesse für sich beanspruchten.

Wer den Kampf gegen die Selbstgerechtigkeit des Menschen eröffnet, muß darauf gefaßt sein, daß seine Lehre von leichtfertigen und von böswilligen Leuten dahin verstanden wird, das Tun des Christen sei gleichgültig, weil es ja doch kein Verdienst vor Gott erwerbe. Das ist Paulus so geschehen; das ist auch Luther widerfahren. Weil er lehrte, daß alles am Glauben liege, am Erfassen der Barmherzigkeit Gottes in Christus, und weil er den Anspruch der üblichen Frömmigkeitswerke wie Wallfahrten, Stiftungen, Fastenübungen, Rosenkranzbeten, Ablässe usw. als falsch ablehnte, mußte er alsbald den Vorwurf hören, er verbiete, gute Werke zu tun. So war innerer Anlaß genug vorhanden, eine grundlegende Schrift über die rechten, d. h. aber über die von Gott gebotenen Werke zu verfassen.

Gegen eine doppelte Verzerrung hatte Luther dabei seine neue Erkenntnis evangelischer Sittlichkeit zu schützen, und er hat redliche Mühe daran gewandt, dieses zweifache Mißverständnis abzuwehren.

Auf der einen Seite war gegen die GESETZLICHE AUFFASSUNG christlichen Glaubens zu kämpfen, wie sie nicht bloß in der katholischen Kirche üblich ist. Zunächst freilich scheint es, als schüttle Luther in diesem Sermon von den guten Werken lediglich die katholische fromme Werkerei ab. Im Mittelalter hatte das Volk, von den kirchlichen Führern mißleitet, einen rührenden Eifer entfaltet in all den äußeren Werken des kirchlichen Betriebs; es wollte um jeden Preis sich die Seligkeit erringen; es wollte, wie Luther sich anschaulich ausdrückt, Gott durch diese »guten Werke« seine Huld abkaufen. Demgegenüber leuchtete es ein, wenn nun Luther, der Heiligen Schrift folgend, feststellte: ein gutes Werk ist nicht diese oder jene kirchliche Leistung, sondern allein der Gehorsam gegen Gottes Gebote. Gottes Gebote aber verlangen den ganzen Menschen, d. h. sie verlangen, daß der innerste Wille, das Herz, dabei ist: und sie verlangen, daß sie im ganzen Umkreis des Lebens, im alltäglichen Beruf erfüllt werden.

Aber mit diesem Gegensatz zu den mittelalterlichen Frömmigkeitsübungen ist Luthers eigentliches Anliegen noch nicht erfaßt. Die Ablehnung trifft *alle* Gesetzlichkeit. Auch mit einer »guten Gesinnung« oder mit einer tatkräftigen und ernstmeinenden Berufserfüllung oder mit der allgemeinen Menschenliebe eines »praktischen Christentums« ist eine *evangelische* Sittlichkeit noch nicht erreicht. Er erkennt: es handelt sich ja nicht um die Erreichung von dem und jenem Ziel, sondern um den Gehorsam des Christen gegen den lebendigen Gott, und vor ihm, der ein Feind aller Sünde ist, können wir Menschen nicht bestehen, weil die göttlichen Gebote unser eignes Wesen ins Mark treffen. In konsequenter Redlichkeit stellt Luther es auf der ganzen Linie fest, daß keines unsrer Werke, keine unsrer Haltungen dem Maßstabe Gottes genügt. Wir sind bei unserem Gehorsam also auf den Glauben gestellt, daß Gott unser Werk annehme, obwohl es nicht vor ihm bestehen kann; erst der Glaube also macht das Werk gut. Oder anders ausgedrückt: für die evangelische Sittlichkeit sind die Gebote Gottes Weisungen, die er trotz unsrem Versagen an uns richtet, weil er uns in einen Kampf, in seinen Kampf mit der Sünde hineinstellen will; indem Gott diese

Gebote an uns richtet, vergibt er uns, da er den ungehorsamen Knecht aufs neue in seinen Dienst ruft. Wir können somit diese Gebote nur dann richtig als Gottes Gebote erfassen, wenn wir die Vergebung, die uns zugleich mit ihnen angeboten ist, gelten lassen. Wir müssen also das erste Gebot erfüllen und Gott Glauben schenken; dann sind unsre Werke wirklich gut, obwohl sie nach dem Maßstabe des bloßen Gesetzes gemessen nicht gut sind. Luther überwindet mit seinem Verständnis des ersten Gebotes also mehr als nur die mittelalterliche Praxis; er überwindet grundsätzlich die ganze gesetzliche Vorstellung über das Verhältnis zwischen dem Menschen und Gott und baut die evangelische Sittlichkeit auf als die Antwort des Glaubens auf Gottes Offenbarung im Gesetz und Evangelium.

Auf der andern Seite aber ist das in Christus dem Menschen neugeschenkte Verhältnis zu Gott ständig gefährdet durch die GESETZLOSE AUFFASSUNG christlichen Glaubens. Sie war denn auch alsbald auf dem Plan, als Luther das wiederentdeckte Evangelium predigte. Die Beachtung der Gebote Gottes erscheint hier als etwas Nebensächliches, zur Seligkeit nicht Nötiges. Unter Berufung auf den Glauben und die in ihm uns gegebene Freiheit von Werken wird auf die Heiligung des Lebens für Gott verzichtet. Zunächst erscheint auch hier wieder in unserem Sermon nur jenes gröbliche Fehlgehen abgewehrt, das aus dem Evangelium einen Deckel der Sünde macht. Solcher Mißbrauch hatte sich tausendfach an die Predigt des reformatorischen Evangeliums gehängt und dieses in Mißkredit gebracht. Man glaubte sich los von allen Verpflichtungen; sei's, daß die Gegner Luther das als Folgerungen unterschoben, sei's, daß die breite Masse mit Freuden das alte Joch abschüttelte und nun zügellos dahinstürmte. Luther hat demgegenüber wieder nur eines getan: er hat darauf verwiesen, daß wir vor Gott stehen, wenn wir wirklich glauben; Gott aber ist kein Diener der Sünde. Und er hat in klarer Nüchternheit gesagt, daß solchen Auswüchsen gegenüber der Zwang des Gesetzes das einzige Heilmittel sei, um vor bösem Fall zu bewahren.

Jedoch ist damit wiederum die eigentliche Absicht Luthers noch nicht ausgesprochen. Seine Ablehnung trifft vielmehr jede, auch die ganz fromme Gesetzlosigkeit. Er entlarvt nicht bloß den Gehorsam, der glaubenslos ist, sondern ebensosehr den Glauben, der nicht gehorchen will, seine selbstgewählten Wege zur Seligkeit sucht und mit einer gleißenden Frömmigkeitsübung vor der Welt glänzt. Luther läßt nicht zu, daß im Namen des Glaubens Gott die Ehre entzogen werde, die ihm gebührt als dem Herrn und die ihm im Gehorsam erwiesen wird; darum stellt er mit Nachdruck das zweite Gebot, und in seinem Gefolge alle weiteren vor den Leser. Im Hintergrund steht auch hier wieder die Auffassung der evangelischen Sittlichkeit als eines Kampfes: man kann nicht auf die Vergebung bauen, wenn man nicht mit ihrem Sinn ernst macht durch täglichen Kampf mit der Sünde. Aller schwärmerischen Anmaßung und Sicherheit ist damit der Boden entzogen.

So baut sich nun für Luther die EVANGELISCHE SITTLICHKEIT auf dem festen Grund der zehn Gebote oder besser gesagt: auf den ersten beiden Geboten: dem Gebote, Gott zu glauben, und dem Gebote, Gott zu ehren, auf. Kein Wirken des Menschen, das nicht unter diesen beiden Gesichtspunkten zu stehen hätte, und ebenso kein Leiden. Der im Kampfe mit dem eignen Fleisch zu erringende Gehorsam steht gleichwertig und untrennbar neben der dem Nächsten gegenüber sich betätigenden Liebe. Alles bekommt durch den Glauben rechte Art und durch den Gehorsam rechten Nachdruck: der Gottesdienst so gut wie das Familienleben, das Regieren der Obrigkeit so gut wie die Kinderzucht, das Gerichtswesen so gut wie die innersten Beziehungen von Mensch zu Mensch. Ganz persönlich ist dies alles; jeder steht und fällt seinem eignen Herrn. Ganz frei ist dies alles; im Gehorsam gegen Gott wird der Mensch unabhängig von den Menschen. Ganz gewiß ist das alles: im Glauben wird das geringste Werk gut, und wäre es das Aufheben eines Strohhalms. Ganz gerecht ist das alles: vor Gott gelten die Unterschiede zwischen reich und arm, gering und mächtig nicht mehr. Hier wird uns der Glaube gezeigt, der in der Liebe tätig ist (Gal 5, 6). Und darum können wir bis zum heutigen Tag diesen großartigen Unterricht Luthers über evangelische Sittlichkeit nicht entbehren und nicht ausschöpfen.

Verzeichnis abweichender Lesarten

Dieses Verzeichnis stellt die Lesarten zusammen, die vom Text der Weimarer Ausgabe (WA) abweichen. Die erste Zahl gibt den Band und Halbband an, die zweite die Seite und die dritte die Zeile.

Calwer Luther-Ausgabe 1 (Siebenstern-Taschenbuch 7)

GROSSER KATECHISMUS: Statt A folgen wir a WA 30 I, 129,18; 136,13; 139,7; 149,2; 149,15; 153,30; 153,36; 154,29; 167,2; 181,21; 186,36; 189,9; 195,27; 196,28; 203,15; 209,18; 222,26; 229,5; 232,35; 232,36; 236,20. — Statt A folgen wir B WA 30 I, 126,26. — Außerdem lesen wir WA 30 I, 200,1 *es* statt ›er‹.

SCHMALKALDISCHE ARTIKEL: WA 50, 235,33 lesen wir *bose wort* statt ›wort‹; 246,4 *ungleubig* (mit dem Urdruck von 1538) statt ›gleubig‹.

Calwer Luther-Ausgabe 2 (Siebenstern-Taschenbuch 24)

BUSSPSALMEN: WA 1, 174,3 lesen wir *nit* statt ›mit‹; 178,8 *lenden* statt ›leyden‹; 178,8 *boß und* statt ›und boß‹; 198,11 *angreiffen* statt ›angreiffend‹; 207,36 *dem selben* statt ›den selben‹; 209,26 *sieht* statt ›steet‹.

VON DER BETRACHTUNG DES HEILIGEN LEIDENS CHRISTI: WA 2, 140,3 lesen wir hinter *genugthuung* ein Komma.

VOM HEILIGEN SAKRAMENT DER TAUFE: Wir lesen (statt mit A) mit WA 2, 733,4 *den wirt* statt ›dem wirt‹; 734,20 *dem tod* statt ›den tod‹; 735,18 *eynem* statt ›eynen‹.

VON DER FREIHEIT EINES CHRISTENMENSCHEN: WA 7, 27,33 lesen wir mit B und dem lateinischen Text *an allen Dingen* statt ›on allen Dingen‹; 28,27 *den wortlin* (mit dem lateinischen Text) statt ›dem wortlin‹.

Calwer Luther-Ausgabe 3 (Siebenstern-Taschenbuch 40)

AUSLEGUNG DES VATERUNSERS: Wir lesen WA 2, 96,33 *in in* (= in ihnen) statt ›in im‹; 99,20 *ein mensch, der sich* statt ›ein mensch sich‹; 193,34 *ye* statt ›yr‹; 125,1 *yr* statt ›er‹ (= eher).

EINFÄLTIGE WEISE ZU BETEN: Wir lesen WA 38, 366,17 *eingesetzt* statt ›ein gesetz‹.

VON DEN GUTEN WERKEN: Wir lesen WA 6, 208,14 *den* statt ›dem‹; 214,5 *kirchenntzierden* statt ›kirchenn, tzierden‹; 229,8 *welchem* statt ›welchen‹; 263,9 streichen wir mit der Handschrift ›auch darumb‹.